Il diritto dell'immigrazione

Guida aggiornata alla Legge 9 dicembre 2024, n. 187

IUSTITIAM COLIMUS

Antonio Di Muro - Luigi Di Muro

Il diritto dell'immigrazione

Guida aggiornata alla Legge 9 dicembre 2024, n. 187

Giappichelli

VIA PO, 21 - TEL. 011-81.53.111

http://www.giappichelli.it

ISBN/EAN 978-88-7524-635-8
ISBN/EAN 979-12-211-8106-7 (ebook)

G. Giappichelli Editore

Questo libro è stato stampato su carta certificata, riciclabile al 100%

Stampa: Stampatre s.r.l. - Torino

Indice

pag.

Capitolo Quarto

Il diritto all'unità familiare e la tutela dei minori stranieri

Capitolo Quinto

L'ingresso e il soggiorno degli stranieri nel territorio dello Stato italiano

Capitolo Sesto

La protezione internazionale degli stranieri

Appendice normativa

Materiali integrativi *on line* reperibili sul sito www.giappichelli.it *

---

* Per visualizzare i contenuti *on line*, seguire le istruzioni presenti nella II di copertina.

Introduzione

Il Testo Unico Immigrazione (D.Lgs n. 286/1998) è stato oggetto di nuove modifiche con il D.L. 11 ottobre 2024, n. 145, convertito con la L. 9 dicembre 2024, n. 187, che interviene su disposizioni in materia di ingresso in Italia di lavoratori stranieri, di tutela ed assistenza alle vittime di caporalato, sulla gestione dei flussi migratori e sul regime di protezione internazionale.

Inoltre la predetta normativa sottrae alla competenza dei tribunali sedi delle sezioni specializzate in materia di immigrazione, protezione internazionale e libera circolazione dei cittadini dell'Unione europea, la convalida dei provvedimenti per trattenimento presso i centri di permanenza e per fini identificativi presso gli hotspot (c.d. punti di crisi) dei richiedenti la protezione internazionale, con conseguente trasferimento alle corti d'appello.

La presente pubblicazione analizza l'ingresso e la permanenza degli stranieri sul territorio dello Stato Italiano, la tutela dei richiedenti asilo e dei rifugiati, con particolare attenzione verso i minori stranieri non accompagnati; non tralasciando di esaminare gli altri istituti giuridici del diritto dell'immigrazione, come il ricongiungimento familiare, gli atti discriminatori, l'assistenza sociale ed il lavoro degli stranieri.

Il presente contributo è utile come guida per avvocati, magistrati, Forze dell'ordine, pubblici funzionari, operatori sociali, componenti Commissioni territoriali per il riconoscimento della protezione internazionale e della Commissione nazionale per il diritto di asilo, candidati dei concorsi pubblici e tutori volontari per i minori stranieri non accompagnati.

Gli Autori

Capitolo Primo

I comportamenti e atti discriminatori

SOMMARIO: 1. Discriminazione per motivi razziali, etnici, nazionali o religiosi. – 2. Azione civile contro la discriminazione. – 3. Tutela contro il razzismo e D.Lgs. n. 215/2003. – 4. L'applicazione del principio della parità di trattamento.

1. *Discriminazione per motivi razziali, etnici, nazionali o religiosi*

L'art. 43 del D.Lgs. n. 286/1998 ("Testo Unico immigrazione"), e successive modificazioni, qualifica come «discriminazione ogni comportamento che, direttamente o indirettamente, comporti una distinzione, esclusione, restrizione o preferenza basata sulla razza, il colore, l'ascendenza o l'origine nazionale o etnica, le convinzioni e le pratiche religiose, e che abbia lo scopo o l'effetto di distruggere o di compromettere il riconoscimento, il godimento o l'esercizio, in condizioni di parità, dei diritti umani e delle libertà fondamentali in campo politico, economico, sociale e culturale e in ogni altro settore della vita pubblica».

Inoltre tale disposizione precisa: «in ogni caso compie un atto di discriminazione: a) il pubblico ufficiale o la persona incaricata di pubblico servizio o la persona esercente un servizio di pubblica necessità che nell'esercizio delle sue funzioni compia od ometta atti nei riguardi di un cittadino straniero che, soltanto a causa della sua condizione di straniero o di appartenente ad una determinata razza, religione, etnia o nazionalità, lo discriminino ingiustamente; b) chiunque imponga condizioni più svantaggiose o si rifiuti di fornire beni o servizi offerti al pubblico ad uno straniero soltanto a causa della sua condizione di straniero o di appartenente ad una determinata razza, religione, etnia o nazionalità; c) chiunque illegittimamente imponga condizioni più svantaggiose o si rifiuti di fornire l'accesso all'occupazione, all'alloggio, all'istruzione, alla formazione e ai servizi sociali e socio-assistenziali allo straniero regolarmente soggiornante in Italia soltanto in ragione della sua condizione di straniero o di appartenente ad una determinata razza, religione, etnia o nazionalità; d) chiunque impedisca, mediante azioni od omissioni, l'esercizio di un'attività economica legittimamente intrapresa da uno straniero regolarmente soggiornante in Italia, soltanto in ragione della sua condizione di straniero o di appartenente ad una determinata razza, confessione religiosa, etnia o nazionalità; e) il datore di lavoro e i suoi preposti i quali, ai sensi dell'art. 15 della legge 20 maggio 1970, n. 300, come modificata e integrata dalla legge 9 dicembre 1977, n. 903 e dalla legge 11 maggio 1990, n. 108, compiano qualsiasi atto o comportamento che produca un effetto pregiudizievole discriminando, anche indirettamente, i lavoratori in ragione della loro appartenenza ad una razza, ad un gruppo etnico o linguistico, ad una confessione religiosa, ad una cittadinanza. Costituisce discriminazione indiretta ogni trattamento pregiudizievole conseguente all'adozione di criteri che svantaggino in modo proporzionalmente maggiore i lavoratori appartenenti ad una determinata razza, ad un determinato gruppo etnico o linguistico, ad una determinata confessione religiosa o ad una cittadinanza e riguardino requisiti non essenziali allo svolgimento dell'attività lavorativa».

La catalogazione delle varie fattispecie protette individua una nuova nozione di discriminazione, ripresa dalla formula della Convenzione O.I.L. 28 giugno 1958 n. 111, ratificata con L. 6 febbraio 1963, n. 405; inoltre sanziona comportamenti discriminatori commissivi ed omissivi da parte di pubblici ufficiali, di persone fisiche incaricate di pubblico servizio oppure esercenti un servizio di pubblica necessità, nonché le condotte poste in essere anche da soggetti privati.

Il predetto art. 43 censura la discriminazione nell'accesso all'occupazione, nell'accesso all'alloggio, all'istruzione, alla formazione, e ai servizi sociali e socio-assistenziali; altresì viene ritenuto comportamento sanzionabile l'impedimento all'esercizio di un'attività economica e le discriminazioni attuate nel rapporto di lavoro.

Tale disciplina antidiscriminatoria si applica non solo nei confronti degli stranieri, ma anche verso cittadini italiani e cittadini appartenenti ad altri Stati membri dell'Unione europea presenti sul territorio italiano; nonché "trae riferimento" dalla Convenzione internazionale sull'eliminazione di ogni forma di discriminazione razziale, aperta alla firma a New York il 7 marzo 1966 e ratificata con L. 1 ottobre 1975, n. 654.

2. *Azione civile contro la discriminazione*

Le controversie in materia di condotte discriminatorie sono disciplinate dall'art. 44 del D.Lgs. n. 286/1998, che nel successivo comma 1 così dispone: «Quando il comportamento di un privato o della pubblica amministrazione produce una discriminazione per motivi razziali, etnici, linguistici, nazionali, di provenienza geografica o religiosi, è possibile ricorrere all'autorità giudiziaria ordinaria per domandare la cessazione del comportamento pregiudizievole e la rimozione degli effetti della discriminazione».

Bisogna precisare che alle predette controversie si applica l'art. 28 del D.Lgs. 1 settembre 2011, n. 150 ("Disposizioni complementari al codice di procedura civile in materia di riduzione e semplificazione dei procedimenti civili di cognizione ai sensi dell'art. 54 della legge 18 giugno 2009, n. 69"); modificato dall'art. 15 del D.Lgs. 10 ottobre 2022, n. 149.

L'art. 28 del D.Lgs. 1 settembre 2011, n. 150 stabilisce che: «Le controversie in materia di discriminazione di cui all'art. 44 del decreto legislativo 25 luglio 1998, n. 286, quelle di cui all'art. 4 del decreto legislativo 9 luglio 2003, n. 215, quelle di cui all'art. 4 del decreto legislativo 9 luglio 2003, n. 216, quelle di cui all'art. 3 della legge 1° marzo 2006, n. 67, e quelle di cui all'art. 55-*quinquies* del decreto legislativo 11 aprile 2006, n. 198, sono regolate dal rito semplificato di cognizione, ove non diversamente disposto dal presente articolo. È competente il tribunale del luogo in cui il ricorrente ha il domicilio. Nel giudizio di primo grado le parti possono stare in giudizio personalmente e promuovere la predetta azione civile con ricorso.

Successivamente viene fissata l'udienza di comparizione nel termine di cinque giorni con decreto e con relativa assegnazione del termine per la costituzione del convenuto non oltre dieci giorni prima dell'udienza.

Quando il ricorrente fornisce elementi di fatto, desunti anche da dati di carattere statistico, dai quali si può presumere l'esistenza di atti, patti o comportamenti discriminatori, spetta al convenuto l'onere di provare l'insussistenza della discriminazione. I dati di carattere statistico possono essere relativi anche alle assunzioni, ai regimi contributivi, all'assegnazione delle mansioni e qualifiche, ai trasferimenti, alla progressione in carriera e ai licenziamenti dell'azienda interessata.

Con la sentenza che definisce il giudizio, il giudice può condannare il convenuto al risarcimento del danno anche non patrimoniale e ordinare la cessazione del comportamento, della condotta o dell'atto discriminatorio pregiudizievole, adottando, anche nei confronti della pubblica amministrazione ogni altro provvedimento idoneo a rimuoverne gli effetti. Al fine di impedire la ripetizione della discriminazione, il giudice può ordinare di adottare, entro il termine fissato nel provvedimento, un piano di rimozione delle discriminazioni accertate. Nei casi di comportamento discriminatorio di carattere collettivo, il piano è adottato sentito l'ente collettivo ricorrente.

Ai fini della liquidazione del danno il giudice tiene conto del fatto che l'atto o il comportamento discriminatorio costituiscono ritorsione ad una precedente azione giudiziale ovvero ingiusta reazione ad una precedente attività del soggetto leso volta ad ottenere il rispetto del principio della parità di trattamento.

Quando accoglie la domanda proposta, il giudice può ordinare la pubblicazione del provvedimento, per una sola volta e a spese del convenuto, su un quotidiano di tiratura nazionale. Dell'ordinanza è data comunicazione nei casi previsti dall'art. 44, comma 11 del decreto legislativo 25 luglio 1998, n. 286, dall'art. 4, comma 1 del decreto legislativo 9 luglio 2003, n. 215, dall'art. 4, comma 2 del decreto legislativo 9 luglio 2003, n. 216, e dell'art. 55-*quinquies*, comma 8 del decreto legislativo 11 aprile 2006, n. 198».

È opportuno specificare che l'art. 28 disciplina non soltanto le azioni civili contro ogni discriminazione fondata su motivi razziali, etnici, nazionali o religiosi, di cui all'art. 43 del D.Lgs. n. 286/1998, ma anche regola le azioni civili contro ogni discriminazione a causa della razza o dell'origine etnica, per quanto concerne l'accesso al lavoro e la disciplina del rapporto di lavoro, la formazione professionale, la protezione sociale, l'assistenza sanitaria, le prestazioni sociali, l'istruzione e l'accesso a beni e servizi (art. 4 del D.Lgs. n. 215/2003), nonché disciplina le azioni civili contro ogni discriminazione a causa della religione, delle convinzioni personali, degli handicap, dell'età o dell'orientamento sessuale, per quanto concerne l'occupazione e le condizioni di lavoro (art. 4 del D.Lgs. n. 216/2003); altresì regola le azioni civili contro ogni discriminazione attuata in pregiudizio delle persone disabili, di cui alla L. n. 67/2006 ed infine disciplina le azioni civili contro le discriminazioni per ragioni di sesso nell'accesso a beni e servizi e loro fornitura, come previsto dal D.Lgs. n. 198/2006.

Le azioni civili in materia di discriminazione sono state ricondotte al modello di procedimento semplificato di cognizione richiamato dall'art. 281-*decies* c.p.c., perché sono da ritenersi controversie giudiziali in cui prevalgono caratteri di semplificazione della trattazione, dell'istruzione della causa in maniera non complessa, della domanda fondata su prova documentale e presenta elementi caratterizzati da snellezza e concentrazione processuale.

L'elusione dei provvedimenti emessi dal giudice ed in relazione a comportamenti discriminatori, diversi dalla condanna al risarcimento del danno, comporta ai sensi dell'art. 44, comma 8 del D.Lgs. n. 286/1998 l'applicazione dell'art. 388, comma 1 c.p.; presupposti che delineano l'elemento oggettivo di tale figura criminosa; mentre l'elemento soggettivo del reato in oggetto è rappresentato dal dolo generico ossia dalla coscienza e volontà di disobbedire al provvedimento reso in sede giudiziaria.

Tale delitto si consuma con l'elusione e nel momento in cui l'agente non ottemperi a quanto stabilito dal tribunale in fase sommaria. È opportuno rilevare che il successivo comma 10, art. 44, D.Lgs. n. 286/1998 prevede un sistema di tutela fondato sull'azione esercitata da soggetti collettivi e non per delega del lavoratore: «Qualora il datore di lavoro ponga in essere un comportamento discriminatorio di carattere collettivo, anche in casi in cui non siano individuabili in modo immediato e diretto i lavoratori lesi dalle discriminazioni, il ricorso può essere presentato dalle rappresentanze locali delle organizzazioni sindacali maggiormente rappresentative a livello nazionale».

Il comma 11 dispone una particolare sanzione accessoria nel caso in cui: «Ogni accertamento di atti o comportamenti discriminatori ai sensi dell'art. 43 posti in essere da imprese alle quali siano stati accordati benefici ai sensi delle leggi vigenti dello Stato e delle regioni, ovvero che abbiano stipulato contratti di appalto attinenti all'esecuzione di opere pubbliche, di servizi o di forniture, è immediatamente comunicato dal tribunale in composizione monocratica, secondo le modalità previste dal regolamento di attuazione, alle amministrazioni pubbliche o enti pubblici che abbiano disposto la concessione del beneficio, incluse le agevolazioni finanziarie o creditizie, o dell'appalto. Tali amministrazioni o enti revocano il beneficio e, nei casi più gravi, dispongono l'esclusione del responsabile per due anni da qualsiasi ulteriore concessione di agevolazioni finanziarie o creditizie, ovvero da qualsiasi appalto».

Bisogna precisare che le modalità attuative di tale disposizione sono oggetto di espresso rinvio ad apposito regolamento di attuazione.

Infine il comma 12 dell'art. 44 prevede che, ai fini dell'applicazione delle norme del presente articolo e dello studio del fenomeno, le regioni con la collaborazione di province, comuni ed associazioni di immigrati e del volontariato sociale predispongono centri di osservazione, di informazione e di assistenza legale per gli stranieri, vittime delle discriminazioni per motivi razziali, etnici, nazionali o religiosi.

Tale disposizione ha la finalità di consentire la rimozione degli ostacoli, che impediscono allo stato dei fatti l'effettivo esercizio dei diritti degli stessi migranti avverso atti e comportamenti discriminatori.

Si evidenzia che le precedenti norme esaminate sono estese anche ai cittadini italiani, agli apolidi e ai cittadini degli altri Stati membri dell'UE presenti in Italia (art. 43, comma 3, D.Lgs. n. 286/1998).

3. *Tutela contro il razzismo e D.Lgs. n. 215/2003*

Il D.Lgs. 9 luglio 2003, n. 215 recepisce la direttiva 2000/43/CE del 29 giugno 2000, che attua il principio della parità di trattamento tra le persone indipendentemente dalla razza e dall'origine etnica.

La predetta normativa secondo la relazione governativa delinea una precisa definizione di discriminazione diretta e indiretta, delimita il campo di applicazione, prevede la giustificazione di alcune discriminazioni, stabilisce l'accesso a procedure giurisdizionali e/o amministrative, anche attraverso associazioni, organizzazioni ed altre persone giuridiche.

L'art. 2 del D.Lgs. n. 215/2003 precisa che «per principio di parità di trattamento si intende l'assenza di qualsiasi discriminazione diretta o indiretta a causa della razza o dell'origine etnica».

È definita «discriminazione diretta quando, per la razza o l'origine etnica, una persona è trattata meno favorevolmente di quanto sia, sia stata o sarebbe trattata un'altra in situazione analoga», mentre la discriminazione indiretta si verifica «quando una disposizione, un criterio, una prassi, un atto, un patto o un comportamento apparentemente neutri possono mettere le persone di una determinata razza od origine etnica in una posizione di particolare svantaggio rispetto ad altre persone».

Tale disposizione aggiunge che sono ritenute come atti discriminatori sia le molestie intese a porre in essere comportamenti indesiderati per motivi di razza o di origine etnica, aventi la finalità di violare la dignità di una persona e di creare un clima intimidatorio, ostile, degradante, umiliante od offensivo, sia l'ordine di discriminare persone a causa della razza o dell'origine etnica.

Per quanto concerne la legittimazione attiva per le controversie di contrasto alle discriminazioni, la Corte di Cassazione (sent. 7 novembre 2019, n. 28745) ha evidenziato che «Gli enti e associazioni iscritti nell'elenco di cui all'art. 5 d.lgs. 215/2003 hanno legittimazione attiva non solo nelle controversie in materia di discriminazioni basate sulla etnia e razza, ma anche in quelle basate sulla nazionalità. La legittimazione degli enti collettivi in materia di discriminazione costituisce infatti una regola generale, funzionale all'esigenza di apprestare la tutela, attraverso un rimedio di natura inibitoria ad una serie indeterminata di soggetti per contrastare il rischio di una lesione avente natura diffusiva e che perciò deve essere, per quanto possibile, prevenuta o circoscritta nella sua portata offensiva; conseguentemente non sarebbe ammissibile una interpretazione delle norme che, per il solo fattore nazionalità escluda tale legittimazione che è invece prevista per tutti gli altri fattori».

Allo stato il D.Lgs. n. 215/2003 integra e completa il precedente quadro di tutela di cui all'art. 43 del D.Lgs. n. 286/1998.

In effetti, il principio di parità di trattamento si applica a tutte le persone dei settori pubblici e privati, per quanto riguarda l'accesso all'occupazione, al lavoro, all'orientamento e alla formazione professionale, l'occupazione e le condizioni di lavoro, l'affiliazione e le attività nelle organizzazioni di lavoratori e datori di lavoro, o di altre organizzazioni professionali, la protezione sociale, l'assistenza sanitaria, le prestazioni sociali, l'istruzione e l'accesso a beni e servizi.

Di contro «non costituiscono atti di discriminazione quelle differenze di trattamento dovute a caratteristiche relative alla razza o all'origine etnica di una persona, qualora per la natura di un'attività lavorativa o per il contesto in cui viene espletata, si tratti di caratteristiche che costituiscono un requisito essenziale e determinante ai fini dello svolgimento dell'attività medesima»; altresì «non costituiscono atti di discriminazione quelle differenze di trattamento che, pur risultando indirettamente discriminatorie, siano giustificate oggettivamente da finalità legittime perseguite attraverso mezzi appropriati e necessari»; e ciò ai sensi degli artt. 2, 3 e 4 del D.Lgs. n. 215/2003.

Il presente decreto legislativo di attuazione della direttiva 2000/43/CE per la parità di trattamento tra le persone indipendentemente dalla razza e dall'origine etnica può trovare correlazione con l'art. 14 della Convenzione europea dei diritti dell'uomo che assicura il godimento dei diritti e delle libertà senza nessuna discriminazione, in particolare quelle fondate sul sesso, la razza, il colore, la lingua, la religione, le opinioni politiche o di altro genere, l'origine nazionale o sociale, l'appartenenza ad una minoranza nazionale, la ricchezza, la nascita o ogni altra condizione.

In tal senso la Corte di Strasburgo ha precisato che «l'art. 14 vieta di trattare in modo diverso, senza giustificazione obiettiva e ragionevole, persone poste in situazioni comparabili» (sent. Corte, Observer

& Guardian, 73) ed inoltre «l'art. 14 vieta, per i diritti e le libertà garantiti, un trattamento discriminatorio che abbia per base o per motivo una caratteristica personale, attraverso la quale persone o gruppi di persone si distinguono le une dalle altre» (sent. Corte, Kjeldsen, Busk Madsen e Pedersen, 56).

Nell'ambito dell'azione di tutela discriminatoria appare utile quanto deciso dalla Corte europea dei diritti dell'uomo rispetto al rapporto tra atti discriminatori e persone poste in situazioni analoghe o comparabili: «L'art. 14 offre una protezione contro una discriminazione nel godimento dei diritti e delle libertà garantiti dalle altre norme della Convenzione. Ogni differenza di trattamento non comporta tuttavia automatica violazione di tale articolo. Occorre provare che persone poste in situazioni analoghe o comparabili in materia godono di un trattamento preferenziale e che tale distinzione non ha alcuna giustificazione oggettiva e ragionevole» (sent. Corte, Stubbings e altri, 72).

In tale contesto si ispira anche l'art. 21 della Carta dei diritti fondamentali dell'Unione Europea che vieta qualsiasi forma di discriminazione fondata, in particolare, sul sesso, la razza, il colore della pelle o l'origine etnica o sociale, le caratteristiche genetiche, la lingua, la religione o le convinzioni personali, le opinioni politiche o di qualsiasi altra natura, l'appartenenza ad una minoranza nazionale, il patrimonio, la nascita, gli handicap, l'età o le tendenze sessuali; divieto affermato in modo autonomo rispetto al principio dell'uguaglianza davanti alla legge (art. 20) e rispetto al principio della parità tra uomini e donne (art. 23) e nell'uso della locuzione "in particolare" si rileva il carattere esemplificativo dell'elenco delle discriminazioni vietate.

Numerose sono state le sentenze rese dalla Corte di giustizia dell'Unione Europea, relative alla discriminazione in ragione della nazionalità, sul divieto di discriminazioni fondate sulla cittadinanza, sulla mancata assunzione di lavoratori aventi una determinata origine etnica o razziale, nonché sul divieto di comportamenti discriminatori basati sulla lingua, sull'età, sulla libera circolazione delle persone, sul rispetto della diversità di indole religiosa e del principio di non discriminazione quanto alle condizioni di lavoro, di retribuzione e di licenziamento.

4. *L'applicazione del principio della parità di trattamento*

L'efficace attuazione del principio di parità, secondo la direttiva 2000/43/CE, richiede un'adeguata protezione giuridica in difesa delle vittime.

Nel nostro ordinamento la tutela delle persone oggetto di discriminazione per motivi di razza o di origine etnica può essere assicurata con le decisioni della magistratura, con l'intervento di organizzazioni sindacali o di associazioni aventi una consolidata esperienza nella lotta alle discriminazioni, nonché dall'ufficio per il contrasto delle discriminazioni istituito con il D.Lgs. n. 215/2003, all'art. 7.

Nel tempo varie sono state le pronunce rese dai giudici italiani in materia di azione civile contro la discriminazione.

Il Tribunale di Milano (ord. 11 febbraio 2008) ha ritenuto discriminatorio il comportamento dell'autorità comunale attuato mediante emanazione di una circolare, che subordinava l'iscrizione del minore extracomunitario alla scuola dell'infanzia, previo avvenuto ottenimento da parte della famiglia del medesimo del relativo permesso di soggiorno; nonché l'ordinanza del Tribunale di Bologna (23 dicembre 2006) ha riconosciuto la condotta discriminatoria dell'istituto universitario, che aveva applicato condizioni più svantaggiose alla studentessa extracomunitaria in ragione della sua provenienza da paese terzo rispetto agli stessi studenti europei.

Invece per quanto concerne le controversie relative all'accesso al lavoro è opportuno rilevare i provvedimenti decisori che hanno censurato il trattamento discriminatorio operato da aziende ospedaliere, che hanno escluso cittadini comunitari dalla partecipazione a procedure di stabilizzazione nell'ambito sanitario o a concorso pubblico per collaboratore professionale, perché sprovvisti del requisito della cittadinanza italiana, ritenendo tale presupposto necessario solo per determinate attività comportanti l'esercizio di pubblici poteri o di funzioni di interesse nazionale (ord. Trib. Milano 30 maggio 2008 e ord. Trib. Genova 30 giugno 2008).

Bisogna segnalare un particolare decreto reso il 4 luglio 2002 dal Tribunale di Trento che riteneva discriminatorio l'accesso al credito con modalità diverse e con condizioni più svantaggiose nei confronti dei cittadini extracomunitari.

Inoltre è opportuno evidenziare che è stata accertata come violazione del principio di non discriminazione la previsione di un maggiore punteggio per i cittadini italiani rispetto agli stranieri, per quanto concerne la partecipazione relativa all'assegnazione di alloggi di edilizia residenziale pubblica (sent. Trib. Milano 20 marzo 2002); mentre altra autorità giudiziaria ha rilevato l'oggettività della discriminazione nell'indicazione, ai fini della ricerca di alloggi disponibili, del criterio di selezione extracomunitario (decr. Trib. Bologna 22 febbraio 2001).

Altresì il Tribunale di Trieste (ord. 22 giugno 2011) ha riconosciuto il carattere discriminatorio del requisito della cittadinanza italiana al fine di accedere al concorso per collaboratore professionale sanitario da parte di cittadino extracomunitario, e ancora, il Tribunale di Ferrara (ord. 28 aprile 2011) ha riconosciuto il carattere discriminatorio del requisito della cittadinanza italiana in relazione a procedura di «stabilizzazione» riservata ai lavoratori stranieri in precedenza occupati a tempo determinato.

In tal senso la Corte costituzionale con sentenza n. 166 del 20 giugno 20 luglio 2018 ha ritenuto irragionevole il requisito della residenza lunga rispetto agli affitti in favore degli extracomunitari, dichiarando l'illegittimità costituzionale dell'art. 11, comma 13 del D.L. 26 giugno 2008, n. 112, convertito con modificazioni nella L. 6 agosto 2008, n. 133 e la Corte costituzionale con sentenza n. 77 del 20 aprile 2023 ha ravvisato una disparità di trattamento tra italiani e stranieri in relazione all'accesso alle graduatorie per gli alloggi di edilizia residenziale pubblica.

In tema di declaratoria di comportamenti discriminatori si rileva una particolare sentenza della Corte d'Appello di Milano n. 418/2020 del 6 febbraio 2020 che precisa: «Nel caso in esame il termine "clandestini" è stato riferito a persone straniere che hanno presentato allo Stato italiano domanda di protezione internazionale, esercitando in tal modo un diritto fondamentale dell'individuo, riconosciuto dall'art. 10 della Carta costituzionale. Trattandosi di soggetti che hanno chiesto l'accertamento del diritto a permanere nel territorio dello Stato a fronte di dedotte situazioni di pericolo di persecuzione nel caso di rientro nel Paese di origine o di rischio effettivo di danno grave alla persona, non è ammissibile l'utilizzo dell'espressione "clandestini", la quale individua la posizione di chi fa ingresso o si trattiene nel territorio dello Stato in violazione delle disposizioni normative che regolano l'immigrazione (rapportabili al reato contravvenzionale di cui all'art. 10 bis d.lgs. 286/1998). Nella pendenza del procedimento di valutazione della domanda di protezione internazionale il cittadino straniero non può ritenersi "clandestino" poiché si trova nella posizione di chi esercita un diritto costituzionalmente tutelato».

La tutela avverso condotte discriminatorie può avvenire anche con l'intervento di rappresentanze locali delle organizzazioni sindacali maggiormente rappresentative a livello nazionale e ciò in presenza di comportamenti discriminatori di carattere collettivo, posti in essere dal datore di lavoro nei casi in cui non siano individuabili in modo immediato e diretto i lavoratori lesi (art. 44, comma 10, D.Lgs. n. 286/1998) oppure tramite la legittimazione ad agire riconosciuta ad associazioni ed enti, iscritti nel registro di cui all'art. 52, comma 1, lett. A), D.P.R. 31 agosto 1999, n. 394 o nel registro istituito presso il Dipartimento per le pari opportunità, ai sensi degli artt. 5 e 6 del D.Lgs. n. 215/2003, che hanno facoltà di promuovere azione giudiziaria in presenza di avvenute discriminazioni individuali ed in forza di delega per iscritto, a pena di nullità, per atto pubblico o scrittura privata, rilasciata dalla stessa parte lesa ovvero in presenza di avvenute discriminazioni collettive, anche in assenza di una specifica delega, in quanto non possono essere individuate in modo diretto ed immediato le persone vittime di tale atto discriminatorio.

Infine l'art. 7 del D.Lgs. n. 215/2003 ha istituito presso la Presidenza del Consiglio dei Ministri Dipartimento per le pari opportunità un ufficio per la promozione della parità di trattamento e la rimozione delle discriminazioni fondate sulla razza o sull'origine etnica, ciò nel rispetto dell'art. 13 della direttiva 2000/43/CE che prevedeva l'istituzione di organismi negli Stati membri incaricati di analizzare i problemi relativi a tale settore, nonché di studiare e proporre le possibili soluzioni.

L'Ufficio per il contrasto delle discriminazioni rappresenta una particolare funzione di presidio e di garanzia, finalizzata a fornire assistenza alle vittime di condotte discriminatorie nei procedimenti intrapresi da queste ultime in sede amministrativa e giurisdizionale, a svolgere inchieste per verificare l'esistenza di fenomeni discriminatori, a promuovere l'adozione di progetti di azioni positive, a formulare raccomandazioni e pareri sulle predette questioni, nonché ad attivare studi e ricerche in collaborazione con associazioni o altre organizzazioni non governative, ed altresì diffondere la massima conoscenza possibile degli strumenti di tutela vigenti mediante azioni di sensibilizzazione e campagne di comunicazione.

Capitolo Secondo

I diritti e i doveri degli stranieri

1. *Principi generali*

L'art. 2 del D.Lgs. n. 286/1998 così dispone ai commi 1 e 2: «Allo straniero comunque presente alla frontiera o nel territorio dello Stato sono riconosciuti i diritti fondamentali della persona umana previsti dalle norme di diritto interno, dalle convenzioni internazionali in vigore e dai principi di diritto internazionale generalmente riconosciuti.

Lo straniero regolarmente soggiornante nel territorio dello Stato gode dei diritti in materia civile attribuiti al cittadino italiano, salvo che le convenzioni internazionali in vigore per l'Italia e il presente testo unico dispongano diversamente. Nei casi in cui il presente testo unico o le convenzioni internazionali prevedano la condizione di reciprocità, essa è accertata secondo i criteri e le modalità previste dal regolamento di attuazione».

La disposizione in oggetto trova preciso punto di riferimento negli artt. 2 e 10 cpv. della Costituzione della Repubblica Italiana ed è influenzata dalla Dichiarazione universale dei diritti dell'uomo del 9 dicembre 1948, dal Patto internazionale sui diritti civili e politici del 16 dicembre 1966, nonché dalla Convenzione europea dei diritti dell'uomo e dalla Carta dei diritti fondamentali dell'Unione Europea.

Rilevante valore assume l'art. 2 del Trattato sull'Unione Europea che precisa: «L'Unione si fonda sui valori del rispetto della dignità umana, della libertà, della democrazia, dell'uguaglianza, dello Stato di diritto e del rispetto dei diritti umani, compresi i diritti delle persone appartenenti a minoranze. Questi valori sono comuni agli Stati membri in una società caratterizzata dal pluralismo, dalla non discriminazione, dalla tolleranza, dalla giustizia, dalla solidarietà e dalla parità tra donne e uomini»; tanto è vero che in precedenza la Corte di Giustizia delle Comunità Europee (sent. 27 giugno 2006, causa C540/03) aveva sostenuto che: «I diritti fondamentali fanno parte integrante dei principi generali del diritto dei quali la Corte garantisce l'osservanza. A tal fine la Corte si ispira alle tradizioni costituzionali comuni agli Stati membri e alle indicazioni fornite dai Trattati internazionali relativi alla tutela dei diritti dell'uomo cui gli Stati membri hanno cooperato o aderito (...).

La Corte ha già avuto modo di rammentare che il Patto sui diritti civili e politici si annovera tra gli strumenti internazionali relativi alla tutela dei diritti dell'uomo di cui la Corte tiene per l'applicazione dei principi generali di diritto comunitario (...).

Per quanto attiene alla Carta, essa è stata solennemente proclamata dal Parlamento, dal Consiglio e dalla Commissione a Nizza il 7 dicembre 2000 (...).

L'obiettivo principale della Carta, come emerge dal suo preambolo è per altro quello di riaffermare i diritti derivanti in particolare dalle tradizioni costituzionali e dagli obblighi internazionali comuni agli Stati membri, dalla CEDU, dalle Carte sociali adottate dall'Unione e dal Consiglio d'Europa, nonché dalla giurisprudenza della Corte e da quella della Corte Europea dei Diritti dell'Uomo».

Questi principi rappresentano senza dubbio un efficace strumento di garanzia per la tutela dei diritti degli stranieri.

Invece il comma 4 dell'art. 2 del D.Lgs. n. 286/1998 nel consentire allo straniero regolarmente soggiornante la partecipazione alla vita pubblica locale, si raccorda con il successivo art. 42 che dispone misure di integrazione sociale finalizzate a favorire il positivo inserimento degli stranieri nella società italiana, tanto da coinvolgere da una parte l'organizzazione amministrativa statale e dall'altra il sistema istituzionale delle Autonomie Locali, nell'attuazione di attività intraprese per gli extracomunitari nell'organizzazione di corsi di formazione, ispirati a criteri di convivenza in una società multiculturale e nella valorizzazione di espressioni culturali, ricreative, sociali, economiche e religiose.

Particolare attenzione va posta nei confronti dell'art. 2, comma 5 del citato decreto legislativo, che riconosce allo straniero «parità di trattamento con il cittadino relativamente alla tutela giurisdizionale dei diritti e degli interessi legittimi, nei rapporti con la pubblica amministrazione e nell'accesso ai pubblici servizi, nei limiti e nei modi previsti dalla legge».

In conseguenza di ciò questa norma garantisce anche allo straniero un giusto procedimento ed un giusto processo.

Dinanzi all'avvenuto riconoscimento nei confronti degli stranieri dei relativi diritti fondamentali della persona umana, si contrappone però l'osservanza da parte degli stessi degli obblighi previsti dalla normativa vigente (art. 2, comma 9, D.Lgs. n. 286/1998), in quanto è essenziale l'obbligo dell'immigrato al rispetto dei principi posti a garanzia della società ospitante.

2. *Il diritto alla salute*

La legislazione in materia di immigrazione individua le varie categorie di soggetti beneficiari dell'assistenza sanitaria.

Difatti l'art. 34 del D.Lgs. n. 286/1998, commi 1 e 2, stabiliscono l'obbligo e le modalità d'iscrizione al Servizio Sanitario Nazionale per i seguenti soggetti:

a) stranieri regolarmente soggiornanti che abbiano in corso regolari attività di lavoro subordinato o di lavoro autonomo o siano iscritti nelle liste di collocamento;

b) stranieri regolarmente soggiornanti o che abbiano chiesto il rinnovo del titolo di soggiorno per lavoro subordinato, per lavoro autonomo, per motivi familiari, per asilo politico, per asilo umanitario, per protezione sussidiaria, per casi speciali, per protezione speciale, per cure mediche (art. 19, comma 2, lett. d-*bis*), per richiesta di asilo, per attesa adozione, per affidamento, per acquisto della cittadinanza;

b-*bis*) i minori stranieri non accompagnati, anche nelle more del rilascio del permesso di soggiorno, a seguito delle segnalazioni di legge dopo il ritrovamento nel territorio nazionale (lettera così aggiunta dall'art. 14, comma 1, L. 7 aprile 2017, n. 47).

In tale senso la circolare ministeriale 24 marzo 2000, n. 5 stabilisce che nel punto a) viene affermato il principio che lo svolgimento di un'attività lavorativa o l'iscrizione nelle liste di collocamento, nel rispetto della legislazione del lavoro, dà diritto all'iscrizione obbligatoria del cittadino regolarmente soggiornante, a prescindere dal fatto che il permesso di soggiorno sia stato rilasciato per lavoro subordinato o autonomo o il motivo del permesso di soggiorno non preveda l'iscrizione obbligatoria; precisa altresì che, a differenza di quanto previsto dalla legislazione precedente, con la quale si provvedeva ad individuare specifiche figure di lavoratori tenuti all'assicurazione obbligatoria, con la presente legge l'espressione «lavoro autonomo» deve essere definita per esclusione, intesa come svolgimento di un'attività lavorativa, non rientrante nell'ambito del lavoro subordinato e riferita anche a soggetti tenuti alla dichiarazione dei redditi in base alle disposizioni fiscali vigenti.

In questa categoria di stranieri obbligatoriamente iscritti al Servizio Sanitario Nazionale rientrano nel punto b) anche tutti gli stranieri, specificamente indicati, che in relazione alle disposizioni che disciplinano il rilascio del permesso di soggiorno, abbiano ottenuto il permesso stesso o ne abbiano chiesto il rinnovo per i motivi indicati dall'art. 34 del D.Lgs. n. 286/1998.

L'assistenza sanitaria si estende inoltre ai familiari a carico regolarmente soggiornanti e viene garantita fin dalla nascita ai minori figli di stranieri iscritti al Servizio Sanitario Nazionale, nelle more dell'iscrizione al servizio stesso.

In conseguenza di ciò per gli stranieri iscritti al Servizio Sanitario Nazionale, viene riconosciuto il valore ricognitivo e non costitutivo del diritto, nonché la parità di trattamento e la piena uguaglianza di diritti e doveri rispetto ai cittadini italiani per quanto concerne l'obbligo contributivo, l'assistenza erogata nel territorio italiano dal Servizio Sanitario Nazionale e la sua validità temporale.

Il Regolamento di attuazione (D.P.R. n. 394/1999) con l'art. 42 dispone che lo straniero in possesso del permesso di soggiorno è iscritto negli elenchi dell'ASL nel cui territorio ha residenza ovvero, in assenza di essa, nel cui territorio ha effettiva dimora, intesa come quella indicata nel permesso di soggiorno ed inoltre esclude dall'iscrizione al Servizio Sanitario Nazionale i lavoratori stranieri individuati dall'art. 27, comma 1, lett. a), i) e q), D.Lgs. n. 286/1998, qualora non siano tenuti a corrispondere in Italia l'imposta sul reddito delle persone fisiche e gli stranieri titolari del permesso di soggiorno per affari.

Il predetto art. 34 del D.Lgs. n. 286/1998, comma 3, prevede l'iscrizione volontaria al Servizio Sanitario Nazionale per gli stranieri regolarmente soggiornanti, ma che non rientrano tra coloro che sono obbligatoriamente iscritti al S.S.N. e che sono tenuti ad assicurarsi contro il rischio di malattie, infortunio e maternità mediante la stipula di apposita polizza assicurativa con un istituto assicurativo italiano o straniero, valida sul territorio nazionale, ovvero mediante iscrizione al Servizio sanitario nazionale valida anche per i familiari a carico.

Tale iscrizione volontaria è concessa ai cittadini stranieri con permesso di soggiorno superiore a tre mesi, fatto salvo il diritto dello studente o della persona alla pari che può chiedere l'iscrizione anche per periodi inferiori.

Lo straniero è iscritto, unitamente ai familiari a carico, negli elenchi degli assistibili dell'Unità Sanitaria Locale nel cui territorio ha la residenza anagrafica o, nel caso di prima iscrizione, al domicilio indicato nel permesso di soggiorno.

Non è consentita l'iscrizione al S.S.N. ai cittadini stranieri titolari di permesso di soggiorno per motivi di cura per effetto di quanto disposto dall'art. 36 del D.Lgs. n. 286/1998 e per motivi turistici secondo l'art. 5, comma 3 (D.Lgs. n. 286/1998).

È opportuno precisare che l'iscrizione ha valore costitutivo del diritto all'assicurazione sanitaria, a differenza dell'assicurazione obbligatoria nella quale l'iscrizione ha solo valore ricognitivo.

Il successivo art. 35 (D.Lgs. n. 286/1998) nel disciplinare l'assistenza sanitaria per gli stranieri regolarmente soggiornanti sul territorio nazionale, ma non iscritti obbligatoriamente o volontariamente al Servizio sanitario nazionale, assicura agli stessi le prestazioni ospedaliere urgenti e le prestazioni sanitarie di elezione; mentre per gli stranieri presenti sul territorio italiano, ma non in regola con le norme relative all'ingresso e al soggiorno, la legge garantisce cure ambulatoriali ed ospedaliere, urgenti o comunque essenziali, nel senso che non possono essere differite senza pericolo per la vita o danno per la salute della persona oppure che nel tempo potrebbero determinare maggiore danno alla salute o rischi per la vita, assicura inoltre interventi di medicina preventiva, tutela della gravidanza e della maternità, tutela della salute del minore, vaccinazioni, interventi di profilassi internazionale, diagnosi e cura delle malattie infettive.

In tale ultimo caso il diritto all'assistenza sanitaria in favore degli stranieri extracomunitari irregolarmente presenti nel territorio della Repubblica italiana, allo stato è conforme all'art. 32 Cost. it., che tutela la salute come fondamentale diritto dell'individuo e interesse della collettività, tanto da garantire cure gratuite agli indigenti.

«Nella specie si tratta di distinguere tra interventi indifferibili (anche se di consistenza temporale non irrilevante) che rendono inespellibile lo straniero irregolare che di essi necessiti ed interventi sanitari che qualunque straniero può fruire in Italia ove chieda ed ottenga, previa valutazione dell'Autorità Amministrativa il previsto permesso di soggiorno per cure mediche (art. 36 del D.Lgs. n. 286/1998). E la duplicità di tutela (pronta e non condizionata per le situazioni di indifferibilità o discrezionale e procedimentalizzata per ogni altra situazione) appare una ragionevole scelta di fornire risposte differenziate a situazioni soggettive obiettivamente assai diverse (nel primo caso dovendosi il sistema sanitario attivare per la presenza stessa dello straniero bisognevole di assistenza e nel secondo caso potendo il sistema sanitario ospitare, alla bisogna, stranieri che di tal assistenza facciano richiesta)» (Cass. civ., sez. I, sent. 4 aprile 2011, n. 7615).

Difatti l'art. 36 del D.Lgs. n. 286/1998 e l'art. 44 del Reg. att. (D.P.R. 31 agosto 1999, n. 394), nel disciplinare l'ingresso degli stranieri che richiedono il relativo visto per cure mediche, oppure che vengono trasferiti per cure in Italia nell'ambito di interventi umanitari o anche nell'ambito di programmi di intervento umanitario delle Regioni, affermano un principio di solidarietà e riconoscono diritti inviolabili fondamentali, indipendentemente dallo *status* di cittadinanza ed in favore delle necessità di un singolo non cittadino italiano.

3. *Il diritto all'assistenza sociale*

In materia di assistenza sociale l'art. 40 del D.Lgs. n. 286/1998 riconosce agli stranieri titolari della carta di soggiorno e gli stranieri regolarmente soggiornanti in possesso di permesso di soggiorno almeno biennale e che esercitano una regolare attività lavorativa subordinata o autonoma hanno diritto di accedere, in condizioni di parità con i cittadini italiani, agli alloggi di edilizia residenziale pubblica e ai servizi di intermediazione delle agenzie sociali eventualmente predisposte da ogni regione o dagli enti locali per agevolare l'accesso alle locazioni abitative e al credito agevolato in materia di edilizia, recupero, acquisto e locazione della prima casa di abitazione; ma per godere di tali diritti è necessario il collegamento con la comunità italiana, individuato nel possesso della carta di soggiorno (permesso di soggiorno CE per soggiornanti di lungo periodo) o nel possesso del permesso di soggiorno almeno biennale e nell'esercizio di attività lavorativa autonoma o subordinata.

Di conseguenza il diritto all'abitazione da parte degli stranieri non può essere elemento di discriminazione, né di disparità rispetto ai cittadini italiani, in quanto «lo straniero regolarmente soggiornante nel territorio dello Stato gode dei diritti in materia civile attribuiti al cittadino italiano» (art. 2, comma 2, T.U.) e difatti varie pronunce giurisdizionali hanno dichiarato illegittime quelle delibere di amministrazioni comunali che nel disciplinare l'accesso agli alloggi pubblici attribuivano un punteggio maggiore ai richiedenti con cittadinanza italiana.

Inoltre lo straniero regolarmente soggiornante può accedere ad alloggi sociali, collettivi o privati, nell'ambito di strutture organizzate sotto forma di pensionato.

Infine le Regioni, in collaborazione con gli enti locali e le associazioni di volontariato, predispongono centri di accoglienza intesi come strutture alloggiative finalizzate ad ospitare stranieri regolarmente soggiornanti per motivi diversi dal turismo, che siano temporaneamente impossibilitati a provvedere in modo autonomo alle proprie esigenze, tanto da rendere gli stessi autosufficienti nel più breve tempo possibile e favorendone l'inserimento sociale.

Alcune Regioni hanno approvato varie leggi che individuano interventi a sostegno dell'immigrazione extracomunitaria, al fine di consentire una corretta accoglienza ed integrazione degli stranieri nell'ambito della società italiana.

L'art. 41 (D.Lgs. n. 286/1998) prevede che gli stranieri titolari della carta di soggiorno (ora permesso di soggiorno CE per soggiornanti di lungo periodo) o di permesso di soggiorno di durata non inferiore ad un anno, nonché i minori iscritti nella loro carta di soggiorno o nel loro permesso di soggiorno, sono equiparati ai cittadini italiani ai fini della fruizione delle provvidenze e delle prestazioni, anche economiche, di assistenza sociale (come pensioni, assegni mensili, indennità e sussidi oppure collocamento obbligatorio al lavoro, ricoveri, esenzioni fiscali), nonché incluse quelle previste per coloro che sono affetti da morbo di Hansen o da tubercolosi, per i sordomuti, per i ciechi civili, per gli invalidi civili e per gli indigenti. Nel tempo la Corte costituzionale con varie sentenze ha dichiarato l'illegittimità costituzionale di diverse disposizioni legislative che nell'ambito dell'erogazione di strumenti di assistenza sociale ed economica avevano introdotto un regime discriminatorio nei confronti degli stranieri regolarmente soggiornanti nel territorio dello Stato.

Con la decisione 30 luglio 2008, n. 306 la Corte costituzionale ha ritenuto «manifestamente irragionevole subordinare l'attribuzione di una prestazione assistenziale quale l'indennità di accompagnamento i cui presupposti sono, come si è detto, la totale disabilità al lavoro, nonché l'incapacità alla deambulazione autonoma o al compimento da soli degli atti quotidiani della vita al possesso di un titolo di legittimazione alla permanenza del soggiorno in Italia che richiede per il suo rilascio, tra l'altro, la titolarità di un reddito.

Tale irragionevolezza incide sul diritto alla salute, inteso anche come diritto ai rimedi possibili e, come nel caso, alle menomazioni prodotte da patologie di non lieve importanza. Ne consegue il contrasto delle disposizioni censurate con l'art. 3 Cost., ma anche con gli artt. 32 e 38 Cost., nonché tenuto conto che quello della salute è diritto fondamentale della persona (vedi per tutte, le sentenze n. 252/2001 e n. 432/2005 con l'art. 2 della Costituzione).

Sotto tale profilo e per i medesimi motivi, la normativa censurata viola l'art. 10, comma 1 della Costituzione, poiché tra le norme del diritto internazionale generalmente riconosciute rientrano quelle che, nel garantire i diritti fondamentali della persona indipendentemente dall'appartenenza a determinate entità politiche, vietano discriminazioni nei confronti degli stranieri, legittimamente soggiornanti nel territorio dello Stato.

Al legislatore italiano è certamente consentito dettare norme, non palesemente irragionevoli e non contrastanti con obblighi internazionali, che regolino l'ingresso e la permanenza di extracomunitari in

Italia (da ultimo sentenza n. 148/2008). È possibile, inoltre, subordinare, non irragionevolmente, l'erogazione di determinate prestazioni non inerenti a rimediare a gravi situazioni di urgenza alla circostanza che il titolo di legittimazione dello straniero al soggiorno nel territorio dello Stato ne dimostri il carattere non episodico e di non breve durata; una volta, però, che il diritto a soggiornare alle condizioni predette non sia in discussione, non si possono discriminare gli stranieri, stabilendo, nei loro confronti, particolari limitazioni per il godimento dei diritti fondamentali della persona, riconosciuti invece ai cittadini».

In conseguenza di ciò tale sentenza d'illegittimità costituzionale riconosce il diritto all'indennità di accompagnamento nelle ipotesi di totale idoneità al lavoro a pari condizioni con i cittadini italiani, tanto che le disposizioni censurate (art. 80, comma 19, L. n. 388/2000 art. 9, comma 1, D.Lgs. n. 286/1998 e succ. modif.) sono relative alla circostanza che esse, rispetto ai soli cittadini stranieri, subordinano le erogazioni delle predette prestazioni economiche al possesso di requisiti reddituali, ivi compresa la disponibilità di un alloggio, che invece la norma istitutiva della predetta prestazione non prevede per i cittadini italiani.

Tali motivazioni sussistono anche nella successiva sentenza della Corte cost. 23 gennaio 2009, n. 11 che a riguardo anche della pensione di inabilità ha ritenuto l'intrinseca irragionevolezza del complesso normativo in esame e la disparità di trattamento tra cittadini e stranieri legalmente e non occasionalmente soggiornanti in Italia; perché mentre l'indennità di accompagnamento è concessa per il solo fatto della minorazione, senza che le condizioni reddituali vengano in alcun modo in rilievo, di contro la pensione di inabilità è preclusa dalla titolarità di un reddito superiore ad una misura fissata dalla legge.

«La subordinazione dell'attribuzione di tale prestazione al possesso, da parte dello straniero, di un titolo di soggiorno il cui rilascio presuppone il godimento di un reddito, rende ancora più evidente l'irragionevolezza del complesso normativo in scrutinio».

È opportuno aggiungere che sempre la Corte costituzionale con la decisione 15 marzo 2013, n. 40 ha dichiarato costituzionalmente illegittima la normativa nella parte in cui subordinava al requisito della titolarità della carta di soggiorno (ora permesso di soggiorno CE per soggiornanti di lungo periodo) la concessione agli stranieri legalmente soggiornanti nel territorio della Repubblica italiana dell'indennità di accompagnamento e della pensione di inabilità.

Mentre la sentenza 27 febbraio 2015, n. 22 dichiarava l'illegittimità costituzionale delle disposizioni relative al bilancio dello Stato nella parte in cui subordinava al requisito della titolarità della carta di soggiorno la concessione ai cittadini extracomunitari legalmente soggiornanti delle norme in materia di assistenza economica agli invalidi civili, ai ciechi civili e ai sordomuti, così come (Corte cost., sent. 16 dicembre 2011, n. 329) subordinava al requisito della titolarità della carta di soggiorno la concessione ai minori extracomunitari pure legalmente soggiornanti nel territorio dello Stato della relativa indennità di frequenza.

Tali principi fondati sulle predette pronunce della Corte costituzionale sono stati riconfermati e riassunti in una rilevante ordinanza della Corte di Cassazione sez. lavoro n. 23763 del 1° ottobre 2018 che ha concluso: «(...) ai fini del riconoscimento di prestazioni sociali volte a rispondere ai bisogni primari della persona, nel nostro ordinamento non sia consentita ex artt. 2 e 3 Cost., alcuna differenziazione tra cittadini italiani e stranieri che hanno titolo al soggiorno nel territorio dello Stato italiano».

La legislazione in materia di immigrazione prevede ulteriori misure di integrazione sociale in favore degli stranieri regolari con il concorso di Stato, regioni, province e comuni ed in collaborazione di associazioni di stranieri ed enti dei Paesi di origine.

Tanto è vero che la Corte costituzionale con decisione 25 giugno 2015, n. 119 ha censurato «l'esclusione dei cittadini stranieri dalla possibilità di prestare il Servizio civile nazionale, impedendo loro di concorrere a realizzare progetti di utilità sociale e, di conseguenza, di sviluppare il valore del servizio a favore del bene comune, comporta dunque un'ingiustificata limitazione al pieno sviluppo della persona e all'integrazione nella comunità di accoglienza».

4. *Il diritto all'istruzione*

In tema di diritto allo studio assume particolare importanza l'art. 38, comma 1, D.Lgs. n. 286/1998: «I minori stranieri presenti sul territorio sono soggetti all'obbligo scolastico, ad essi si applicano tutte le disposizioni vigenti in materia di diritto all'istruzione, di accesso ai servizi educativi, di partecipazione alla vita della comunità scolastica».

Tale disposizione evidenzia la soggezione all'obbligo scolastico per tutti i minori stranieri presenti sul territorio nazionale in modo regolare o irregolare; perché allo stato dei fatti il diritto allo studio dei minori rientra nell'ambito dell'art. 2 del D.Lgs. n. 286/1998 che: «Allo straniero comunque presente alla frontiera o nel territorio dello Stato sono riconosciuti i diritti fondamentali della persona umana previsti dalle norme di diritto internazionale, dalle convenzioni internazionali in vigore e dai principi di diritto internazionale generalmente riconosciuti» ed è rispettoso del superiore interesse del fanciullo, conformemente a quanto previsto dall'art. 28, comma 1 della Convenzione sui diritti del fanciullo del 20 novembre 1989, ratificata e resa esecutiva ai sensi della L. 27 maggio 1991, n. 176, degli artt. 13 e 14 del Patto internazionale sui diritti economici, sociali e culturali, nonché dell'art. 17, comma 2 della Carta sociale europea.

Inoltre il citato art. 38, comma 1 (D.Lgs. n. 286/1998) nel precisare che a tutti i minori stranieri si applicano «tutte le disposizioni vigenti in materia di diritto all'istruzione, di accesso ai servizi educativi, di partecipazione alla vita della comunità scolastica», attua la *par condicio* tra minori stranieri regolari o irregolari e minori italiani, tanto è vero che l'art. 45 del regolamento di attuazione (D.P.R. n. 394/1999) dispone che: «I minori stranieri presenti sul territorio nazionale hanno diritto all'istruzione indipendentemente dalla regolarità della posizione in ordine al loro soggiorno, nelle forme e nei modi previsti per i cittadini italiani. Essi sono soggetti all'obbligo scolastico secondo le disposizioni vigenti in materia. L'iscrizione dei minori stranieri nelle scuole italiane di ogni ordine e grado avviene nei modi e alle condizioni previste per i minori italiani. Essa può essere richiesta in qualunque periodo dell'anno scolastico. I minori stranieri privi di documentazione anagrafica ovvero in possesso di documentazione irregolare o incompleta sono iscritti con riserva».

Lo Stato, le Regioni e gli enti locali garantiscono l'effettività del diritto allo studio, anche mediante l'attivazione di appositi corsi ed iniziative per l'apprendimento della lingua italiana; mentre la comunità scolastica, nell'accogliere le differenze linguistiche e culturali come valore da porre a fondamento del rispetto reciproco, dello scambio tra le culture e della tolleranza, promuove e favorisce iniziative volte alla accoglienza, alla tutela della cultura e della lingua d'origine e alla realizzazione di attività interculturali comuni; l'art. 38, comma 4 (D.Lgs. n. 286/1998) aggiunge che le predette iniziative e attività sono realizzate sulla base di una rilevazione dei bisogni locali e di una programmazione territoriale integrata, anche in convenzione con le associazioni degli stranieri, con le rappresentanze diplomatiche e consolari dei Paesi di appartenenza e con le organizzazioni di volontariato.

Le predette istituzioni, ai sensi della L. n. 47/2017, attiveranno altresì misure per favorire l'assolvimento dell'obbligo scolastico e formativo da parte dei minori stranieri non accompagnati anche attraverso la predisposizione di specifici progetti.

Il diritto all'istruzione, secondo l'art. 2 del Protocollo n. 1 addizionale alla CEDU, non può essere rifiutato a nessuno, nel senso che non sono permesse esclusioni dalla fruizione del servizio scolastico. Lo Stato, nell'esercizio delle sue funzioni che assume nel campo dell'educazione e dell'insegnamento, deve rispettare il diritto dei genitori di provvedere a tale educazione e a tale insegnamento secondo le loro convinzioni religiose e filosofiche; perché «È nell'insieme del programma dell'istruzione pubblica che l'art. 2 del Protocollo n. 1 prescrive allo Stato di rispettare le convinzioni religiose e filosofiche dei genitori (...). Tale dovere è di ampia applicazione poiché vale per il contenuto dell'istruzione e il modo di impartirla ma anche nell'esercizio dell'insieme delle "funzioni" assunte dallo Stato. Il verbo "rispettare" significa molto di più di "riconoscere" o di "tener conto". Oltre ad un obbligo negativo, implica a carico dello Stato un obbligo positivo» (sent. Corte europea dei diritti dell'uomo, Valsamis, 27, Efstration, 28).

Tale norma insieme alle tradizioni costituzionali comuni degli Stati membri ha ispirato l'art. 14 della Carta dei diritti fondamentali dell'Unione europea che recita: «Ogni individuo ha diritto all'istruzione e all'accesso alla formazione professionale e continua. Questo diritto comporta la facoltà di accedere gratuitamente all'istruzione obbligatoria. La libertà di creare istituti di insegnamento nel rispetto dei principi democratici, così come il diritto dei genitori di provvedere all'educazione e all'istruzione dei loro figli secondo le loro convinzioni religiose, filosofiche e pedagogiche, sono rispettati secondo le leggi nazionali che ne disciplinano l'esercizio».

L'estensione del diritto all'istruzione anche alla formazione professionale e al suo miglioramento nell'intera area dell'Unione Europea, comporta l'elaborazione e l'attuazione di obiettivi comuni volti a migliorare la preparazione dei giovani ed a facilitare il passaggio dagli studi ad attività di livello più elevato.

Inoltre per gli stranieri adulti regolarmente soggiornanti, le istituzioni scolastiche anche in convenzione con Regioni ed enti locali promuovono l'attivazione di corsi di alfabetizzazione nelle scuole elementari e medie, nonché la realizzazione di corsi di lingua italiana e di corsi di formazione finalizzati anche al conseguimento del titolo della scuola dell'obbligo o del diploma di scuola secondaria superiore.

Invece l'art. 39 del D.Lgs. n. 286/1998 e l'art. 46 del Reg. att. (D.P.R. n. 394/1999) regolano l'accesso degli studenti stranieri all'istruzione universitaria.

Il comma 1 del predetto art. 39 assicura la parità di trattamento tra cittadini italiani e stranieri in relazione all'accesso all'università.

Difatti la Corte costituzionale (sent. 14 gennaio 2013, n. 2) ha rilevato che l'erogazione di benefici per l'accesso a corsi universitari in favore degli studenti stranieri non è oggetto di limitazione né è subordinato al requisito della residenza sul territorio dello Stato, nel rispetto dell'art. 34 della Costituzione italiana.

Le università, nella loro autonomia e nei limiti delle loro disponibilità finanziarie, assumono iniziative volte al conseguimento degli obiettivi del documento programmatico di cui all'art. 3, promuovendo l'accesso degli stranieri ai corsi universitari di cui all'art. 1 della L. 19 novembre 1990, n. 341, tenendo conto degli orientamenti comunitari in materia, in particolare riguardo all'inserimento di una quota di studenti universitari stranieri, stipulando apposite intese con gli atenei stranieri per la mobilità studentesca, nonché organizzando attività di orientamento e di accoglienza.

Difatti le università, ai sensi dell'art. 46 Reg. att. (D.P.R. n. 394/1999) stabiliscono entro il 31 dicembre di ogni anno il numero dei posti da destinare all'immatricolazione degli studenti stranieri ai corsi di studio universitari, per l'anno accademico successivo, anche in coerenza con le esigenze della politica estera culturale e della cooperazione allo sviluppo, fatti salvi gli accordi di collaborazione universitaria con i Paesi terzi.

Nel caso di accesso a corsi a numero programmato l'ammissione è, comunque, subordinata alla verifica delle capacità ricettive delle strutture universitarie e il superamento delle prove di ammissione.

Il Regolamento di attuazione disciplina pertanto gli adempimenti richiesti agli stranieri per il conseguimento del visto di ingresso e del permesso di soggiorno per motivi di studio anche con riferimento alle modalità di prestazione di garanzia di copertura economica da parte di enti o cittadini italiani o stranieri regolarmente soggiornanti nel territorio dello Stato in luogo della dimostrazione di disponibilità di mezzi sufficienti di sostentamento da parte dello studente straniero e per la rinnovabilità del permesso di soggiorno per motivi di studio; nonché delinea criteri per l'erogazione di borse di studio e sussidi agli studenti stranieri universitari, per la valutazione delle condizioni economiche, per la realizzazione di corsi di lingua italiana, per il riconoscimento dei titoli di studio conseguiti all'estero.

Gli studenti stranieri accedono a parità di trattamento con gli studenti italiani ai servizi e agli interventi per il diritto allo studio di cui alla L. 2 dicembre 1991, n. 390.

È opportuno segnalare l'intervenuta approvazione del D.Lgs. 10 agosto 2007, n. 154 di attuazione della direttiva 2004/114/CE, relativa alle condizioni di ammissione dei cittadini di Paesi terzi per motivi di studio, scambio di alunni, tirocinio non retribuito o volontariato, emanata per favorire la c.d. migrazione culturale tra Stati diversi e ciò per consentire la ricerca di basi comuni pur nelle differenze linguistiche.

Infine il comma 5 dell'art. 39 (D.Lgs. n. 286/1998) consente l'accesso ai corsi universitari e alle scuole di specializzazione delle università, a parità di condizioni con gli studenti italiani, agli stranieri titolari di carta di soggiorno (ora permesso di soggiorno CE per soggiornanti di lungo periodo), ovvero di permesso di soggiorno per lavoro subordinato o per lavoro autonomo, per motivi familiari, per asilo politico, per motivi religiosi, ovvero per casi e protezione speciale, ovvero agli stranieri regolarmente soggiornanti da almeno un anno in possesso di titolo di studio superiore conseguito in Italia, nonché agli stranieri, ovunque residenti, che sono titolari dei diplomi finali delle scuole italiane all'estero o delle scuole straniere o internazionali, funzionanti in Italia o all'estero, oggetto di intese bilaterali o di normative speciali per il riconoscimento dei titoli di studio e soddisfino le condizioni generali richieste per l'ingresso per studio.

Questa disposizione ultima costituisce un *favor* del legislatore nei confronti degli studenti stranieri già residenti nella Repubblica italiana, rispetto agli studenti stranieri residenti all'estero, perché dimostra un precedente collegamento dei primi con il territorio e con lo Stato in virtù del possesso di un valido titolo di soggiorno.

5. *Il diritto all'acquisizione della cittadinanza italiana*

Il diritto di ogni individuo ad avere una cittadinanza o a non essere privato di quella posseduta, nell'ordinamento internazionale trova riferimento nell'art. 15 della Dichiarazione universale dei diritti dell'uomo, adottata il 10 dicembre 1948, nel principio III della Dichiarazione dei diritti del fanciullo, adottata il 20 novembre 1959, nell'art. 24 del Patto internazionale sui diritti civili e politici, adottato il 16 dicembre 1966.

Nell'ordinamento italiano, invece, lo straniero che intende acquisire o acquistare la cittadinanza italiana deve rispettare determinate regole e condizioni poste dal legislatore con la L. 5 febbraio 1992, n. 91 ("Nuove norme sulla cittadinanza"), che ha abrogato la precedente L. 13 giugno 1912, n. 555, nonché nel successivo Regolamento di esecuzione della L. 5 febbraio 1992, n. 91, recante nuove norme sulla cittadinanza (D.P.R. 12 ottobre 1993, n. 572) e nell'ulteriore Regolamento recante disciplina dei procedimenti di acquisto della cittadinanza italiana (D.P.R. 18 aprile 1994, n. 362).

La L. n. 91/1992 ha recepito la *par condicio* tra uomo e donna, ha introdotto la disposizione che consente ai connazionali l'acquisto o il riacquisto di una cittadinanza straniera, ma senza incorrere nella perdita di quella italiana, nonché la disposizione che favorisce il riacquisto della cittadinanza agli ex italiani.

L'art. 1 della citata legge precisa che: «È cittadino per nascita a) il figlio di padre o di madre cittadini, b) chi è nato nel territorio della Repubblica se entrambi i genitori sono ignoti o apolidi, ovvero se il figlio non segue la cittadinanza dei genitori secondo la legge dello Stato al quale questi appartengono. È considerato cittadino per nascita il figlio di ignoti trovato nel territorio della Repubblica, se non venga provato il possesso di altra cittadinanza»; mentre l'art. 3 dispone che: «Il minore straniero adottato da cittadino italiano acquista la cittadinanza».

Nella specie l'attribuzione della cittadinanza in favore dello straniero è disciplinata dall'art. 4: «Lo straniero o l'apolide, del quale il padre o la madre o uno degli ascendenti in linea retta di secondo grado sono stati cittadini per nascita, diviene cittadino: a) se presta effettivo servizio militare per lo Stato italiano e dichiara preventivamente di voler acquistare la cittadinanza italiana; b) se assume pubblico impiego alle dipendenze dello Stato, anche all'estero, e dichiara di voler acquistare la cittadinanza italiana; c) se, al raggiungimento della maggiore età, risiede legalmente da almeno due anni nel territorio della Repubblica e dichiara, entro un anno dal raggiungimento, di voler acquistare la cittadinanza italiana. Lo straniero nato in Italia, che vi abbia risieduto legalmente senza interruzioni fino al raggiungimento della maggiore età, diviene cittadino se dichiara di voler acquistare la cittadinanza italiana entro un anno dalla suddetta data» (c.d. riconoscimento della cittadinanza per *ius soli*).

Questa norma, basata su elementi collegati tra residenza e discendenza, o tra residenza e nascita sul suolo, si caratterizza per alcuni fattori diversi rispetto a quanto previsto dalle disposizioni relative all'acquisto della cittadinanza per concessione a seguito della prolungata residenza sul territorio nazionale, di cui all'art. 9 della L. n. 91/1992.

Difatti l'art. 9 recita: «La cittadinanza italiana può essere concessa con decreto del Presidente della Repubblica, sentito il Consiglio di Stato, su proposta del Ministro dell'interno: a) allo straniero del quale il padre o la madre o uno degli ascendenti in linea retta di secondo grado sono stati cittadini per nascita, o che ne è nato nel territorio della Repubblica e, in entrambi i casi, vi risiede legalmente da almeno tre anni, comunque fatto salvo, quanto previsto dall'articolo 4, comma 1, lettera c); b) allo straniero maggiorenne adottato da cittadino italiano che risiede legalmente nel territorio della Repubblica da almeno cinque anni successivamente alla adozione; c) allo straniero che ha prestato servizio, anche all'estero, per almeno cinque anni alle dipendenze dello Stato; d) al cittadino di uno Stato membro delle Comunità europee se risiede legalmente da almeno quattro anni nel territorio della Repubblica; e) all'apolide che risiede legalmente da almeno cinque anni nel territorio della Repubblica; f) allo straniero che risiede legalmente da almeno dieci anni nel territorio della Repubblica.

Con decreto del Presidente della Repubblica, sentito il Consiglio di Stato e previa deliberazione del Consiglio dei Ministri, su proposta del Ministro dell'interno, di concerto con il Ministro degli affari esteri, la cittadinanza può essere concessa allo straniero quando questi abbia reso eminenti servizi all'Italia, ovvero quando ricorra un eccezionale interesse dello Stato» (c.d. riconoscimento della cittadinanza per naturalizzazione).

Inoltre l'art. 5 della L. n. 91/1992 prevede il c.d. acquisto della cittadinanza per matrimonio con cittadino italiano nel caso in cui «Il coniuge, straniero o apolide, di cittadino italiano può acquistare la cittadinanza italiana quando, dopo il matrimonio risieda legalmente da almeno due anni nel territorio della Repubblica, oppure dopo tre anni dalla data del matrimonio se residente all'estero, qualora al momento dell'adozione del decreto di cui all'art. 7, comma 1 non sia intervenuto lo scioglimento, l'annullamento o la cessazione degli effetti civili e non sussista la separazione personale dei coniugi. I termini di cui al comma 1 sono ridotti della metà in presenza di figli nati o adottati dai coniugi».

L'istanza per l'acquisto o concessione della cittadinanza è soggetta al pagamento di un contributo pari ad euro duecentocinquanta.

Il termine per definire il procedimento in oggetto è di 730 giorni dalla data di presentazione della domanda con l'allegata documentazione regolare.

Nell'ambito dei casi indicati dalla predetta normativa, una particolare considerazione e disamina deve essere fatta riguardo alle norme che regolano l'acquisizione della cittadinanza italiana per prolungata residenza sul territorio nazionale e per matrimonio, ciò secondo quanto stabilisce l'art. 1 del D.P.R. n. 362/1994, che impone al soggetto richiedente lo *status civitatis*, la presentazione di apposita istanza al prefetto del luogo di residenza o all'autorità consolare con l'indicazione dei presupposti per aver titolo all'acquisto o alla concessione della cittadinanza e con l'allegazione dell'estratto di nascita, dello stato di famiglia, degli atti relativi alla cittadinanza dei genitori, dei certificati esteri relativi ai carichi penali, del certificato penale dell'autorità giudiziaria italiana, del certificato di residenza, del certificato di matrimonio o altri documenti richiesti con ulteriori disposizioni del Ministro dell'interno.

L'ordinamento prevede inoltre la concessione della cittadinanza italiana per i soggetti e loro discendenti nati e residenti nei territori, già appartenuti all'impero austro-ungarico prima del 16 luglio 1920 e ora appartenenti allo Stato italiano o ceduti dall'Italia alla Jugoslavia in virtù del Trattato di pace di Parigi o del Trattato di Osimo oppure nei confronti di soggetti già cittadini italiani, ma residenti in Istria, Fiume e Dalmazia, nonché prevede l'acquisto della cittadinanza per residenza da parte dei figli degli stranieri di origine italiana; tutte disposizioni ritenute di *favor* verso persone discendenti da soggetti già in possesso della cittadinanza italiana.

In relazione «all'acquisto della cittadinanza italiana "*iuris comunicatione*", il diritto soggettivo del coniuge, straniero o apolide italiano affievolisce ad interesse legittimo solo in presenza dell'esercizio, da parte della pubblica amministrazione, del potere discrezionale di valutare l'esistenza di motivi inerenti alla sicurezza della Repubblica che ostino a detto acquisto, con la conseguenza che, una volta precluso l'esercizio di tale potere a seguito dell'inutile decorso del termine previsto (un anno dalla presentazione dell'istanza, in base all'art. 4, comma 2, L. n. 123/1983, elevato a due anni, per il primo triennio di applicazione di detta legge, in forza dell'art. 6 della legge citata, e definitivamente, in forza dell'art. 8, comma 2, L. n. 91/1992) in caso di mancata emissione del decreto di acquisto della cittadinanza, come di rigetto della relativa istanza, ove si contesti la ricorrenza degli altri presupposti tassativamente indicati dalla legge, sussiste il diritto soggettivo, all'emanazione dello stesso, per il richiedente che può adire il giudice ordinario per far dichiarare, previa verifica dei requisiti di legge, che egli è cittadino».

Questi principi riconosciuti nella sentenza di cui sopra (Cass. civ., Sez. Un., sent. 27 gennaio 1995, n. 1000) sono di particolare valore, perché consentono allo straniero e all'apolide di ottenere il nostro *status civitatis* da parte del giudice ordinario, che può essere adito a tutela di tali posizioni soggettive e nel rispetto degli artt. 24, 25, 113 Cost. it.

Con il D.L. 4 ottobre 2018, n. 113, convertito con modificazioni dalla L. 1 dicembre 2018, n. 132, il legislatore ha stabilito che il termine per il rilascio degli estratti e dei certificati di stato civile necessari per il riconoscimento della cittadinanza italiana, è stabilito in sei mesi dalla data di presentazione della medesima richiesta da parte delle persone in possesso di cittadinanza straniera; mentre con il D.L. 21 ottobre 2020, n. 130, convertito con modificazioni dalla L. 18 dicembre 2020, n. 173, il legislatore ha precisato che per la definizione dei procedimenti relativi alla concessione della cittadinanza per matrimonio e per residenza, il termine è fissato in ventiquattro mesi prorogabili fino al massimo di trentasei mesi dalla data di presentazione della domanda.

Occorre rilevare che ai sensi del D.L. 21 giugno 2013, n. 69, convertito con modificazioni nella L. 9 agosto 2013, n. 98, lo straniero nato in Italia per poter acquisire la cittadinanza può dimostrare il possesso dei propri requisiti con ogni idonea documentazione; tanto è vero che gli ufficiali di stato civile sono tenuti a comunicare all'interessato nei sei mesi precedenti il compimento del diciottesimo anno di età la possibilità di esercitare il predetto diritto.

Inoltre, per ottenere la cittadinanza italiana per matrimonio e per naturalizzazione, il richiedente è tenuto a conoscere la lingua italiana non inferiore al livello B1 del Quadro comune europeo di riferimento per la conoscenza delle lingue (QCER).

Bisogna precisare che ai sensi dell'art. 10 della L. n. 91/1992 il decreto di concessione della cittadinanza perde efficacia se il soggetto interessato non presta giuramento di fedeltà alla Repubblica e di osservanza della Costituzione e delle Leggi dello Stato entro il termine di sei mesi dalla notifica del predetto decreto; la Corte Costituzionale con sentenza 7 dicembre 2017, n. 258, ha dichiarato l'illegittimità costituzionale nella parte in cui l'art. 10 non esonerava dal giuramento il disabile incapace di soddisfare tale adempimento per gravi patologie.

Il predetto decreto ha pure modificato la L. n. 91/1992, inserendo l'art. 10-*bis* che prevede la revoca della cittadinanza, acquisita per matrimonio, naturalizzazione o residenza per i soggetti ritenuti responsabili, con sentenza di condanna passata in giudicato, di reati con finalità di terrorismo o eversione dell'ordinamento costituzionale (art. 407, comma 2, lett. a, n. 4 codice di procedura penale e art. 270-*ter* e 270-*quinquies*.2 del codice penale).

Per tali reati, la revoca della cittadinanza è adottata entro tre anni dal passaggio in giudicato della sentenza di condanna, con relativo decreto del Presidente della Repubblica e dietro proposta del Ministro dell'Interno.

Va evidenziata la facoltà che lo Stato riconosce all'apolide di chiedere la cittadinanza italiana, dopo cinque anni di permanenza nel territorio dello Stato (L. n. 91/1992, art. 9, lett. e).

La predetta condizione è individuata anche dalla Convenzione di New York del 29 settembre 1954 ratificata con L. 1 febbraio 1962, n. 306, che definisce apolide colui che si trova in un paese di cui non è cittadino, provenendo da altro paese del quale ha formalmente o sostanzialmente perso la cittadinanza, tanto che non vi può più rientrare in via definitiva; di conseguenza l'ordinamento italiano con il D.P.R. 12 ottobre 1993, n. 572, art. 17 ("Regolamento di esecuzione della legge 5 febbraio 1992, n. 91, recante nuove norme sulla cittadinanza") conferisce al Ministero dell'interno il potere di certificazione dello *status* di apolide, su istanza dell'interessato e sulla base della documentazione allegata o di altri documenti richiesti dalla Pubblica amministrazione.

In tal senso la Suprema Corte (Cass. civ., Sez. Un., sent. 9 dicembre 2008, n. 28873) ha precisato che «Solo la certezza desumibile da prove documentali ovvero da atti scritti (ad es. dichiarazione di perdita della cittadinanza dello Stato di provenienza) che l'istante è una *stateless person*, come si legge nella Convenzione di New York (...), e non sia uno straniero con cittadinanza di altro paese, autorizza il Ministero al rilascio dovuto all'istante della certificazione.

Unico potere discrezionale, di tipo tecnico, del Ministero dell'interno è quello di valutare i documenti prodotti dall'interessato per provare la situazione di apolidia dedotta in domanda, e eventualmente di richiederne altra, ma una volta ritenuta esistente la prova documentale di tale condizione, l'Amministrazione, quale organo dello Stato che ospita l'istante, deve attestare lo stato di apolidia, che non è conferito da essa ma solo riconosciuto e certificato, come esattamente è scritto nella norma del regolamento citato. Correttamente pertanto la Corte costituzionale ha ritenuto sussistere per l'apolide la facoltà alternativa di ottenere "il riconoscimento amministrativo o giudiziale" della sua condizione, non potendo l'assenza di certificazione amministrativa precludere il procedimento giurisdizionale di riconoscimento dei diritti dell'apolide che, in quanto accertamento negativo di ogni cittadinanza, incide sui diritti soggettivi dell'istante, come tali oggetto della giurisdizione del giudice ordinario».

L'avvenuto riconoscimento della condizione di apolidia consente allo stesso di rimanere nel territorio nazionale e di ottenere il rilascio di documenti d'identità, nonché la possibilità di chiedere la cittadinanza italiana.

In materia di accertamento dello stato di apolidia e di cittadinanza italiana le relative controversie sono disciplinate dal rito semplificato di cognizione (D.Lgs. 10 ottobre 2022, n. 149, art. 15), che ha sostituito il precedente rito sommario di cognizione, ed è competente il tribunale (in composizione monocratica) sede della sezione specializzata in materia di immigrazione, protezione internazionale e libera circolazione dei cittadini dell'Unione europea del luogo in cui il ricorrente ha la dimora (art. 7, comma 1, lett. d) del D.L. 17 febbraio 2017, n. 13, convertito dalla L. 13 aprile 2017, n. 46).

Occorre precisare che il comma 5 dell'art. 4 del D.L. 17 febbraio 2017, n. 13, convertito dalla L. 13 aprile 2017, n. 46, successivamente modificato dall'art. 1, comma 36 della L. 26 novembre 2021, n. 206, ha così disposto: «Quando l'attore risiede all'estero le controversie di accertamento dello stato di cittadinanza italiana sono assegnate avendo riguardo al comune di nascita del padre, della madre o dell'avo cittadini italiani».

Di conseguenza tale predetta normativa evidenzia da un lato un foro territoriale per il ricorrente che dimora in Italia e dall'altro un foro territoriale per l'attore che risiede all'estero in relazione al comune di nascita del padre, della madre o dell'avo con status di cittadini italiani.

Capitolo Terzo

Il diritto dei lavoratori stranieri

SOMMARIO: 1. Il lavoro subordinato. – 2. Il lavoro stagionale. – 3. Il lavoro autonomo. – 4. I rapporti di lavoro speciali.

1. *Il lavoro subordinato*

Il presupposto necessario per ottenere il permesso di soggiorno per motivi di lavoro subordinato è costituito dalla sottoscrizione del contratto di soggiorno e dell'Accordo di integrazione.

L'art. 5-*bis* del D.Lgs. n. 286/1998 precisa: «Il contratto di soggiorno per lavoro subordinato stipulato fra un datore di lavoro italiano o straniero regolarmente soggiornante in Italia e un prestatore di lavoro, cittadino di uno Stato non appartenente all'Unione europea o apolide, contiene: a) la garanzia da parte del datore di lavoro della disponibilità di un alloggio per il lavoratore che rientri nei parametri minimi previsti dalla legge per gli alloggi di edilizia residenziale pubblica; b) l'impegno al pagamento da parte del datore di lavoro delle spese di viaggio per il rientro del lavoratore nel Paese di provenienza. Non costituisce titolo valido per il rilascio del permesso di soggiorno il contratto che non contenga le dichiarazioni di cui alle lettere a) e b) del comma 1».

Tale contratto è condizione necessaria per l'instaurazione di un corretto rapporto di lavoro subordinato ed è a forma scritta vincolata; tanto che il Tribunale di Milano con sentenza 4 dicembre 2003, M. e C. Servizi, ha precisato che «il contratto di soggiorno non è un contratto di lavoro, ma il contratto con il quale il datore di lavoro assicura al dipendente assunto con contratto di lavoro a tempo indeterminato, determinato o stagionale alcune garanzie di alloggio, di disponibilità economiche, di rientro in patria».

In caso di mancata stipulazione del contratto di soggiorno da parte del datore di lavoro, spetta allo stesso lavoratore extracomunitario il diritto al risarcimento del danno come ha deciso il Tribunale di Vigevano con sentenza 9 giugno 2004 n. 390: «Per quanto concerne il danno derivato al ricorrente dall'asserito inadempimento della resistente all'obbligo di stipulare il contratto di soggiorno, ai sensi della L. n. 222/2002, va anzitutto rilevato che l'art. 5, comma 3-*bis*, D.Lgs. n. 286/1998 prevede espressamente che il permesso di soggiorno per motivi di lavoro è rilasciato a seguito della stipula del contratto di soggiorno per lavoro stabilendo nel contempo che la durata del relativo permesso di soggiorno è quella prevista dal contratto di soggiorno. Da ciò discende innanzitutto che il lavoratore straniero ha diritto di ottenere il permesso di soggiorno per motivi di lavoro solo dopo la stipula del contratto di soggiorno e nei limiti temporali previsti da quest'ultimo. Nel caso di specie la resistente, nonostante si fosse obbligata, nella dichiarazione di emersione ... a stipulare regolare contratto di soggiorno per lavoro subordinato con il ricorrente presupposto necessario per il rilascio del relativo permesso di soggiorno *ex* art. 5 del D.Lgs. n. 286/1998 non ha in realtà concluso alcun regolare contratto di soggiorno con ciò venendo meno alla obbligazione precedentemente assunta.

Tale inadempimento appare illegittimo in quanto ingiustificato e non supportato da alcun valido atto di licenziamento del ricorrente.

Dalla accertata illegittimità della condotta tenuta dalla resistente in tale frangente discende l'obbligo della stessa, *ex* art. 1218 cod. civ. di risarcire il danno patito dal ricorrente consistito nella mancata acquisizione del permesso di soggiorno e nella sua conseguente impossibilità di lavorare regolarmente in Italia, beneficiando anche di ulteriori opportunità lavorative, accedendo nel contempo a tutti i servizi accessori quali il servizio sanitario nazionale, le graduatorie per le case popolari, i sussidi pubblici per gli stranieri».

Il D.Lgs. n. 286/1998 impone all'ospitante e al datore di lavoro dello straniero uno specifico obbligo di comunicazione (art. 7): «Chiunque, a qualsiasi titolo, dà alloggio ovvero ospita uno straniero o apolide, anche se parente o affine, ovvero cede allo stesso la proprietà o il godimento di beni immobili, rustici o urbani, posti nel territorio dello Stato, è tenuto a darne comunicazione scritta, entro quarantotto ore, all'autorità locale di pubblica sicurezza. La comunicazione comprende, oltre alle generalità del denunciante, quelle dello straniero o apolide, gli estremi del passaporto o del documento di identificazione che lo riguardano, l'esatta ubicazione dell'immobile ceduto o in cui la persona è alloggiata, ospitata o presta servizio ed il titolo per il quale la comunicazione è dovuta».

L'omessa comunicazione è soggetta alla sanzione amministrativa del pagamento di una somma da 500 a 3.500 euro.

La citata disposizione rappresenta una riformulazione dell'art. 147 del Testo unico delle leggi di pubblica sicurezza (R.D. n. 773/1931).

Nel presente contesto normativo assume particolare importanza l'avvenuta istituzione dello Sportello unico per l'immigrazione (art. 22 del D.Lgs. n. 286/1998 e art. 30 del D.P.R. n. 394/1999), istituito in ogni Provincia presso la prefettura-ufficio territoriale di Governo ed individuato dalla legge come responsabile dell'intero procedimento relativo all'assunzione di lavoratori subordinati stranieri a tempo determinato ed indeterminato.

Difatti il comma 2 dell'art. 22 del D.Lgs. n. 286/1998 stabilisce che «Il datore di lavoro italiano o straniero regolarmente soggiornante in Italia che intende instaurare in Italia un rapporto di lavoro subordinato a tempo determinato o indeterminato con uno straniero residente all'estero deve trasmettere in via telematica, previa verifica, presso il centro per l'impiego competente, della indisponibilità di un lavoratore presente sul territorio nazionale, idoneamente documentata, allo sportello unico per l'immigrazione della provincia di residenza ovvero di quella in cui ha sede legale l'impresa, ovvero di quella ove avrà luogo la prestazione lavorativa:

a) richiesta nominativa di nulla osta al lavoro;

b) idonea documentazione relativa alle modalità di sistemazione alloggiativa per il lavoratore straniero, sottoscritta mediante apposizione di firma digitale o altro tipo di firma elettronica qualificata;

c) la proposta di contratto di soggiorno con specificazione delle relative condizioni, comprensiva dell'impegno al pagamento da parte dello stesso datore di lavoro delle spese di ritorno dello straniero nel Paese di provenienza;

d) dichiarazione di impegno a comunicare ogni variazione concernente il rapporto di lavoro;

d-*bis*) asseverazione di cui all'articolo 24-*bis*, comma 2, sottoscritta mediante apposizione di firma digitale o altro tipo di firma elettronica qualificata;

d-*ter*) indicazione del domicilio digitale inserito in uno degli indici nazionali istituiti dagli articoli 6-*bis* e 6-*quater* del codice dell'amministrazione digitale, di cui al decreto legislativo 7 marzo 2005, n. 82».

Allo stato dei fatti l'avvenuta unificazione di diversi uffici in una sola struttura amministrativa e la conseguente semplificazione del procedimento finalizzato all'instaurazione del rapporto di lavoro, potrebbe agevolare sia il datore di lavoro che il lavoratore straniero nell'ottenere in tempi ragionevoli l'adozione del provvedimento finale, la cui durata è però soggetta a termini ordinatori come risulta dal successivo comma 5 dell'art. 22 del D.Lgs. n. 286/1998, che così dispone: «Lo sportello unico per l'immigrazione, nel complessivo termine massimo di sessanta giorni dalla presentazione della richiesta, a condizione che siano state rispettate le prescrizioni di cui al comma 2 e le prescrizioni del contratto collettivo di lavoro applicabile alla fattispecie, rilascia, in ogni caso, acquisite le informazioni dalla questura competente, il nulla osta nel rispetto dei limiti numerici, quantitativi e qualitativi determinati a norma dell'articolo 3, comma 4, e dell'articolo 21, e, a richiesta del datore di lavoro, trasmette la documentazione, ivi compreso il codice fiscale, agli uffici consolari, ove possibile in via telematica. Il nulla osta al lavoro subordinato ha validità per un periodo non superiore a sei mesi dalla data del rilascio».

L'eventuale rigetto della richiesta di nulla osta al lavoro subordinato presentata ai sensi del predetto art. 22 in favore del lavoratore straniero, può essere oggetto di conseguente impugnazione dinanzi al tribunale amministrativo regionale del luogo in cui ha sede il competente Sportello unico per l'immigrazione, che ha emanato il provvedimento di diniego e soprattutto nel caso in cui ricorre un difetto di motivazione, che «si configura quando non è possibile ricostruire il percorso logico giuridico seguito nella emanazione di un atto del quale risultino indecifrabili le ragioni che ne hanno determinato l'adozione (Cons. Stato, sent. 30 agosto 2006, n. 5064)» e ciò in violazione dell'art. 3 della L. n. 241/1990.

Inoltre il rilascio del nulla osta è subordinato alla preventiva determinazione delle quote d'ingresso dei lavoratori stranieri, secondo quanto dispongono gli artt. 3 e 21 del D.Lgs. n. 286/1998.

Tali flussi d'ingresso sono regolamentati sulla base di un documento programmatico triennale, che indica le azioni e gli interventi che lo Stato italiano, anche in cooperazione con gli Stati membri dell'Unione Europea, con le organizzazioni internazionali, con le istituzioni comunitarie e con organizzazioni non governative, si propone di svolgere in materia di immigrazione; nonché indica le misure di carattere economico e sociale in favore degli stranieri soggiornanti nel territorio dello Stato; altresì delinea i criteri generali per la definizione delle quote d'ingresso e degli interventi pubblici volti a favorire l'integrazione degli stessi stranieri.

In conseguenza di ciò viene emesso un decreto dal Presidente del Consiglio dei Ministri che delimita le quote massime di stranieri da ammettere nel territorio dello Stato per lavoro subordinato, ma anche per esigenze di carattere stagionale, e per lavoro autonomo, tenuto conto dei ricongiungimenti familiari e delle misure di protezione temporanea eventualmente disposte ai sensi dell'art. 20 (D.Lgs. n. 286/1998).

Allo stato non sussiste un particolare criterio generale per determinare le quote d'ingresso, in quanto ogni ulteriore delimitazione è rinviata alla potestà della stessa autorità governativa.

Inoltre il legislatore ha collegato all'art. 22, commi 3, 4, 5, D.Lgs. n. 286/1998 il successivo art. 23 modificato in «Corsi di istruzione e formazione professionale nei Paesi di origine», che ha sostituito la precedente disposizione afferente invece ai «Titoli di prelazione».

Questa norma prevede che «Nell'ambito dei programmi approvati, anche su proposta delle regioni e delle province autonome, dal Ministero del lavoro e delle politiche sociali e dal Ministero dell'istruzione, dell'università e della ricerca e realizzati anche in collaborazione con le regioni, le province autonome e altri enti locali, organizzazioni nazionali degli imprenditori e datori di lavoro e dei lavoratori, nonché organismi internazionali finalizzati al trasferimento dei lavoratori stranieri in Italia ed al loro inserimento nei settori produttivi del Paese, enti ed associazioni operanti nel settore dell'immigrazione da almeno tre anni, possono essere previste attività di istruzione e di formazione professionale nei Paesi d'origine.

L'attività di cui al comma 1 è finalizzata: a) all'inserimento lavorativo mirato nei settori produttivi che operano all'interno dello Stato; b) all'inserimento lavorativo mirato nei settori produttivi italiani che operano all'interno dei Paesi di origine; c) allo sviluppo delle attività produttive o imprenditoriali autonome nei Paesi d'origine».

Gli stranieri che abbiano partecipato alle attività di cui al comma 1 sono preferiti nei settori di impiego ai quali le attività si riferiscono ai fini della chiamata al lavoro di cui all'articolo 22, commi 3, 4, 5, secondo le modalità previste nel regolamento di attuazione del presente testo unico.

Emerge in tal senso una norma di favore per i lavoratori stranieri in rapporto alla chiamata numerica al lavoro, e la conseguente opportunità di migliorare l'incontro tra la domanda e l'offerta lavorativa.

Una particolare garanzia è assicurata al lavoratore straniero perdente il posto di lavoro e ciò nel rispetto della Convenzione O.I.L. n. 143/1975, ratificata con L. 10 aprile 1981, n. 159.

Difatti il comma 11 dell'art. 22 del D.Lgs. n. 286/1998 precisa che «La perdita del posto di lavoro non costituisce motivo di revoca del permesso di soggiorno al lavoratore extracomunitario ed ai suoi familiari legalmente soggiornanti. Il lavoratore straniero in possesso del permesso di soggiorno per lavoro subordinato che perde il posto di lavoro, anche per dimissioni, può rendere dichiarazione di immediata disponibilità al sistema informativo unitario delle politiche del lavoro ai sensi dell'articolo 19 del decreto legislativo 14 settembre 2015, n. 150, e beneficiare degli effetti ad essa correlati per il periodo di residua validità del permesso di soggiorno, e comunque, salvo che si tratti di permesso di soggiorno per lavoro stagionale, per un periodo non inferiore ad un anno ovvero per tutto il periodo di durata della prestazione di sostegno al reddito percepita dal lavoratore straniero, qualora superiore. Decorso il termine di cui al secondo periodo, trovano applicazione i requisiti reddituali di cui all'articolo 29, comma 3, lettera b). Il regolamento di attuazione stabilisce le modalità di comunicazione ai centri per l'impiego, anche ai fini del rilascio, da parte del lavoratore, della dichiarazione di immediata disponibilità con priorità rispetto a nuovi lavoratori extracomunitari».

Il predetto comma è stato modificato dall'art. 4, comma 30, L. 28 giugno 2012, n. 92 e, successivamente, dall'art. 1, comma 2, lett. a) e b), D.Lgs. 18 ottobre 2023, n. 152.

Il successivo comma 12 invece prevede una particolare sanzione penale per l'occupazione irregolare di lavoratori extracomunitari nel caso in cui «Il datore di lavoro che occupa alle proprie dipendenze lavoratori stranieri privi del permesso di soggiorno previsto dal presente articolo, ovvero il cui permesso sia scaduto e del quale non sia stato chiesto, nei termini di legge, il rinnovo, revocato o annullato, è punito con la reclusione da sei mesi a tre anni e con la multa di 5.000 euro per ogni lavoratore impiegato».

Questa disposizione, modificata con la L. n. 125/2008, è stata ritenuta dallo stesso legislatore come delitto e non più come contravvenzione, in quanto considerata condotta criminosa più grave, perché finalizzata ad occupare lavoratori stranieri irregolari e sottratti di conseguenza al controllo degli organi preposti al settore e perché viene favorita l'illecita permanenza del lavoratore straniero irregolare nel territorio dello Stato per trarne ingiusto profitto da tale situazione di illegalità.

Infine particolare attenzione va rivolta al diritto alla tutela giurisdizionale del lavoratore straniero irregolarmente occupato.

Nella specie non può essere eccepita la nullità del contratto di lavoro per violazione dell'art. 12 del D.Lgs. n. 286/1998, in quanto la pretesa alla retribuzione delle prestazioni lavorative eseguite dal soggetto extracomunitario privo del permesso di soggiorno, è garantita dall'art. 2 (D.Lgs. n. 286/1998), che riconosce allo straniero comunque presente alla frontiera o nel territorio dello Stato i diritti fondamentali della persona umana previsti dalle norme di diritto interno, dalle convenzioni internazionali in vigore e dai principi di diritto internazionale generalmente riconosciuti e quindi in tale contesto dall'art. 36 della Costituzione italiana, dall'art. 2126 c.c., che riconosce in ogni caso al lavoratore il diritto alla prestazione retributiva anche in presenza di contratto affetto da nullità, nonché dall'art. 9, comma 1 della Convenzione OIL n. 143/1975, ratificata con L. n. 158/1981, che garantisce al lavoratore migrante il diritto alla parità di trattamento con i lavoratori nazionali a riguardo del trattamento retributivo ed anche quando la legislazione in materia di ingresso non sia stata originariamente rispettata.

La Cassazione con una rilevante sentenza (26 marzo 2010, n. 7380) ha deciso che «in tema di prestazioni lavorative rese dal lavoratore extracomunitario privo del permesso di soggiorno, l'illegittimità del contratto per la violazione di norme imperative (art. 22 D.Lgs. n. 286/1998) poste a tutela del prestatore di lavoro (art. 2126 c.c.), sempre che la prestazione lavorativa sia lecita, non esclude l'obbligazione retributiva e contributiva a carico del datore di lavoro in coerenza con la razionalità complessiva del sistema che vedrebbe altrimenti alterate le regole del mercato e della concorrenza ove si consentisse a chi viola la legge sull'immigrazione di fruire di condizioni più vantaggiose rispetto a quelle cui è soggetto il datore di lavoro che rispetti la disciplina in tema di immigrazione».

Anche la Corte europea dei diritti dell'uomo, nella sentenza 25 giugno 2020, n. 60561/14, in tema di tratta e sfruttamento lavorativo ha precisato che «il concetto di tratta di esseri umani comprende sia la tratta di esseri umani nazionale che quella transnazionale, a prescindere dal fatto che sia o meno collegata alla criminalità organizzata», tenuto conto dell'art. 4 della CEDU che così dispone: «1. Nessuno può essere tenuto in condizioni di schiavitù o di servitù. 2. Nessuno può essere costretto a compiere un lavoro forzato od obbligatorio».

In tale ambito il legislatore, per favorire l'emersione di rapporti di lavoro irregolari, con l'art. 103 del D.L. 19 maggio 2020, n. 34, convertito con L. 17 luglio 2020, n. 77 ("Misure urgenti in materia di salute, sostegno al lavoro e all'economia, nonché di politiche sociali connesse all'emergenza epidemiologica da COVID-19"), ha inoltre previsto, con efficacia temporanea e limitata, una procedura di regolarizzazione finalizzata alla conclusione di contratti di lavoro subordinato per cittadini stranieri presenti sul territorio nazionale ovvero per dichiarare la sussistenza di un rapporto di lavoro irregolare tra cittadini italiani e cittadini stranieri nei settori agricoli, zootecnici, acquacoltura, lavori domestici, assistenza persone non autosufficienti.

Occorre precisare che appare una novità legislativa l'art. 1, comma 5 *ter* del D.L. 10 marzo 2023, n. 20, convertito con L. 5 maggio 2023, n. 50 ("Disposizioni urgenti in materia di flussi di ingresso legale dei lavoratori stranieri e di prevenzione e contrasto all'immigrazione irregolare"), che prevede «l'ingresso e il soggiorno per lavoro subordinato, anche a carattere stagionale, di stranieri cittadini di Paesi con i quali l'Italia ha sottoscritto intese o accordi in materia di rimpatrio», ciò anche al di fuori delle quote relative ai decreti flussi.

Particolari quote possono essere assegnate inoltre ad apolidi e a rifugiati, come riconosciuti dall'Alto Commissariato delle Nazioni Unite per i Rifugiati o dalle autorità competenti nei Paesi di primo asilo o di transito.

2. *Il lavoro stagionale*

L'art. 24 del D.Lgs. n. 286/1998 regola il lavoro stagionale: «Il datore di lavoro o le associazioni di categoria per conto dei loro associati, che intendono instaurare in Italia un rapporto di lavoro subordinato a carattere stagionale nei settori agricolo e turistico-alberghiero con uno straniero, devono presentare richiesta nominativa allo sportello unico per l'immigrazione della provincia di residenza. Si applicano ove compatibili, le disposizioni di cui all'art. 22, ad eccezioni dei commi 11 e 11 *bis*».

Nei confronti del datore di lavoro che mette a disposizione del lavoratore straniero un alloggio privo di idoneità alloggiativa o ad un canone eccessivo, rispetto alla qualità dell'alloggio e alla retribuzione o trattiene l'importo del canone locatizio direttamente dalla retribuzione del lavoratore, è punito con una sanzione amministrativa pecuniaria da 350 euro a 5.500 euro per ciascun lavoratore straniero (art. 24 del D.Lgs. n. 286/1998).

Inoltre la predetta disposizione precisa che «Il nulla osta al lavoro stagionale autorizza lo svolgimento di attività lavorativa sul territorio nazionale fino a un massimo di nove mesi in un periodo di dodici mesi» (comma 7, art. 24).

Bisogna rilevare che il predetto procedimento di assunzione relativo a tale tipologia di prestazioni lavorative, allo stato dei fatti risulta essere più celere e con termini procedurali ridotti, dato il particolare carattere di flessibilità proprio delle attività a carattere stagionale.

Il legislatore ha disposto una precisa norma di *favor* nei confronti dei lavoratori stagionali, nel senso che il permesso di soggiorno per lavoro stagionale può essere convertito in permesso di soggiorno per lavoro subordinato a tempo determinato o indeterminato, qualora se ne verifichino le condizioni.

L'art. 5, comma 1 del D.L. 10 marzo 2023, n. 20, convertito con L. 5 maggio 2023, n. 50 riconosce ai datori di lavoro che operano nel settore agricolo e che non sono risultati assegnatari di manodopera, nonostante la regolare presentazione di apposita istanza, di cui al decreto flussi, la possibilità di ottenerne l'assegnazione in modo prioritario in base ai successivi decreti flussi.

3. *Il lavoro autonomo*

Il Testo Unico immigrazione (D.Lgs. n. 286/1998) concede ai lavoratori stranieri la possibilità di poter esercitare nel territorio dello Stato italiano un'attività non occasionale di lavoro autonomo, industriale, professionale, artigianale o commerciale, oppure costituire società di capitale o di persone o accedere a cariche societarie, a condizione che l'esercizio di tali attività non sia riservato dalla legge ai cittadini italiani, o a cittadini di uno degli Stati membri dell'Unione Europea.

Inoltre lo straniero deve avere la disponibilità di adeguate risorse economiche, provenienti da fonti lecite, e di sistemazione alloggiativa idonea, oltre alle autorizzazioni concesse dalle competenti autorità amministrative o ordini professionali, in relazione all'attività richiesta.

Infine la normativa prevede che il visto d'ingresso per lavoro autonomo, rilasciato dalla rappresentanza diplomatica o consolare, è subordinato alla sussistenza dei requisiti previsti dall'art. 26 (D.Lgs. n. 286/1998).

4. *I rapporti di lavoro speciali*

L'art. 27 del D.Lgs. n. 286/1998 autorizza invece l'ingresso in Italia a speciali categorie di lavoratori stranieri e tale autorizzazione non è subordinata ai limiti numerici propri del decreto-flussi; si tratta di figure professionali dotate di particolare specializzazione nel settore sportivo ed artistico oppure per esigenze di carattere imprenditoriale ed accademico.

Le categorie professionali regolamentate dal predetto art. 27 sono le seguenti: dirigenti di società, lettori universitari e professori universitari, traduttori ed interpreti, collaboratori familiari aventi in corso all'estero rapporti di lavoro domestico con cittadini italiani, persone autorizzate per corsi di formazione professionale, lavoratori con incarichi specifici, lavoratori marittimi, lavoratori temporaneamente trasferiti all'estero, lavoratori dello spettacolo, lavoratori sportivi, giornalisti corrispondenti accreditati, soggetti partecipanti a programmi di scambio giovanile o di lavoro alla pari, infermieri professionali.

Inoltre al Testo Unico immigrazione (D.Lgs. n. 286/1998) è stato aggiunto l'art. 27-*quater* con il D.Lgs. n. 108/2012, integrato e modificato dal D.Lgs. 18 ottobre 2023, n. 152 di attuazione della direttiva UE 2021/1883, che ha abrogato la precedente direttiva 2009/50/CE.

Tale predetta direttiva consente l'ingresso ed il soggiorno per lavoratori stranieri altamente qualificati che intendono svolgere prestazioni lavorative retribuite per conto o sotto la direzione o il coordinamento di un'altra persona fisica o giuridica per periodi superiori a tre mesi e nel preambolo specifica: «È opportuno istituire un regime di ammissione a livello dell'Unione chiaro e trasparente per attirare e trattenere al suo interno i lavoratori altamente qualificati provenienti da paesi terzi e promuoverne la mobilità. La presente direttiva dovrebbe applicarsi indipendentemente dal fatto che lo scopo iniziale del soggiorno del cittadino di paese terzo sia un lavoro altamente qualificato o altro scopo che successivamente si tramuti nello scopo di un lavoro altamente qualificato. È necessario tener conto delle priorità degli Stati membri, delle esigenze dei loro mercati del lavoro e delle loro capacità di accoglienza. La presente direttiva dovrebbe fare salva la competenza degli Stati membri di rilasciare permessi di soggiorno nazionali diversi dalla Carta blu UE ai fini di un lavoro altamente qualificato. La presente direttiva inoltre non dovrebbe pregiudicare la possibilità del titolare di una Carta blu UE di beneficiare dei diritti e privilegi supplementari ai sensi del diritto nazionale che sono compatibili con la presente direttiva».

Capitolo Quarto

Il diritto all'unità familiare e la tutela dei minori stranieri

SOMMARIO: 1. Il ricongiungimento familiare. – 2. Le garanzie per i minori stranieri. – 3. Le misure di protezione.

1. *Il ricongiungimento familiare*

L'art. 28, comma 1, del D.Lgs. n. 286/1998, comma sostituito dall'art. 2, comma 1, lett. d), del D.Lgs. 8 gennaio 2007, n. 5 e, successivamente, così modificato dall'art. 12-*ter*, comma 1, lett. a), D.L. 11 ottobre 2024, n. 145, convertito, con modificazioni, dalla L. 9 dicembre 2024, n. 187, riconosce ai cittadini stranieri il diritto a mantenere o a riacquistare l'unità familiare, a condizione che siano titolari di carta di soggiorno o di permesso di soggiorno di durata non inferiore a un anno rilasciato per motivi di lavoro subordinato o autonomo, ovvero in conseguenza del riconoscimento della protezione internazionale o per studio, per motivi religiosi o per motivi familiari.

La Suprema Corte (ord. 3 aprile 2008 n. 8582) di *conseguenza* ha ritenuto l'estensione del diritto al ricongiungimento familiare, da ricomprendersi nell'ambito dell'art. 28, comma 1 (D.Lgs. n. 286/1998), anche al soggetto titolare di permesso di soggiorno «in attesa di cittadinanza», tanto che tale condizione appare «più stabile rispetto a quella del fruitore di permesso correlato alla sua naturale scadenza e comunque, quanto a facoltà concesse, ad essa del tutto sovrapponibile»; tale decisione allo stato dei fatti assume carattere di particolare rilevanza pratica in rapporto alla definizione dei numerosi procedimenti relativi all'acquisto della cittadinanza italiana; anche la Corte costituzionale ha già precisato (sent. 6-8 giugno 2005, n. 224) come il D.Lgs. n. 286/1998 garantisce allo straniero regolarmente soggiornante nel territorio nazionale il diritto a mantenere l'unità del suo nucleo familiare, prevedendo la possibilità del ricongiungimento familiare che, alle condizioni previste dall'art. 29 (D.Lgs. n. 286/1998), può essere chiesto in particolare per il coniuge e per i figli minori a carico; mentre negli altri casi può anche subire restrizioni, purché nei limiti della ragionevolezza (Corte cost., sent. 6-8 giugno 2005, n. 224); sempre la Corte costituzionale ha dichiarato l'illegittimità costituzionale del comma 5, par. 5, nella parte in cui prevede che la valutazione discrezionale in esso contenuta si applichi soltanto allo straniero che «ha esercitato il diritto al ricongiungimento familiare» o al «familiare ricongiunto», e non anche allo straniero «che abbia legami familiari nel territorio dello Stato» (sent. 18 luglio 2013, n. 202).

Per tali ragioni lo straniero, ai sensi dell'art. 29, comma 1 (D.Lgs. n. 286/1998), può chiedere il ricongiungimento per i seguenti familiari: a) coniuge non legalmente separato e di età non inferiore ai diciotto anni; b) figli minori, anche del coniuge, o nati fuori del matrimonio, non coniugati, a condizione che l'altro genitore, qualora esistente, abbia dato il suo consenso; c) figli maggiorenni a carico, qualora per ragioni oggettive non possano provvedere alle proprie indispensabili esigenze di vita in ragione del loro stato di salute che comporti invalidità totale; d) genitori a carico, qualora non abbiano altri figli nel Paese di origine o di provenienza, ovvero genitori ultrasessantacinquenni, qualora gli altri figli siano impossibilitati al loro sostentamento per documentati, gravi motivi di salute.

Il comma 1-*bis*, aggiunto con l'art. 1, comma 1, lett. b), D.Lgs. n. 160/2008, precisa che ove la prova dell'esistenza di vincoli familiari non può essere documentata in modo certo mediante certificati o attestazioni rilasciati da competenti autorità straniere, le rappresentanze diplomatiche o consolari provvedono al conseguente rilascio di certificazioni sulla base dell'esame del DNA, effettuato a spese del soggetto interessato.

Il ricorso a tale test deve ritenersi come *extrema ratio* e deve essere applicato con particolari garanzie e cautele.

Bisogna inoltre precisare che la predetta disposizione di cui all'art. 29 non trova applicazione per i casi relativi ad intervenuta separazione legale e per il coniuge minore; ma bisogna anche aggiungere che la richiesta di ricongiungimento familiare venga respinta, se nel corso del procedimento amministrativo, viene accertato che il matrimonio o l'adozione hanno avuto luogo allo scopo esclusivo di consentire all'interessato di entrare o soggiornare nel territorio dello Stato, così demandando alle pubbliche autorità il potere di accertare condotte simulate o fraudolente finalizzate a violare le disposizioni previste dal Testo Unico in materia di immigrazione (D.Lgs. n. 286/1998) e ciò nel rispetto del comma 9 dell'art. 29.

La L. n. 94/2009, nel modificare il D.Lgs. n. 286/1998 con l'art. 29, comma 1-*ter*, ha aggiunto il divieto di ricongiungimento quando il familiare di cui si chiede il ricongiungimento è coniugato con un cittadino straniero regolarmente soggiornante nel territorio nazionale e che abbia altro coniuge già presente nel territorio nazionale, tale disposizione è finalizzata ad impedire l'unità tra nuclei familiari con più di due coniugi.

Lo straniero per poter esercitare il diritto alla propria riunificazione familiare deve dimostrare lo stabile collegamento con lo Stato italiano e ciò nel rispetto di quanto previsto dall'art. 28, comma 1 del Testo Unico; di conseguenza viene escluso tale diritto per gli stranieri che soggiornano in Italia per brevi periodi e per coloro che svolgono attività lavorative stagionali.

Inoltre lo straniero deve avere la disponibilità di un alloggio che rientri nei parametri di edilizia residenziale pubblica oppure che sia fornito di regolare idoneità igienico-sanitaria, accertata dai competenti uffici comunali, previa verifica del numero degli occupanti dell'alloggio e di altri requisiti di cui al Decreto Ministro della Sanità 5 luglio 1975; nonché deve ulteriormente dimostrare con il deposito di regolare documentazione tributaria o giustificativa, la disponibilità di un reddito minimo derivante da fonti lecite non inferiore all'importo annuo dell'assegno sociale aumentato della metà dell'importo dell'assegno sociale per ogni familiare da ricongiungere, tenuto conto ai fini della determinazione, anche del reddito annuo complessivo dei familiari conviventi con lo stesso richiedente.

In presenza di un figlio di età inferiore agli anni 14, al seguito di uno dei genitori, è sufficiente il consenso del titolare dell'alloggio nel quale il minore dovrà effettivamente dimorare.

In caso di ricongiungimento di due o più figli di età inferiore agli anni quattordici è richiesto un reddito non inferiore al doppio dell'importo annuo dell'assegno sociale.

Infine l'art. 1, comma 1, lett. c) del D.Lgs. 3 ottobre 2008, n. 160 ha aggiunto all'art. 29 T.U. (D.Lgs. n. 286/1998) che il soggetto interessato deve produrre assicurazione sanitaria o altro titolo idoneo, al fine di garantire la copertura di tutti i rischi nel territorio nazionale a favore dell'ascendente ultrasessantacinquenne ovvero della sua iscrizione al Servizio sanitario nazionale, previo pagamento di un contributo da determinarsi con decreto ministeriale.

La domanda di nulla osta al ricongiungimento familiare con la relativa documentazione attestante i requisiti di cui al comma 3 dell'art. 29, deve essere presentata con modalità informatiche allo Sportello unico per l'immigrazione presso la Prefettura-Ufficio territoriale del governo competente per il luogo di dimora del richiedente, il quale con le stesse modalità ne rilascia ricevuta (art. 29, comma 7, T.U. Immigrazione).

L'ufficio, acquisito dalla questura il parere sull'insussistenza dei motivi ostativi all'ingresso dello straniero nel territorio nazionale e verificata l'esistenza dei requisiti previsti dall'art. 29, comma 3, rilascia il nulla osta; ma il conseguente ottenimento del visto di ingresso nei confronti del familiare per il quale è stato rilasciato il predetto nulla osta è subordinato all'effettivo accertamento dell'autenticità, da parte dell'autorità consolare italiana, della documentazione comprovante i presupposti di parentela, coniugio, minore età o stato di salute.

Le legge in materia di pubblica sicurezza (L. n. 94/2009) ha abolito con l'art 29, comma 8 un'ipotesi di silenzio-assenso che prevedeva: «trascorsi centottanta giorni dalla richiesta del nulla osta, l'interessato può ottenere il visto d'ingresso direttamente dalle rappresentanze diplomatiche e consolari italiane, dietro esibizione della copia degli atti contrassegnata dallo sportello unico per l'immigrazione, da cui risulta la data di presentazione della domanda e della relativa documentazione»; mentre nella Relazione illustrativa al testo del D.Lgs. n. 160/2008, si precisa che «la disposizione non configura una ipotesi di silenzio-assenso nel procedimento per il rilascio del predetto nulla osta che può, in ogni caso, essere rifiutato dallo Sportello unico, mancando i requisiti di reddito e alloggio, anche nei confronti dello straniero che dopo centottanta giorni avesse ottenuto il visto dalle rappresentanze diplomatiche»; ma la citata norma come modificata, stabilisce solo che «Il nulla osta al ricongiungimento familiare è rilasciato entro novanta giorni dalla richiesta».

In conclusione alla questura spetta l'esclusività dell'accertamento in relazione alla verifica dei requisiti soggettivi, alloggiativi e reddituali del lavoratore straniero; mentre alla rappresentanza diplomatica o consolare italiana spetta il potere accertativo esclusivo riguardante i rapporti di coniugio, filiazione e di convivenza.

La normativa sul rilascio del nulla osta al ricongiungimento familiare non trova applicazione nei seguenti casi: a) per il soggiornante che ha chiesto il riconoscimento dello *status* di rifugiato, ma la sua domanda non è stata ancora definitivamente decisa; b) per gli stranieri destinatari di misure di protezione temporanea o di misure come l'art. 20 e 20-*bis* (misure straordinarie di accoglienza per eventi eccezionali e permesso di soggiorno per calamità); inoltre la richiesta di ricongiungimento familiare è oggetto di respingimento quando il matrimonio o l'adozione hanno avuto luogo allo scopo esclusivo di consentire all'interessato di entrare o soggiornare nel territorio dello Stato.

Avverso il diniego del nulla osta al ricongiungimento familiare e del permesso di soggiorno per motivi familiari, nonché contro gli altri provvedimenti dell'autorità amministrativa in materia di diritto all'unità familiare, il soggetto interessato può proporre opposizione all'autorità giudiziaria ordinaria, trattandosi di diritto soggettivo perfetto, e precisamente al tribunale sede della sezione specializzata (in composizione monocratica) in materia di immigrazione, protezione internazionale e libera circolazione dei cittadini dell'Unione europea del luogo in cui ha sede l'autorità che ha adottato il provvedimento impugnato e tali controversie previste di cui all'art. 30, comma 6 del D.Lgs. n. 286/1998 sono regolate dal rito semplificato di cognizione, come previsto dall'art. 20 del D.Lgs. n. 150/2011 come modificato da D.Lgs. 10 ottobre 2022, n. 149 art. 15.

La Corte di Cassazione, Sez. I civ., con l'ordinanza 19 aprile 2023, n. 10470 ha chiarito che «In tema d'immigrazione, l'impugnazione spiegata avverso il diniego del visto d'ingresso ai fini del ricongiungimento per motivi familiari ex d.lgs. n. 150 del 2011, art. 20, come innovato dal d.l. 17 febbraio 2017, n. 13, art. 7, comma 1, lett. e), convertito, con modificazioni, dalla legge 13 aprile 2017, n. 46, ove venga convenuto in giudizio il Ministero degli Affari Esteri e della Cooperazione Internazionale, del quale gli uffici consolari deputati al rilascio del visto d'ingresso sono un'articolazione periferica, deve essere proposta dinanzi alla Sezione Specializzata in materia di immigrazione del Tribunale di Roma».

La sentenza che accoglie il ricorso può disporre il rilascio del visto anche in assenza del nulla osta ed i relativi atti del predetto procedimento sono esenti da imposta di bollo e di registro e di ogni altra tassa. In tal senso il legislatore ha affidato la tutela relativa al diritto all'unità familiare al giudice ordinario tanto da attribuire allo stesso «un potere di annullamento e speciali effetti talora sostitutivi dell'azione amministrativa, inadempiente rispetto a diritti che lo stesso legislatore considera prioritari, anche se ciò può comportare la necessità da parte del giudice di valutazioni ed apprezzamenti non del tutto vincolati, ma sempre riguardanti situazioni regolate da una serie di previsioni legislative, che prevedano espressamente l'esercizio di tali poteri» (Corte cost., ord. 17 maggio 2001, n. 140).

Il provvedimento di diniego del visto d'ingresso deve essere motivato ma prima dell'adozione finale di tale atto, bisogna sottolineare che allo straniero interessato ad ottenere il ricongiungimento familiare spetta l'onere di collaborare con l'autorità amministrativa al fine di fornire quelle indicazioni e documentazioni necessarie previste dalla legge, mentre alla P.A. spetta il compito di osservare le regole del giusto procedimento come delineate dalla L. n. 241/1990.

Infine la Corte di Cassazione (Sez. Un. civ.) con sentenza del 12 giugno 2019, n. 15770 ha precisato che «In tema di autorizzazione all'ingresso o alla permanenza in Italia del familiare di minore straniero che si trova nel territorio italiano, ai sensi dell'art. 31, comma 3, del D.Lgs. n. 286/1998, il diniego non può essere fatto derivare automaticamente dalla pronuncia di condanna per uno dei reati che lo stesso testo unico considera ostativi all'ingresso o al soggiorno dello straniero; nondimeno la detta condanna è destinata a rilevare, al pari delle attività incompatibili con la permanenza in Italia, in quanto suscettibile di costituire una minaccia concreta ed attuale per l'ordine pubblico o la sicurezza nazionale, e può condurre al rigetto della istanza di autorizzazione all'esito di un esame circostanziato del caso e di un bilanciamento con l'interesse del minore, al quale la detta norma, in presenza di gravi motivi connessi con lo sviluppo psicofisico, attribuisce valore prioritario ma non assoluto».

2. *Le garanzie per i minori stranieri*

Il Testo Unico (D.Lgs. n. 286/1998) assicura una particolare protezione giuridica sia nei confronti dei minori stranieri regolarmente soggiornanti nel territorio nazionale e sia verso i minori stranieri non accompagnati e ciò nel rispetto della Convenzione sui diritti del fanciullo del 20 novembre 1989, ratificata e resa esecutiva ai sensi della L. 27 maggio 1991, n. 176, che all'art. 3, comma 1 precisa: «In tutte le decisioni relative ai fanciulli, di competenza delle istituzioni pubbliche o private di assistenza sociale, dei tribunali, delle autorità amministrative o degli organi legislativi, l'interesse superiore del fanciullo deve essere una considerazione preminente».

L'art. 31, comma 1, del D.Lgs. n. 286/1998 dispone che: «Il figlio minore dello straniero con questo convivente e regolarmente soggiornante segue la condizione giuridica del genitore con il quale convive, ovvero la più favorevole tra quelle dei genitori con cui convive. Il minore che risulta affidato ai sensi dell'art. 4 della legge 4 maggio 1983, n. 184, segue la condizione giuridica dello straniero al quale affidato, se più favorevole. Al minore è rilasciato un permesso di soggiorno per motivi familiari valido fino al compimento della maggiore età ovvero un permesso di soggiorno UE per soggiornanti di lungo periodo ai sensi dell'art. 9. L'assenza occasionale e temporale dal territorio dello Stato non esclude il requisito della convivenza».

Bisogna evidenziare che, ai sensi dell'art. 29, comma 2, T.U., ai fini del ricongiungimento si considerano minori i figli di età inferiore a diciotto anni al momento della presentazione dell'istanza di ricongiungimento. Inoltre i minori adottati o affidati o sottoposti a tutela sono equiparati ai figli.

Il legislatore nell'equiparare i minori adottati, affidati o sottoposti a tutela ai figli, ha consentito il ricongiungimento familiare anche al minore extracomunitario affidato con provvedimento di *kafalah*, istituto tipico degli ordinamenti islamici e unico strumento di protezione e tutela dei minori orfani, abbandonati o nati fuori da una famiglia legittima, riconosciuto e parificato dalla giurisprudenza italiana agli istituti di protezione del minore di cui al Testo Unico immigrazione (D.Lgs. n. 286/1998).

In effetti la Corte di Cassazione (sent. 20 marzo 2008, n. 7472) ritenendo la *kafalah* l'unico strumento di tutela dell'infanzia, richiamato anche come istituto di protezione del fanciullo dalla Convenzione di New York del 20 novembre 1989 (*sub* art. 20) «mediante il quale il minore, per il quale non sia possibile attribuire la custodia ed assistenza nell'ambito della propria famiglia (legittima), può essere accolto da due coniugi od anche da un singolo affidatario, che si impegnano a mantenerlo, educarlo ed istruirlo, come se fosse un figlio proprio, fino alla maggior età, senza però che l'affidato entri a far parte, giuridicamente, della famiglia che così lo accoglie», ha ravvisato elementi comuni con gli istituti dell'affidamento e dell'adozione, propri dell'ordinamento italiano, ed ha ritenuto la *kafalah* presupposto necessario per ottenere il ricongiungimento familiare secondo l'art. 29, comma 2, D.Lgs. n. 286/1998.

Ancora la Corte di Cassazione (Sez. Un. civ.) con sent. 16 settembre 2013, n. 21108 ha affermato che «Non può essere rifiutato il nulla osta all'ingresso nel territorio nazionale, per ricongiungimento familiare, richiesto nell'interesse di minore cittadino extracomunitario affidato a cittadino italiano residente in Italia con provvedimento di *kafalah* pronunciato dal giudice straniero nel caso in cui il minore stesso sia a carico o conviva nel paese di provenienza con il cittadino italiano ovvero gravi motivi di salute impongano che debba essere da questi personalmente assistito».

Nella predetta decisione la Cassazione nel fare riferimento alla menzionata sent. n. 7472/2008 ha altresì precisato che la *kafalah* è «istituto di diritto musulmano che stante il divieto coranico dell'adozione (recepito in tutti gli ordinamenti di diritto musulmano, con l'eccezione della Tunisia, della Somalia e dell'Indonesia) e in ossequio al precetto che fa obbligo a ogni buon musulmano di aiutare i bisognosi, in particolare gli orfani consente a una coppia di coniugi, o anche a una persona singola, di custodire e assistere minori orfani o comunque abbandonati con l'impegno di mantenerli, educarli ed istruirli come se fossero figli propri fino alla maggiore età, senza però che l'affidato entri a far parte giuridicamente della famiglia che lo accoglie e senza che all'affidatario siano conferiti poteri di rappresentanza o di tutela che rimangono attribuiti alle pubbliche autorità competenti. Ogni singolo Paese di area islamica ha disciplinato la *kafalah* in maniera più o meno dettagliata e diversificata, ma nella maggior parte delle legislazioni è prevista una dichiarazione di abbandono e l'accertamento dell'idoneità dell'aspirante affidatario e un provvedimento emesso all'esito di procedura giudiziaria (c.d. *kafalah* pubblicistica), anche se rimane anche la possibilità nella pratica poco utilizzata, che l'affidamento in *kafalah* sia effetto di un accordo tra affidanti e affidatari, siglato davanti a un giudice o a un notaio, soggetto ad omologazione da parte di un'autorità giurisdizionale».

Particolare protezione viene riservata ai minori stranieri temporaneamente ammessi sul territorio dello Stato, difatti con l'art. 33 T.U. (D.Lgs. n. 286/1998) ed il relativo D.P.C.M. 9 dicembre 1999, n. 535 è stato istituito il Comitato per i minori stranieri al fine di tutelare i diritti dei minori presenti non accompagnati, cioè non aventi cittadinanza italiana o di altri Stati dell'Unione Europea e che, non avendo presentato domanda di asilo, si trovano per qualsiasi causa nel territorio dello Stato privi di assistenza e rappresentanza da parte dei genitori o di altri adulti legalmente responsabili, nonché dei minori accolti, cioè non aventi cittadinanza italiana o di altri Stati dell'Unione Europea, di età superiore a sei anni, entrati in Italia nell'ambito di programmi solidaristici di accoglienza temporaneamente promossi da enti, associazioni o famiglie, seguito da uno o più adulti con funzioni generiche di sostegno, guida e accompagnamento.

Il Comitato vigila sulle modalità di soggiorno dei minori, coopera con le altre amministrazioni interessate, accerta lo *status* del minore non accompagnato, provvede al censimento e all'accoglienza dei minori presenti non accompagnati, delibera per l'ingresso e il soggiorno dei minori accolti in base a programmi solidaristici di accoglienza temporanea, dispone le misure necessarie per il rimpatrio assistito e finalizzate a garantire al minore interessato l'assistenza necessaria per consentire il ricongiungimento coi propri familiari o il riaffidamento alle autorità responsabili del Paese d'origine.

L'art. 4-*bis*, comma 1 del D.L. 10 marzo 2023, n. 20, convertito con L. 5 maggio 2023, n. 50 sempre per i minori stranieri non accompagnati ha disposto che il permesso di soggiorno, al compimento della maggiore età, può essere rilasciato per il periodo massimo di un anno per motivi di studio, di accesso al lavoro, di lavoro subordinato o autonomo, ma previo accertamento dell'effettiva sussistenza dei requisiti e presupposti previsti dalla normativa vigente; mentre per i minori conviventi con genitori stranieri la durata del permesso di soggiorno è prevista secondo le varie tipologie di permesso di cui all'art. 31 T.U. Immigrazione n. 286/1998.

L'intervenuta approvazione della L. 7 aprile 2017, n. 47 ("Disposizioni in materia di misure di protezione dei minori stranieri non accompagnati" – c.d. Legge Zampa), da ritenersi una regolamentazione organica della materia, definisce come minore straniero non accompagnato il soggetto minorenne presente nel territorio dello Stato non avente cittadinanza italiana o dell'Unione europea che si trova per qualsiasi causa nel territorio dello Stato o che è altrimenti sottoposto alla giurisdizione italiana, privo di assistenza e di rappresentanza da parte dei genitori o di altri adulti per lui legalmente responsabili in base alle vigenti leggi dell'ordinamento italiano e che si trovano in condizioni di maggiore vulnerabilità; mentre la Risoluzione del Consiglio dell'Unione europea del 26 giugno 1997 sui minori non accompagnati, cittadini di paesi terzi (Gazzetta ufficiale n. C 221 del 19/07/1997), ritiene minori non accompagnati «(...) i cittadini di paesi terzi di età inferiore ai 18 anni che giungono nel territorio degli Stati membri non accompagnati da un adulto per essi responsabile in base alla legge o alla consuetudine e fino a quando non ne assuma effettivamente la custodia un adulto per essi responsabile».

Tale normativa completa ed integra il D.Lgs. n. 286/1998, il D.P.C.M. 9 dicembre 1999, n. 535, nonché il D.Lgs. n. 142/2015.

L'eventuale «provvedimento di rimpatrio assistito e volontario di un minore straniero non accompagnato è adottato, ove il ricongiungimento con i suoi familiari nel Paese di origine o in un Paese terzo corrisponda al superiore interesse del minore, dal tribunale per i minorenni competente, sentiti il minore e il tutore e considerati i risultati delle indagini familiari nel Paese di origine o in un Paese terzo e la relazione dei servizi sociali competenti circa la situazione del minore in Italia», ciò ai sensi dell'art. 8 della L. 7 aprile 2017, n. 47; ma in nessun caso potrà essere disposto il respingimento alla frontiera di minori stranieri non accompagnati.

Secondo la citata normativa i minori stranieri non accompagnati, essendo titolari in materia di protezione dei minori a parità di trattamento con i minori di cittadinanza italiana o dell'Unione europea, ricevono in tal modo completa tutela e parificazione dei loro diritti.

Inoltre al minore non accompagnato sono garantiti i diritti relativi al soggiorno temporaneo, alle cure sanitarie, all'avviamento scolastico, oltre al diritto di essere ascoltato e di essere protetto da ogni forma di discriminazione; nonché al successivo rilascio di permesso di soggiorno per motivi di studio, di accesso al lavoro ovvero di lavoro subordinato o autonomo ad avvenuto compimento della maggiore età e per conseguente ammissione per un periodo non inferiore a due anni in un progetto di integrazione sociale e civica gestito da un ente pubblico o privato; infine per il minore straniero non accompagnato sono adottate misure idonee a prevenire ogni forma di violenza, anche di genere, in virtù dell'art. 2, D.Lgs. n. 220/2017 che ha modificato l'art. 10, comma 1, D.Lgs. n. 142/2015.

Nella specie, in caso di dubbio fondato in relazione all'età dichiarata dal minore straniero non accompagnato, il D.Lgs. n. 142/2015 all'art. 19-*bis*, comma 2 prevede una particolare procedura di garanzia per consentire l'esatta identificazione del soggetto.

La L. n. 47/2017 ha altresì garantito ai minori stranieri non accompagnati la nomina di tutori volontari (soggetti privati adulti disponibili a tutelare i predetti minori, nel numero massimo di tre fratelli o sorelle) come garanti per l'infanzia e l'adolescenza iscritti in un elenco tenuto dai tribunali per i minorenni, nonché il diritto a partecipare per mezzo di rappresentanti legali a tutti i procedimenti giurisdizionali e amministrativi che li riguardano e di essere ascoltati nel merito, inoltre il diritto all'assistenza legale e al gratuito patrocinio.

Ancora la L. n. 47/2017 dispone particolari modalità per il conseguente accertamento dell'età e dell'identificazione del minore straniero non accompagnato; concede altresì allo stesso il diritto di chiedere direttamente il permesso di soggiorno al questore anche prima della nomina del tutore e con validità fino al compimento della maggiore età.

Agli enti locali è attribuita la competenza per promuovere la sensibilizzazione e la formazione di affidatari al fine di favorire l'affidamento familiare dei minori stranieri non accompagnati, ciò con priorità rispetto al ricovero in una struttura di accoglienza.

Infine è riconosciuto alle associazioni di tutela previste dall'art. 42 del T.U. Immigrazione di intervenire nei giudizi riguardanti i minori stranieri non accompagnati e pertanto ricorrere in sede di giurisdizione amministrativa per l'annullamento di atti illegittimi.

3. *Le misure di protezione*

Il Testo Unico immigrazione (D.Lgs. n. 286/1998) prevede una serie di misure atte a proteggere il diritto al ricongiungimento familiare e a tutelare i minori stranieri.

Difatti l'art. 28, comma 3, T.U., nel disporre che, in tutti procedimenti amministrativi e giurisdizionali finalizzati a dare attuazione al diritto all'unità familiare e riguardante i minori, deve essere preso in considerazione con carattere di priorità il superiore interesse del fanciullo, conformemente a quanto previsto dall'art. 3, comma 1 della Convenzione sui diritti del fanciullo del 20 novembre 1989, ratificata e resa esecutiva ai sensi della L. 27 maggio 1991, n. 176, rappresenta senza dubbio una regola di garanzia per i soggetti stranieri interessati al positivo accoglimento delle loro istanze.

In particolare la predetta disposizione è correlata all'applicazione sia dell'art. 5, comma 5, T.U. e sia dell'art. 13, comma 2-*bis*, T.U., nel senso che nell'adottare, nei confronti dello straniero che ha esercitato il diritto al ricongiungimento familiare ovvero del familiare ricongiunto, il provvedimento di rifiuto del rilascio, di revoca o di diniego di rinnovo del permesso di soggiorno oppure il provvedimento di espulsione, si tiene anche conto della natura e dell'effettività dei vincoli familiari dello stesso interessato, della durata del suo soggiorno nel territorio nazionale, nonché dell'esistenza di legami familiari e sociali con il suo Paese d'origine; per tale ragione le citate norme possono ritenersi clausole di salvaguardia in favore degli stranieri, che sono sottoposti al rischio di allontanamento dal territorio della Repubblica italiana.

Una particolare competenza è attribuita al Tribunale per i minorenni, quando per gravi motivi connessi con lo sviluppo psicofisico e tenuto conto dell'età e delle condizioni di salute del minore che si trova nel territorio italiano, può essere autorizzato l'ingresso e la permanenza del familiare per un periodo di tempo determinato, anche in deroga alle altre disposizioni previste dal Testo Unico (art. 31, comma 3, T.U.).

La predetta disposizione richiede la presenza del genitore nell'ambito del territorio della Repubblica italiana per fronteggiare situazioni contingenti ed eccezionali, non aventi carattere di normalità e stabilità, che allo stato pongono in grave pericolo lo sviluppo normale della personalità del minore.

L'autorizzazione è revocata quando sono venuti a cessare i gravi motivi che ne hanno giustificato il rilascio o per attività del familiare incompatibili con le esigenze del minore o con la permanenza in Italia; tale provvedimento è comunicato alla rappresentanza diplomatica o consolare e al questore per gli adempimenti di competenza (art. 31, comma 3, T.U.).

La Suprema Corte, Sez. Un. civ., sent. n. 7610/2011, ha ribadito in materia il seguente principio di diritto: «La temporanea autorizzazione alla permanenza in Italia del familiare del minore, prevista dall'art. 31 del D.Lgs. n. 286/1998 in presenza di gravi motivi connessi al suo sviluppo psico-fisico non richiede necessariamente l'esistenza di situazioni di emergenza o di circostanze contingenti ed eccezionali strettamente collegate alla sua salute, potendo comprendere qualsiasi danno effettivo, concreto, percepibile ed obiettivamente grave, che, in considerazione dell'età o delle condizioni di salute ricollegabili al complessivo equilibrio psico-fisico, deriva o deriverà certamente al minore dall'allontanamento del familiare o dal suo definitivo sradicamento dall'ambiente in cui è cresciuto».

Inoltre si evidenzia che la Corte EDU, con sent. n. 31/1979, nel caso Marckx ha precisato che: «La vita familiare, ai sensi dell'art. 8 comprende almeno i rapporti tra i parenti stretti, i quali possono giocare un ruolo considerevole, ad esempio tra nonni e nipoti. Il rispetto della vita familiare così inteso comporta, per lo Stato, l'obbligo di agire in modo da permettere il normale sviluppo di tali rapporti».

Bisogna rilevare che il legislatore riserva al minore straniero una particolare garanzia in caso di espulsione, difatti tale provvedimento su richiesta del questore è adottato non dall'autorità amministrativa (prefetto), ma dall'autorità giudiziaria (tribunale per i minorenni art. 31, comma 4, T.U.), organo particolarmente specializzato nella tutela dei soggetti minori e che decide tempestivamente e comunque non oltre trenta giorni a condizione anche che il provvedimento stesso non comporti un rischio di danni gravi per lo stesso minore.

Infine il D.L. n. 13/2017 convertito con modificazioni dalla L. n. 46/2017, stabilisce che tale normativa non si applica ai minori stranieri non accompagnati, operando una sorta di protezione verso soggetti privi di assistenza e di rappresentanza, garantiti dalla L. 7 aprile 2017, n. 47.

Per la tutela del minore straniero non accompagnato è stato previsto un regolamento (D.P.C.M. 10 maggio 2024, n. 98) che delinea le modalità di svolgimento del colloquio, diretto ad approfondire la conoscenza della storia personale e familiare del minore, nonché ad acquisire tutte le notizie utili per la sua protezione e ad individuare un percorso di accoglienza personalizzato in favore dello stesso e diretto alla realizzazione del superiore interesse del minore.

Tale colloquio è effettuato il prima possibile e comunque non oltre tre giorni dall'ingresso nella struttura di prima accoglienza.

Capitolo Quinto

L'ingresso e il soggiorno degli stranieri nel territorio dello Stato italiano

1. *L'espulsione amministrativa ministeriale*

L'art. 13, comma 1, D.Lgs. n. 286/1998 ("Testo Unico immigrazione") nello stabilire che «per motivi di ordine pubblico o di sicurezza dello Stato, il Ministro dell'interno può disporre l'espulsione dello straniero anche non residente nel territorio dello Stato, dandone preventiva notizia al Presidente del Consiglio e al Ministro degli affari esteri», riproduce in parte l'art. 150 del Testo unico delle leggi di pubblica sicurezza.

I motivi di ordine pubblico o di sicurezza dello Stato, necessari per poter adottare il provvedimento espulsivo, si possono desumere dall'art. 159, comma 2, D.Lgs. 31 marzo 1998, n. 112, emanato in attuazione della L. 15 marzo 1997, n. 59, che definisce l'ordine pubblico come «quel complesso dei beni giuridici fondamentali e degli interessi pubblici primari sui quali si regge l'ordinata e civile convivenza nella comunità nazionale, nonché alla sicurezza delle istituzioni, dei cittadini e dei loro beni»; nonché dal D.Lgs. 28 febbraio 2008,

n. 32 ("Modifiche e integrazioni al decreto legislativo 6 febbraio 2007 n. 30, recante attuazione della direttiva 2004/38/CE relativa al diritto dei cittadini dell'Unione e loro familiari di circolare e di soggiornare liberamente nel territorio degli Stati membri") e dal D.L. n. 89/2011 convertito nella L. n. 129/2011 che precisa come «i motivi imperativi di pubblica sicurezza sussistono quando la persona da allontanare abbia tenuto comportamenti che costituiscono una minaccia concreta, effettiva e sufficientemente grave ai diritti fondamentali della persona ovvero all'incolumità pubblica» oppure «quando vi sono fondati motivi di ritenere che la sua permanenza nel territorio dello Stato possa in qualsiasi modo agevolare organizzazioni o attività terroristiche, anche internazionali».

Anche la Corte europea dei diritti dell'uomo (sez. I, sent. 21 dicembre 2001, Caso n. 31465/96) ha rilevato che «l'estensione dell'obbligazione per uno Stato di ammettere, nel suo territorio, dei congiunti di immigrati, dipende dalla situazione degli interessati e dall'interesse generale. Secondo un consolidato principio di diritto internazionale, gli Stati hanno il diritto senza pregiudizio degli impegni loro derivanti dai trattati, di controllare l'ingresso dei non-nazionali sul loro territorio».

In tal senso il Ministro dell'interno, secondo la giurisprudenza, è abilitato ad individuare i comportamenti dello straniero che possono rivelarsi indici di pericolo per gli interessi primari tutelati dalla norma attributiva del potere, trattandosi di atto rimesso all'organo di vertice del predetto dicastero, costituente mero esercizio di alta discrezionalità amministrativa ed applicabile in modo coercitivo ed immediato, salvo che lo straniero dalla predetta misura di espulsione sia detenuto.

Il citato art. 13, comma 1, T.U. non confligge con la Convezione europea per la salvaguardia dei diritti dell'uomo, in quanto l'art. 1 del Protocollo n. 7 CEDU consente l'espulsione dello straniero, qualora sia necessaria nell'interesse dell'ordine pubblico o sia motivata da ragioni di sicurezza nazionale, né contrasta con il Trattato UE che consente restrizioni all'esercizio del diritto di libera circolazione per motivi di ordine pubblico e di pubblica sicurezza.

Il legislatore per motivi di prevenzione del terrorismo ha emanato pure il D.L. 27 luglio 2005, n. 144 ("Misure urgenti per il contrasto del terrorismo internazionale"), convertito con modificazioni dalla L. 31 luglio 2005, n. 155.

Difatti con l'art. 3 del D.L. n. 144/2005 aveva introdotto un nuovo tipo di espulsione, disposta dal Ministro dell'interno o su sua delega dal Prefetto, a carico di stranieri sospettati di attività terroristica, anche a carattere internazionale o nei loro confronti vi sono fondati motivi di ritenere che la loro permanenza nel territorio dello Stato possa in qualsiasi modo agevolare organizzazioni terroristiche.

In tale ambito legislativo era stata prevista l'espulsione immediata con accompagnamento dello straniero alla frontiera, senza preventivo controllo giurisdizionale, il divieto per il giudice amministrativo di concedere la tutela cautelare, la sospensione automatica del giudizio per due anni nel caso di apposizione del segreto di Stato o d'indagine; ma trattandosi di norme eccezionali e derogatorie in relazione al Testo Unico immigrazione, queste misure sono state dichiarate applicabili solo fino al 31 dicembre 2007, così come precisano i commi 2 e 5 della predetta normativa.

In conclusione secondo la Corte costituzionale (ord. 21 novembre 1997, n. 353): «Lo Stato non può (…) abdicare al compito, ineludibile, di presidiare le proprie frontiere: le regole stabilite in funzione di un ordinato flusso migratorio e di un'adeguata accoglienza vanno rispettate, e non eluse, o anche soltanto derogate di volta in volta con valutazioni di carattere discrezionale, essendo poste a difesa della collettività nazionale e, insieme, a tutela di coloro che le hanno osservate e che potrebbero ricevere danno dalla tolleranza di situazioni illegali».

Lo Stato esercita pertanto una propria sovranità ed un proprio controllo sul territorio e sulle frontiere, nonché sulle persone che, non essendo propri cittadini e pur soggiornando nello Stato italiano, possono essere oggetto di misure di espulsione con conseguente allontanamento e rimpatrio nel Paese d'origine per indesiderabilità ed indegnità conseguente l'avvenuta violazione di regole e la commissione di atti illeciti amministrativi o penali.

Avverso il decreto relativo all'espulsione amministrativa ministeriale la tutela giurisdizionale è assicurata dinanzi al giudice amministrativo ed è disciplinata dal codice del processo amministrativo.

2. *Il respingimento*

Altresì è riconosciuto allo Stato, tramite la polizia di frontiera, l'ulteriore potere di adottare un provvedimento di respingimento o *refoulement* ovvero diniego e interdizione all'ingresso nel territorio italiano dello straniero, che ai valichi di frontiera, risulta privo di documenti di soggiorno o munito di documenti falsi, che è stato già espulso o è stato dichiarato inammissibile nel territorio Schengen oppure segnalato come persona pericolosa per la sicurezza nazionale e di tutela delle relazioni internazionali, senza avere i requisiti richiesti dal Testo unico per l'ingresso nel territorio dello Stato italiano e secondo quanto dispone l'art. 10.

Tale misura (c.d. respingimento al valico di frontiera) è stata ritenuta atto materiale della polizia di frontiera o atto amministrativo proprio dell'autorità di pubblica sicurezza, impugnabile davanti all'autorità giudiziaria amministrativa.

Invece il c.d. «respingimento differito», disposto dal questore, ai sensi dell'art. 10, comma 2, T.U., con accompagnamento alla frontiera dello straniero che sia entrato nel territorio dello Stato eludendo i controlli di frontiera e sia stato fermato subito dopo e in condizioni di c.d. flagranza o quando sia stato ammesso nel territorio per necessità di pubblico soccorso, è tutelabile dal giudice ordinario, trattandosi allo stato di un provvedimento parificato all'espulsione; perché «in mancanza di norma derogatrice che assegna al giudice amministrativo la cognizione della impugnazione dei respingimenti, deve trovare applicazione il criterio generale secondo cui la giurisdizione sulle controversie aventi ad oggetto diritti soggettivi, proprio in ragione della inesistenza di margini di ponderazione di interessi in gioco da parte della Amministrazione, spetta al giudice ordinario» (Cass., Sez. Un., sent. 17 giugno 2013, n. 15115).

È opportuno ricordare che anche il Regolamento CE n. 562/2006 con l'art. 13, comma 3, prevede il diritto dello straniero respinto a presentare ricorso contro il provvedimento di allontanamento adottato nei suoi confronti, il diritto ad ottenere la rettifica, da parte dello Stato membro che ha proceduto al respingimento, del timbro d'ingresso annullato e tutti gli altri annullamenti o aggiunte effettuati, se in esito al ricorso il provvedimento di respingimento risulta infondato.

La procedura di respingimento non può essere adottata nei confronti degli stranieri richiedenti lo *status* di rifugiato o degli stranieri richiedenti l'asilo politico o di soggetti destinatari di misure di protezione temporanea per motivi umanitari (art. 10, comma 4, T.U.).

In nessun caso però può essere disposto il respingimento verso uno Stato in cui lo straniero possa essere oggetto di persecuzione per motivi di razza, di sesso, di orientamento sessuale, di identità di genere, di lingua, di cittadinanza, di religione, di opinioni politiche, di condizioni personali o sociali, ovvero possa rischiare di essere rinviato verso un altro Stato nel quale non sia protetto dalla persecuzione (art. 19, comma 1, T.U.).

Altresì non è ammesso il respingimento di una persona verso uno Stato in presenza di fondati motivi relativi al rischio di essere sottoposta a tortura o a trattamenti inumani o degradanti o nel caso di sussistenza degli obblighi costituzionali o internazionali dello Stato italiano (art. 19, comma 1.1, T.U. modificato dall'art. 7 del D.L. 10 marzo 2023, n. 20, convertito con L. 5 maggio 2023, n. 50).

In nessun caso può essere disposto il respingimento alla frontiera di minori stranieri non accompagnati (art. 19, comma 1-*bis*, T.U. inserito con la L. n. 47/2017).

Queste disposizioni applicano il principio di *non-refoulement* e rappresentano una misura di salvaguardia finalizzata a proteggere la posizione giuridica degli stranieri rifugiati nello Stato italiano che fuggono dal proprio Paese d'origine per fondato timore di subire una persecuzione ovvero che sono impediti nel loro Paese nel poter esercitare le libertà democratiche garantite dalla Costituzione italiana o ancora quando, per rilevanti esigenze umanitarie, sono adottate nei loro confronti particolari misure di accoglienza per eventi eccezionali come conflitti bellici e disastri naturali.

In caso di respingimento o esecuzione delle espulsioni relative a persone affette da disabilità, degli anziani, dei minori, dei componenti di famiglie monoparentali con figli minori, nonché dei minori, ovvero delle vittime di gravi violenze psicologiche, fisiche o sessuali, tali misure sono effettuate con modalità compatibili con le singole situazioni personali, debitamente accertate, trattandosi allo stato di categorie vulnerabili (art. 19, comma 2-*bis*, T.U.).

Bisogna precisare che allo straniero comunque presente alla frontiera sono riconosciuti i diritti fondamentali della persona umana previsti dalle norme di diritto internazionale, dalle convenzioni internazionali in vigore e dai principi di diritto internazionale generalmente riconosciuti.

In particolare è prevista l'assistenza necessaria presso i valichi di frontiera, nonché il provvedimento che dispone il respingimento deve essere scritto e motivato, deve contenere le indicazioni per le modalità d'impugnazione e successivamente deve essere tradotto e notificato all'interessato.

Bisogna rilevare che il D.L. n. 113/2018, convertito con modificazioni dalla L. 1 dicembre 2018, n. 132, avverso il provvedimento di respingimento con accompagnamento alla frontiera, ha ritenuto di applicare le uguali garanzie procedurali già previste dagli artt. 13, commi 5-*bis*, 5-*ter*, 7 e 8 in materia di convalida ed espulsione amministrativa, nonché ha previsto sanzioni penali in caso di reingresso nel territorio dello Stato.

3. *L'espulsione amministrativa prefettizia*

Il provvedimento espulsivo ai sensi dell'art. 13, comma 2, T.U. è disposto dal Prefetto, caso per caso (come inserito dall'art. 3, comma 1, lett. c), n. 1, lett. a) del D.L. 23 giugno 2011, n. 89 convertito con modificazioni nella L. 2 agosto 2011, n. 129), nei confronti dello straniero, immigrato clandestino, che è entrato nel territorio dello Stato sottraendosi ai controlli di frontiera e non è stato oggetto di procedura di respingimento, che si è trattenuto in modo irregolare nel territorio dello Stato in assenza della comunicazione di cui all'art. 27, comma 1-*bis*, o senza aver richiesto il permesso di soggiorno nei termini prescritti, salvo che il ritardo sia dipeso da forza maggiore, ovvero quando il permesso di soggiorno è stato revocato o annullato o rifiutato ovvero è scaduto da più di sessanta giorni e non ne è stato chiesto il rinnovo ovvero se lo straniero si è trattenuto sul territorio dello Stato in violazione dell'art. 1, comma 3, L. 28 maggio 2007, n. 68 quando lo straniero al momento dell'ingresso in Italia (per visite, affari, turismo e studio) o proveniente da Paesi dell'area Schengen, o entro otto giorni non abbia dichiarato la sua presenza all'autorità di frontiera o al questore della provincia in cui si trova, oppure avendo presentato la predetta dichiarazione si sia trattenuto nel territorio dello Stato oltre i tre mesi o nel minore termine stabilito nel visto d'ingresso.

Inoltre prima di adottare il provvedimento di espulsione si deve tener conto della natura e dell'effettività dei vincoli familiari dell'interessato, della durata del suo soggiorno nel territorio nazionale, dell'esistenza di legami familiari, culturali o sociali con il Paese di origine, trattandosi allo stato di una norma di *favor* nei confronti dello straniero che ha esercitato il diritto al ricongiungimento familiare ovvero del familiare ricongiunto.

In ogni caso ai sensi dell'art. 13, comma 2-*ter* «l'espulsione non è disposta, né eseguita coattivamente qualora il provvedimento sia stato già adottato nei confronti dello straniero identificato in uscita dal territorio nazionale durante i controlli di polizia alle frontiere esterne».

Infine l'espulsione è adottata in danno dello straniero, socialmente pericoloso, perché ritenuto dedito ad attività delittuose o indiziato di appartenere ad associazione mafiosa (D.Lgs. n. 159/2011).

È opportuno precisare che la predetta misura è ritenuta compatibile sia dalla Corte europea dei diritti dell'uomo, che ha riconosciuto agli Stati contraenti in ambito CEDU il diritto di emanare proprie norme per regolamentare l'entrata e l'allontanamento degli stranieri, sia dai principi di diritto comunitario e dalle tradizioni costituzionali comuni.

La Corte costituzionale in proposito ha precisato che «l'espulsione amministrativa (art. 13 c. 2) è preordinata ad assicurare una razionale gestione dei flussi di immigrazione nel nostro Paese e che pertanto, tale essendo la *ratio* della norma, non è implausibile l'equiparazione operata dal legislatore (art. 13, comma 2, lettere a) e b) del decreto legislativo n. 286) fra stranieri privi di permesso, per non averlo mai ottenuto, e stranieri il cui permesso sia scaduto senza essere rinnovato; che non sussiste, altresì il lamentato contrasto con l'art. 10 della Costituzione, giacché il procedimento di cui all'art. 13 ha ad oggetto la legittimità del provvedimento di espulsione, che di norma non richiede lo svolgimento di indagini particolari; che è fuori luogo il richiamo al citato Protocollo addizionale (n. 4), il cui art. 2 comma 1 riconosce il diritto di soggiorno e circolazione sul territorio dello Stato soltanto a chi vi si trovi regolarmente» (ord. 25 ottobre-9 novembre 2000, n. 485).

Il provvedimento di espulsione prefettizia deve essere adottato in presenza di condizioni legittimanti l'espulsione, deve essere conforme alle norme sui divieti di espulsione, deve contenere l'indicazione delle eventuali modalità per l'impugnazione, deve essere tradotto, anche in modo sintetico, in favore dello stesso straniero che non comprende la lingua italiana in una lingua a lui comprensibile o per mancanza di personale idoneo alla traduzione in tale lingua, in altra lingua come inglese, francese e spagnola, secondo la preferenza indicata dall'interessato e ciò nel rispetto dell'art. 2, comma 6 e dell'art. 13, comma 7 del T.U., nonché dell'art. 3, comma 3 del Reg. att.

Difatti la traduzione del provvedimento di espulsione afferisce all'esercizio del diritto di difesa e per evitare la nullità di tale atto amministrativo, va effettuata nella lingua effettivamente conosciuta dallo straniero e solo in via sussidiaria può essere effettuata nelle altre lingue internazionali, dimostrando le ragioni impeditive della traduzione della lingua di appartenenza dello stesso soggetto destinatario, ciò nel rispetto delle garanzie linguistiche trova riferimento nel Patto internazionale sui diritti civili e politici, reso esecutivo dall'Italia con L. 25 ottobre 1977, n. 881 e nell'art. 24 Cost.

Inoltre bisogna aggiungere che il provvedimento in esame è disposto in ogni caso con decreto scritto e motivato immediatamente esecutivo, anche se sottoposto a gravame o impugnativa da parte dell'interessato (art. 13, comma 3, T.U. e art. 3, comma 3, Reg. att. D.P.R. n. 394/1999), ed è comunicato allo straniero mediante consegna a mani proprie o notificazione con modalità tali da assicurare la riservatezza del contenuto dell'atto.

Il decreto di espulsione deve contenere in modo non apparente la motivazione con la relativa esposizione delle circostanze di fatto e delle norme violate che hanno dato luogo alla predetta misura afflittiva, in modo da concedere allo straniero la possibilità di far approntare una corretta condotta difensiva e ciò nel rispetto dell'art. 3 della L. n. 241/1990 che stabilisce: «la motivazione deve indicare i presupposti di fatto e le ragioni giuridiche che hanno determinato la decisione dell'amministrazione, in relazione alle risultanze dell'istruttoria».

Lo straniero espulso è rinviato allo Stato di appartenenza, ovvero, quando ciò non sia possibile allo Stato di provenienza (art. 13, comma 12, T.U.), in ogni caso è obbligato a lasciare il territorio nazionale; inoltre non può rientrare nel territorio dello Stato per un periodo non inferiore a tre anni e non superiore a cinque anni, tenuto conto di tutte le circostanze pertinenti il singolo caso, fatta salva una speciale autorizzazione del Ministro dell'interno, nonché il predetto divieto è inserito nel Sistema Informativo Schengen (SIS), al fine di impedire al soggetto destinatario di tale misura di soggiornare negli altri Stati aderenti alla Convenzione.

Nel caso in cui il soggetto destinatario dell'espulsione è sottoposto a procedimento penale con l'avvenuta iscrizione nel registro delle notizie di reato e non è in custodia cautelare in carcere, il questore prima di procedere alla predetta misura è tenuto a richiedere il nullaosta all'autorità giudiziaria procedente, che può negarlo in presenza di inderogabili esigenze processuali correlate all'accertamento della responsabilità di eventuali concorrenti nel reato o imputati in procedimenti per reati connessi o in relazione all'interesse della persona offesa, ma che deve intendersi concesso se la stessa autorità giudiziaria non provveda entro sette giorni dalla data di ricevimento della richiesta, tanto da ritenersi applicabile il conseguente silenzio-assenso.

In attesa della decisione sulla richiesta di nulla osta l'esecuzione dell'espulsione è sospesa ed il decreto perde il carattere di immediata esecutività, fino a quando l'autorità giudiziaria comunica l'avvenuta cessazione delle esigenze processuali; di contro il questore può adottare la misura del trattenimento presso un centro di permanenza per i rimpatri ai sensi dell'art. 13 comma 3 e 14 del D.Lgs. n. 286/1998 (Testo Unico immigrazione).

Per i casi di arresto in flagranza o di fermo dello straniero, il giudice rilascia il nulla osta all'atto della convalida, salvo che non ritenga di applicare la misura cautelare in carcere oppure non ricorrano inderogabili esigenze processuali.

Inoltre il giudice decide per il rilascio del nulla osta anche con il provvedimento di revoca o estinzione della custodia cautelare in carcere, ma la sottoposizione a misura cautelare diversa non è impeditiva del rilascio del nulla osta.

Nel caso in cui risulta acquisita la prova dell'avvenuta espulsione, ma non è stato ancora emesso il provvedimento che dispone il giudizio, né si è perfezionato il nulla osta, il giudice pronuncia sentenza di non luogo a procedere; in tal senso trattasi di una sentenza processuale, che rientra nell'ottica delle condizioni di procedibilità previste dall'art. 345 c.p.p.

Ai fini dell'esecuzione dell'espulsione non è richiesto il rilascio del nulla osta da parte dell'autorità giudiziaria per lo straniero denunciato per ingresso e soggiorno illegale nel territorio dello Stato (art. 10-*bis* T.U.), come inserito dalla L. n. 94/2009.

Invece per lo straniero nei cui confronti è stata promossa l'azione penale, è previsto il rientro in Italia per consentire allo stesso di poter partecipare al giudizio o al compimento di atti per i quali è necessaria la sua presenza, ciò al fine di poter esercitare pienamente il diritto di difesa come previsto dall'art. 17 T.U. e nel rispetto non solo dell'art. 24 Cost., ritenuto diritto inviolabile in ogni stato e grado del procedimento, ma anche dell'art. 6 CEDU ove «ogni accusato, ha diritto di disporre del tempo e delle facilitazioni necessarie a preparare la sua difesa» e dell'art. 48 della Carta dei diritti fondamentali dell'Unione europea che precisa: «Il rispetto dei diritti della difesa è garantito ad ogni imputato»; nonché è nulla nei suoi confronti l'ordinanza cautelare non tradotta, nel caso in cui è noto che lo straniero stesso non parla italiano (Cass., Sez. Un. pen., sent. 11 aprile 2024, n. 15069).

Nei confronti dei cittadini dell'Unione europea e dei loro familiari invece è prevista una procedura di allontanamento dal territorio (D.Lgs. 28 febbraio 2008, n. 32 e D.Lgs. 6 febbraio 2007, n. 30) della Repubblica italiana per motivi attinenti la sicurezza dello Stato, per motivi imperativi di pubblica sicurezza o altri motivi di ordine pubblico o di pubblica sicurezza, nel rispetto del principio di proporzionalità, nonché dell'obbligo di non essere motivati da ragioni di ordine economico o da ragioni estranee a comportamenti individuali dell'interessato o la precedente esistenza di condanne penali; il Ministro dell'interno o il prefetto, ritenuti competenti ad adottare tale misura, devono altresì tenere conto della durata del soggiorno in Italia e dell'età del soggetto destinatario, della situazione familiare ed economica, dello stato di salute, dell'integrazione sociale e culturale nel territorio italiano, dell'importanza dei suoi legami con il proprio Paese d'origine.

4. *I divieti di espulsione*

Alcuni casi consentono la mancata adozione di provvedimenti espulsivi in pregiudizio degli stranieri.

L'art. 4 del protocollo addizionale n. 4 della Convenzione europea dei diritti dell'uomo non consente le espulsioni collettive e così dispone: «Le espulsioni collettive di stranieri sono vietate» e la stessa Corte EDU ha precisato che «Per espulsione collettiva di stranieri occorre intendere ogni misura dell'autorità competente che costringa stranieri, in quanto gruppo, a lasciare un paese, salvo il caso in cui una tale misura sia presa al termine e sulla base di un esame ragionevole ed oggettivo della situazione particolare di ciascuno degli stranieri che costituiscono il gruppo» (sent. Becker c. Danimarca, DR 4, p. 215, spec. p. 256).

Tale principio è ribadito anche dall'art 19, comma 1 della Carta dei diritti fondamentali dell'Unione europea e dall'art. 13 del Patto relativo ai diritti civili e politici, di conseguenza costituisce senza dubbio una garanzia perché l'espulsione di tutte le persone aventi la nazionalità di un determinato Stato sia decisa con un esame specifico e non con un'unica misura.

Motivi di protezione internazionale previsti dall'art. 19, comma 1 del T.U. prevedono l'inespellibilità degli stranieri che possono essere oggetto di persecuzione «in nessun caso può disporsi l'espulsione o il respingimento verso uno Stato in cui lo straniero possa essere oggetto di persecuzione per motivi di razza, di sesso, di orientamento sessuale, di identità di genere, di lingua, di cittadinanza, di religione, di opinione politiche, di condizioni personali o sociali, ovvero possa rischiare di essere rinviato verso un altro Stato nel quale non sia protetto dalla persecuzione», invece al comma 1.1, è previsto che «Non sono ammessi il respingimento o l'espulsione o l'estradizione di una persona verso uno Stato qualora esistano fondati motivi di ritenere che essa rischi di essere sottoposta a tortura o a trattamenti inumani o degradanti o qualora ricorrano gli obblighi di cui all'articolo 5, comma 6. Nella valutazione di tali motivi si tiene conto anche dell'esistenza, in tale Stato, di violazioni sistematiche e gravi di diritti umani».

Invece il comma 1-*bis* dell'art. 19 T.U. Immigrazione precisa che «In nessun caso può disporsi il respingimento alla frontiera di minori stranieri non accompagnati».

Bisogna evidenziare che in presenza dei predetti casi di cui all'art. 19, commi 1 e 1.1 del T.U. la Commissione territoriale in presenza del rigetto della domanda di protezione internazionale trasmette, ai sensi dell'ai sensi dell'art. 32, comma 3 del D.Lgs. 28 gennaio 2008,

n. 25, gli atti al Questore per il rilascio di un permesso di soggiorno per protezione speciale.

Il D.L. 10 marzo 2023 n. 20, convertito con la L. 5 maggio 2023, n. 50, ha aggiunto all'art. 27 il comma 2-*bis* del D.Lgs. n. 25/2008 e ha previsto l'obbligo per la Commissione di richiedere al Questore elementi informativi circa la non sussistenza di cause impeditive del respingimento alla frontiera e dell'espulsione di cui all'art. 19, comma 1-*bis* e 2 del T.U. Immigrazione (come minori stranieri non accompagnati, minorenni, salvo il diritto a seguire il genitore o l'affidatario espulsi, stranieri in possesso di carta di soggiorno UE, stranieri conviventi con parenti entro il secondo grado o con coniuge di nazionalità italiana, donne in stato di gravidanza, stranieri che versano in gravi condizioni psicofisiche o per gravi patologie), ciò nel caso di non ricorrenza dei presupposti per il riconoscimento della protezione internazionale o delle condizioni per la trasmissione degli atti al Questore per il rilascio di un permesso di soggiorno per protezione speciale o cure mediche.

I primi commi dell'art. 19 T.U. sono correlabili con l'art. 10 Cost. che riconosce il diritto di asilo e con la Convenzione di Ginevra sui rifugiati del 1951, ratificata con L. 24 luglio 1954, n. 722, nonché con l'art. 19, comma 2 della Carta dei diritti fondamentali dell'Unione europea che nel sancire: «Nessuno può essere allontanato, espulso o estradato verso uno Stato in cui esiste un rischio serio di essere sottoposto alla pena di morte, alla tortura o ad altre pene o trattamenti inumani o degradanti», ha incorporato la giurisprudenza della Corte europea dei diritti dell'uomo relativa all'art. 3 CEDU.

Difatti «gli Stati hanno, in base ad un principio consolidato di diritto internazionale e senza pregiudizio per gli impegni assunti con i trattati, incluso l'art. 3 della Convenzione, il diritto di controllare l'ingresso, il soggiorno e l'allontanamento degli stranieri. L'espulsione o il respingimento di uno straniero da parte di uno Stato contraente può sollevare una questione relativamente all'art. 3 della Convenzione, quindi impegnare la responsabilità dello Stato in causa ai sensi della Convenzione, quando vi siano motivi seri e fondati di ritenere che l'interessato corra nel paese di destinazione un pericolo reale di essere sottoposto a tortura o a pene o trattamenti inumani o degradanti» (sent. 17 dicembre 1996, caso Ahmed c. Austria, RIDU, 1997, p. 306, par. 102).

Rispetto ai precedenti commi che fanno riferimento ad un divieto assoluto ed incondizionato, il successivo comma attiene invece a particolari e specifiche condizioni personali e familiari, salvo i casi in cui ricorrano esigenze di ordine pubblico o di sicurezza dello Stato.

Tali casi di divieto di espulsione e salvo che non venga applicato l'art. 13, comma 1, T.U., sono previsti (art. 19, comma 2, lett. a) per gli stranieri minori di anni diciotto, salvo il diritto a seguire il genitore o l'affidatario espulsi; bisogna rilevare che ai sensi dell'art. 31, commi 3 e 4, T.U. è competente il Tribunale per i minorenni sia per autorizzare, in deroga ad altre disposizioni di legge, la permanenza in Italia del familiare del minore in relazione a gravi motivi connessi con lo sviluppo psicofisico e tenuto conto dell'età e delle condizioni di salute; sia per disporre l'espulsione del minore straniero a seguito di richiesta avanzata dal questore; (art. 19, comma 2, lett. b) per gli stranieri in possesso della carta di soggiorno, salvo il disposto dell'art. 9; (art. 19, comma 2, lett. c) per gli stranieri conviventi con parenti entro il secondo grado o con il coniuge di nazionalità italiana, comprendente tutte le ipotesi di cittadinanza italiana, anche acquisita; (art. 19, comma 2, lett. d) per le donne straniere in stato di gravidanza o nei sei mesi successivi alla nascita del figlio cui provvedono; (art. 19, comma 2, lett. d-*bis*) degli stranieri che versano in condizioni di salute derivanti da patologie di particolare gravità, non adeguatamente curabili nel Paese di origine, accertate mediante idonea documentazione rilasciata da una struttura sanitaria pubblica o da un medico convenzionato con il Servizio sanitario nazionale, tali da determinare un rilevante pregiudizio alla salute degli stessi, in caso di rientro nel Paese di origine o di provenienza. In tali ipotesi, il questore rilascia un permesso di soggiorno per cure mediche, per il tempo attestato dalla certificazione sanitaria, comunque non superiore ad un anno, rinnovabile finché persistono le condizioni di cui al periodo precedente debitamente certificate, valido solo nel territorio nazionale.

La Corte costituzionale (sent. 12-27 luglio 2000, n. 376) nel caso di cui all'art. 19, comma 2 lett. d ha dichiarato l'illegittimità costituzionale della predetta norma, nella parte in cui non estende il divieto di espulsione al marito convivente della donna in stato di gravidanza o nei sei mesi successivi alla nascita del figlio, in quanto «in un nucleo familiare composto da entrambi i genitori e non dalla sola madre, consentendo l'espulsione del marito convivente, come esattamente osserva il giudice remittente, la norma mette oltretutto la donna straniera che si trova nel territorio dello Stato in una alternativa drammatica tra il seguire il marito espulso all'estero e l'affrontare il parto ed i primi mesi di vita del figlio senza il sostegno del coniuge, e questo proprio nel momento in cui si va formando quel nuovo più ampio nucleo familiare che la legge, in forza degli artt. 29 e 30 Cost., deve appunto tutelare. Come questa Corte ha già stabilito (sentenza n. 341 del 1991) esiste un principio di paritetica partecipazione di entrambi i coniugi alla cura e all'educazione della prole, senza distinzione o separazione di ruoli tra uomo e donna, ma con reciproca integrazione di essi».

In tale ambito la Corte costituzionale, già in precedenza aveva riconosciuto l'inespellibilità dello straniero anche per gravi motivi di salute e per cure urgenti (sent. n. 252/2001), precisando che «lo straniero presente, anche irregolarmente, nello Stato ha diritto di fruire di tutte le prestazioni che risultino indifferibili e urgenti, secondo i criteri indicati nell'art. 35, comma 3 citato, trattandosi di un diritto fondamentale della persona che deve essere garantito, così come disposto, in linea generale, dall'art. 2 dello stesso D.Lgs. n. 286/1998.

La valutazione dello stato di salute del soggetto e della indifferibilità ed urgenza delle cure deve essere effettuata caso per caso, secondo il prudente apprezzamento medico; di fronte ad un ricorso avverso un provvedimento di espulsione si dovrà, qualora vengano invocate esigenze di salute dell'interessato, preventivamente valutare tale profilo tenuto conto dell'intera disciplina contenuta nel D.Lgs. n. 286 del 1998 se del caso ricorrendo ai mezzi istruttori che la legge, pur in un procedimento caratterizzato da concentrazione e da esigenze di rapidità, certamente consente di utilizzare.

Qualora risultino fondate le ragioni addotte dal ricorrente in ordine alla tutela del suo diritto costituzionale alla salute, si dovrà provvedere di conseguenza, non potendosi eseguire l'espulsione nei confronti di un soggetto che potrebbe subire, per via dell'immediata esecuzione del provvedimento, un irreparabile pregiudizio a tale diritto».

In tal senso anche la Corte di Cassazione (Sez. Un. civ., sent. 10 giugno 2013, n. 14500) ha affermato che «la garanzia del diritto fondamentale alla salute del cittadino straniero che comunque si trovi nel territorio nazionale impedisce l'espulsione nei confronti di colui che dall'immediata esecuzione del provvedimento potrebbe subire un irreparabile pregiudizio, dovendo tale garanzia comprendere non solo le prestazioni di pronto soccorso e di medicina d'urgenza ma anche tutte le altre prestazioni essenziali per la vita».

Rispetto al potere di espulsione alcune convenzioni internazionali dispongono che il lavoratore straniero regolarmente occupato non può essere allontanato né per aver perso il posto di lavoro (Convenzione OIL n. 143/1975), né perché incapace di ottenere un'occupazione a causa di malattia o infortunio contratti successivamente all'ammissione nel Paese d'immigrazione (Convenzione OIL n. 47/1999), mentre il Patto internazionale sui diritti civili e politici del 1966 precisa che: «uno straniero che si trovi legalmente nel territorio di uno Stato parte del presente Patto non può essere espulso se non in base ad una decisione presa in conformità della legge e, salvo che si impongano imperiosi motivi di sicurezza nazionale».

5. *I ricorsi avverso i provvedimenti di espulsione*

La tutela giurisdizionale relativa al decreto di espulsione prefettizia spetta al giudice ordinario, così come l'atto di convalida dell'accompagnamento coattivo alla frontiera, l'atto di convalida in trattenimento nel Centro di permanenza per i rimpatri, nonché l'atto prefettizio emanato su istanza di revoca del decreto espulsivo; mentre al giudice amministrativo è devoluto il contenzioso conseguente il rilascio, il rinnovo, la revoca o l'annullamento del permesso di soggiorno, le istanze di regolarizzazione.

Bisogna però precisare che contro il decreto di espulsione per motivi di ordine pubblico o di sicurezza dello Stato emanato dal Ministro dell'interno (art. 13, commi 1 e 11, T.U.), è ammessa la tutela giurisdizionale davanti al giudice amministrativo.

Invece resta la competenza del tribunale in composizione monocratica (sezione specializzata) per i ricorsi in materia di ricongiungimento familiare (art. 30, comma 6, T.U.) e la competenza del Tribunale per i minorenni in relazione ai provvedimenti in materia di permesso al familiare di minore straniero presente in Italia (art. 31, comma 3, T.U.) ed inoltre il legislatore ha stabilito che in pendenza di un giudizio riguardante le materie sopra citate, i provvedimenti di convalida di cui agli artt. 13 e 14 dello stesso decreto legislativo (n. 286/1998) e l'esame dei relativi ricorsi sono di competenza del tribunale in composizione monocratica (art. 1, comma 2-*bis* del D.L. n. 241/2004 convertito con modificazioni dalla L. 12 novembre 2004, n. 271).

È opportuno aggiungere che avverso i provvedimenti di allontanamento dal territorio nazionale emanati, per motivi di sicurezza dello Stato o per motivi di ordine pubblico nei confronti dei cittadini degli altri Stati membri dell'UE o dei loro familiari, è da ritenersi competente il giudice amministrativo; mentre per motivi imperativi di pubblica sicurezza è competente l'autorità giudiziaria ordinaria (art. 17 del D.Lgs. n. 150/2011).

Per i cittadini di Stati che non sono membri dell'Ue le controversie aventi ad oggetto l'impugnazione del decreto di espulsione prefettizia sono regolate dal rito semplificato di cognizione (art. 18 del D.Lgs. n. 150/2011 modificato dal D.Lgs. 10 ottobre 2022, n. 149 art. 15).

In tale senso l'art. 13, comma 8, T.U. (D.Lgs. n. 286/1998) precisa che «avverso il decreto di espulsione può essere presentato ricorso all'autorità giudiziaria ordinaria. Le controversie di cui al presente comma sono disciplinate dall'art. 18 del decreto legislativo 1 settembre 2011, n. 150», ritenendosi competente l'autorità giudiziaria (giudice di pace) sita nel luogo in cui ha sede l'autorità che ha disposto l'espulsione.

Il termine per proporre ricorso avverso l'espulsione prefettizia è di trenta giorni dalla notificazione del provvedimento (di sessanta giorni se il ricorrente risiede all'estero), termine di presentazione ritenuto a pena d'inammissibilità, decorrente dalla data di comunicazione o notificazione dello stesso atto espulsivo, ma che concede al giudice la possibilità di rimettere in termini il ricorrente per accertata violazione del diritto di difesa a seguito del mancato rispetto in fase di comunicazione dell'espulsione delle norme sulla comprensione linguistica; tanto è vero che la Corte costituzionale (sent. n. 198/2000) ha stabilito che «il pieno esercizio del diritto di difesa da parte dello straniero presuppone (...) che qualsiasi atto proveniente dalla pubblica amministrazione, diretto ad incidere sulla sua sfera giuridica, sia concretamente conoscibile. L'esigenza primaria di non vanificare il diritto di azione fa sì che, nell'ipotesi dell'ignoranza senza colpa, del provvedimento di espulsione, in particolare per l'inosservanza dell'obbligo di traduzione dell'atto, debba ritenersi non decorso il termine per proporre impugnazione».

Il ricorso in esame può essere presentato anche per mezzo del servizio postale e ciò secondo l'intervenuta sentenza (n. 278/2008) della Corte costituzionale che ha dichiarato l'illegittimità costituzionale dell'art. 13, comma 8, D.Lgs. n. 286/1998 nella parte in cui non consente l'utilizzo del servizio postale per la proposizione diretta, da parte dello straniero, del ricorso avverso il decreto prefettizio di espulsione, quando sia stata accertata l'identità del ricorrente stesso in applicazione della normativa vigente.

Altresì il ricorso può essere presentato per il tramite della rappresentanza diplomatica o consolare italiana e la sottoscrizione di tale impugnazione da parte della persona interessata, è autenticata dai funzionari delle rappresentanze diplomatiche o consolari che provvedono a certificarne l'autenticità e ne curano l'inoltro all'autorità giudiziaria; lo straniero però potrà rilasciare procura alle liti anche ad un patrocinatore legale di fiducia, il quale provvederà ad autenticare il mandato ricevuto e a rappresentare e ad assistere il ricorrente dinanzi al giudice di pace.

In mancanza del legale di fiducia è prevista la nomina di un difensore d'ufficio e ove necessario di un interprete, nonché l'ammissione al gratuito patrocinio a spese dello Stato.

L'avvenuto deposito del ricorso ed il decreto del giudice di pace steso in calce al ricorso della relativa fissazione dell'udienza in camera di consiglio, comporta la conseguente notificazione, a cura della cancelleria, all'autorità che ha emesso il provvedimento almeno cinque giorni prima della medesima udienza; di contro però bisogna osservare che il legislatore nulla ha previsto per la notifica dell'avviso di tale udienza alla stessa parte ricorrente, nonostante la ritenuta importanza di tale atto processuale necessario ad instaurare un corretto contraddittorio.

Ai sensi dell'art. 18, comma 2, Reg. att. (D.P.R. n. 394/1999) l'autorità che ha adottato il provvedimento impugnato può far pervenire le proprie osservazioni al giudice, entro cinque giorni dalla data di notifica del ricorso presso i propri uffici.

Il D.Lgs. n. 150/2011 inoltre prescrive: «L'autorità che ha emesso il provvedimento impugnato può costituirsi fino alla prima udienza e può stare in giudizio personalmente o avvalersi di funzionari appositamente delegati».

Il giudice di pace accoglie o rigetta il ricorso, decidendo con unico provvedimento adottato, in ogni caso, entro venti giorni dalla data di deposito del ricorso.

La sentenza resa dal giudice di pace e che definisce il giudizio, non è appellabile, ma è impugnabile per Cassazione e ai fini dell'impugnazione va notificata al prefetto, salvo che il patrocinio in tale fase sia stato assunto dall'Avvocatura dello Stato.

Il predetto procedimento finalizzato a confermare o ad annullare il decreto prefettizio di espulsione dello straniero con il rigetto o l'accoglimento delle deduzioni difensive del ricorrente, denota caratteri di semplificazione e celerità, ma riconosce nel contempo rispetto dei diritti della difesa e pienezza del contraddittorio.

Difatti l'assenza di precise norme nel testo unico del potere di sospensione relativo all'impugnato provvedimento prefettizio di espulsione, ha consentito alla giurisprudenza di intervenire sull'art. 13 T.U., in quanto il comma 3 dispone che l'espulsione data con decreto è immediatamente esecutiva, anche in presenza di gravame, riconosce in capo al giudice il potere di adottare provvedimenti di sospensione dell'efficacia dell'atto impugnato, in quanto l'avvenuta proposizione del ricorso non sospende l'esecutività, tanto che non è inibito al giudice dell'opposizione «di individuare lo strumento più idoneo, nell'ambito dell'ordinamento, per sospendere l'efficacia del decreto prefettizio impugnato» (Corte cost., sent. n. 161/2000).

In via analogica la giurisprudenza ha fatto ricorso all'art. 22, ult. comma, L. n. 689/1991 in tema di opposizione ad ordinanza ingiunzione e all'art. 669-*sexies* e *octies* c.p.c. in tema di procedimenti cautelari; ma è ancora più giusto ricorrere all'art. 5 del D.Lgs. n. 150/2011 che ammette la possibilità di sospensione dell'efficacia esecutiva del provvedimento impugnato, «... in caso di pericolo imminente di un danno grave e irreparabile ...».

Tale provvedimento di sospensione può essere assunto dal giudice con decreto anche fuori udienza, ma è necessario che venga confermato nell'udienza immediatamente successiva.

La sospensione dell'efficacia esecutiva del decreto espulsivo può trovare anche fondamento nell'art. 13 della direttiva 2008/115/CE che garantisce allo straniero mezzi di ricorso effettivo e la possibilità di sospenderne temporaneamente l'esecuzione.

In sede di applicazione dell'art. 13 T.U. è sorto il problema circa il potere del giudice ordinario di sindacare l'atto amministrativo posto a fondamento dell'espulsione, ma la giurisprudenza (Cass. civ., Sez. Un., sent. n. 22217/2006) ha precisato che il giudice di pace davanti al quale sia stato impugnato il provvedimento espulsivo non può conoscere in modo incidentale della legittimità dei presupposti amministrativi e né può disapplicare l'atto che rifiuta, revoca o annulla il permesso di soggiorno, poiché tale controllo spetta al giudice amministrativo.

La predetta sentenza ribadisce che «il provvedimento di espulsione è provvedimento obbligatorio a carattere vincolato sicché il giudice ordinario dinanzi al quale esso venga impugnato è tenuto unicamente a controllare l'esistenza, al momento dell'espulsione, dei requisiti di legge che ne impongono l'emanazione, i quali consistono nella mancata richiesta in assenza di cause di giustificazione del permesso di soggiorno, ovvero nella sua revoca od annullamento o nella mancata tempestiva richiesta di rinnovo che ne abbia comportato il diniego; non è invece consentita al giudice investito dell'impugnazione del provvedimento di espulsione alcuna valutazione sulla legittimità del provvedimento del questore che abbia rifiutato, revocato o annullato il permesso di soggiorno ovvero ne abbia negato il rinnovo poiché tale sindacato spetta al giudice amministrativo, la cui decisione non costituisce in alcun modo un antecedente logico della decisione sul decreto di espulsione.

E infatti come si è già rilevato il giudice dell'espulsione è tenuto solo a verificare la carenza di un titolo che giustifichi la presenza del ricorrente sul territorio nazionale, non anche la regolarità dell'azione amministrativa svolta al riguardo, le cui carenze non possono essere dedotte come motivo di impugnazione dell'espulsione.

Ciò premesso va sottolineato che il provvedimento di diniego, di revoca o di annullamento del permesso di soggiorno non costituisce antecedente logico del provvedimento di espulsione, ma solo un antecedente di fatto in quanto, per il principio dell'esecutorietà degli atti amministrativi, il decreto di espulsione non è condizionato al previo accertamento del provvedimento di revoca o di annullamento sicché il venir meno del titolo che giustifica la permanenza dello straniero sul territorio nazionale ne comporta automaticamente l'espulsione».

L'avvenuta proposizione di un ricorso da parte dello straniero, al fine di chiedere al giudice l'annullamento di un provvedimento espulsivo, adottato in suo pregiudizio dalla competente autorità amministrativa, comporta una corretta esposizione dei motivi per ottenere l'accoglimento delle proprie ragioni.

In conseguenza di ciò è opportuno verificare se sono state violate le disposizioni relative al divieto di espulsione degli stranieri correlate alla protezione umanitaria degli stessi in materia di riconoscimento dello *status* di rifugiato o del diritto di asilo, di tutela del diritto alla salute o delle altre condizioni soggettive previste dall'art. 19 T.U.; inoltre bisogna verificare se nell'atto impugnato è stato omesso il termine e l'autorità giudiziaria verso cui ricorrere, ciò nel rispetto dell'art. 3, comma 4, L. n. 241/1990 e se nel decreto prefettizio è stato osservato correttamente l'obbligo della motivazione, con la conseguente esposizione dei fatti e dell'indicazione delle norme contestate per consentire al ricorrente l'adeguata tutela dei propri diritti; così come spetta al giudicante accertare se la mancata osservanza dell'obbligo di traduzione del decreto espulsivo o la relativa mancata comprensione di tale atto da parte dello straniero può comportarne la nullità per violazione degli artt. 2 e 13, comma 7, T.U. e art. 3 Reg. att.

Altresì possono inficiare la pretesa espulsiva la mancata sottoscrizione del prefetto in calce al decreto di espulsione o il mancato rispetto delle tassatività delle fattispecie espulsive come prevede il Testo Unico, ritenute dal legislatore specifiche e certamente insuscettibili di estensione analogica.

Bisogna però precisare che la giurisprudenza per altri casi non ha ritenuto accoglibile come motivo d'impugnazione la mancata comunicazione allo straniero interessato dell'inizio del procedimento di espulsione regolato dall'art. 7 della L. n. 241/1990, perché tale adempimento contrasta con le finalità di ordine pubblico e sicurezza dello Stato e con le esigenze di celerità di tale procedimento; né l'assenza di nulla osta dell'autorità giudiziaria penale, perché il rilascio è previsto per tutelare evidenti esigenze per indagini in corso e non risulta tra i divieti di espulsione previsti dall'art. 19 del D.Lgs. n. 286/1998.

6. *La revoca del provvedimento di espulsione*

L'art. 21-*quinquies* della L. n. 241/1990 precisa che «Per sopravvenuti motivi di pubblico interesse ovvero nel caso di mutamento della situazione di fatto non prevedibile al momento dell'adozione del provvedimento o, salvo che per i provvedimenti di autorizzazione o di attribuzione di vantaggi economici, di nuova valutazione dell'interesse pubblico originario, il provvedimento amministrativo ad efficacia durevole può essere revocato da parte dell'organo che lo ha emanato ovvero da altro organo previsto dalla legge. La revoca determina la inidoneità del provvedimento revocato a produrre ulteriori effetti. Se la revoca comporta pregiudizi in danno dei soggetti direttamente interessati, l'amministrazione ha l'obbligo di provvedere al loro indennizzo»; in tale caso la misura espulsiva può essere oggetto di revoca da parte della stessa autorità amministrativa che l'ha adottata ovvero su istanza dello straniero interessato.

L'eventuale rigetto dell'istanza di revoca del provvedimento espulsivo è assoggettato a controllo giurisdizionale, «controllo che, per ragioni di coerenza sul piano sistematico e di effettività della tutela delle situazioni soggettive garantite, deve ritenersi riservato all'autorità giudiziaria investita del potere di sindacare la legittimità del provvedimento di espulsione di cui è stata chiesta la revoca» (Cass. civ., Sez. Un., sent. n. 2513/2002) e pertanto la cognizione spetta al giudice ordinario nelle forme previste dall'art. 13, comma 8, D.Lgs. n. 286/1998, riconoscendo al cittadino extracomunitario legittime posizioni di diritti soggettivi; nonché «è assimilabile, per natura, funzione ed incidenza sui diritti dello straniero, al provvedimento d'espulsione, ed inoltre, al pari di quest'ultimo, non integra esercizio di discrezionalità amministrativa dato che, nella disciplina dell'art. 13 del d.lgs. 25 luglio 1998, n. 286 (modificato dalla legge 30 luglio 2002 n. 189), l'espulsione mediante atto del prefetto, a differenza di quella disposta dal Ministro dell'interno per motivi di ordine pubblico o di sicurezza dello Stato, è specificamente regolata, e configura, in presenza delle condizioni all'uopo stabilite, atto dovuto» (Cass. civ., Sez. Un., sent. n. 384/2004).

7. *L'esecuzione dell'espulsione ed i provvedimenti di convalida*

L'art. 13, comma 4, T.U. (D.Lgs. n. 286/1998) precisa che «L'espulsione è eseguita dal questore con accompagnamento alla frontiera a mezzo della forza pubblica» come nei seguenti casi: per motivi di ordine pubblico di sicurezza dello Stato, per il rischio di fuga (circostanza accertata dal prefetto nel caso in cui lo straniero si può sottrarre alla volontaria esecuzione del provvedimento di espulsione, perché mancante di passaporto, di idonea documentazione atta a dimostrare la disponibilità di un alloggio, per aver dichiarato falsamente le proprie generalità), per avvenuto respingimento della domanda di permesso di soggiorno, per mancata osservanza del termine concesso allo straniero per la partenza volontaria, nelle ipotesi in cui sia stata disposta l'espulsione dello straniero come sanzione penale.

L'accompagnamento coattivo alla frontiera costituisce la regola generale in materia di esecuzione della misura espulsiva ed è sottoposto anche al controllo dell'autorità giudiziaria, ciò a seguito dell'intervenuta sentenza n. 222/2004 della Corte costituzionale che dichiarava l'illegittimità costituzionale dell'art. 13, comma 5-*bis*, D.Lgs. n. 286/1998, come modificato dall'art. 2 del D.L. n. 51/2002, convertito nella L. n. 106/2002, perché in contrasto con gli artt. 13 e 24 della Costituzione italiana e perché lo straniero veniva allontanato coattivamente dal territorio italiano senza alcuna decisione del giudice sul provvedimento restrittivo della sua libertà personale, tanto da privare l'interessato di ogni garanzia difensiva.

In conseguenza di ciò il legislatore con il D.L. n. 241/2004 convertito nella L. n. 271/2004 provvedeva a modificare il contestato art. 13, comma 5-*bis* T.U. nel senso che «Il questore comunica immediatamente e, comunque, entro quarantotto ore dalla sua adozione, al giudice di pace territorialmente competente il provvedimento con il quale è disposto l'accompagnamento alla frontiera. L'esecuzione del provvedimento del questore di allontanamento dal territorio nazionale è sospesa fino alla decisione sulla convalida».

L'udienza per la convalida si svolge in camera di consiglio con la necessità di un difensore tempestivamente avvertito e dello stesso soggetto interessato tempestivamente informato.

Il giudice prima di provvedere alla convalida con decreto motivato ed entro le quarantotto ore successive, decorrenti dall'avvenuta comunicazione dell'atto questorile alla cancelleria, deve verificare l'osservanza dei termini (il rispetto del limite delle quarantotto ore del provvedimento adottato dal questore) e la sussistenza dei requisiti previsti dall'art. 13 T.U. (la legittimità della misura prefettizia espulsiva), nonché è tenuto a disporre l'audizione dell'interessato, se comparso, anche con l'ausilio di un interprete, se necessario, ciò per evitare che tale decreto possa essere dichiarato affetto da nullità, tanto è vero che avverso la concessa convalida è ammesso ricorso per cassazione, ricorso che non sospende l'esecuzione dell'allontanamento dello straniero dal territorio nazionale.

Nel caso in cui la convalida non è stata concessa o non sono stati osservati i termini per la decisione, il provvedimento del questore perde ogni effetto, ma tale inefficacia non incide sul presupposto decreto prefettizio di espulsione.

L'art. 13, comma 5-*bis*, T.U. stabilisce infine che «In attesa della definizione del procedimento di convalida, lo straniero espulso è trattenuto in uno dei centri di permanenza per i rimpatri, di cui all'art. 14, salvo che il procedimento possa essere definito nel luogo in cui è stato adottato il provvedimento di allontanamento anche prima del trasferimento in uno dei centri disponibili», o «(...) in strutture diverse e idonee nella disponibilità dell'Autorità di pubblica sicurezza o presso l'ufficio di frontiera», in modo da garantire allo stesso la sua presenza in sede di udienza di convalida; in tal caso la competenza territoriale del giudice di pace può essere individuata ai sensi dell'art. 14, comma 3, T.U. in base al quale «il questore del luogo in cui si trova il centro trasmette copia degli atti al giudice di pace territorialmente competente, per la convalida, senza ritardo e comunque entro le quarantotto ore dall'adozione del provvedimento».

Il trattenimento nei centri di permanenza per i rimpatri è ritenuto come una detenzione amministrativa e la Corte costituzionale in precedenza ha ritenuto «che il trattenimento dello straniero presso i centri di permanenza temporanea e assistenza è misura incidente sulla libertà personale, che non può essere adottata al di fuori delle garanzie dell'art. 13 Cost. (sent. n. 105/2001) e allo stato dei fatti rappresenta la misura finalizzata a trattenere lo straniero per consentire all'autorità amministrativa di poter procedere alla successiva espulsione dello stesso dal territorio nazionale e per evitare l'irreperibilità durante l'esecuzione del provvedimento espulsivo».

L'art. 14 T.U. dispone che «Quando non è possibile eseguire con immediatezza l'espulsione mediante accompagnamento alla frontiera ovvero il respingimento, a causa di situazioni transitorie che ostacolano la preparazione del rimpatrio o l'effettuazione dell'allontanamento, il questore dispone che lo straniero sia trattenuto per il tempo strettamente necessario presso i centri di permanenza per i rimpatri più vicino, tra quelli individuati o costituiti con decreto dal Ministro dell'interno, di concerto con il Ministro dell'economia e delle finanze».

Tra le situazioni che legittimano il trattenimento rientrano oltre a quelle indicate all'art. 13, comma 4-*bis*, anche quelle riconducibili alla necessità di prestare soccorso allo straniero o di effettuare accertamenti supplementari in ordine alla sua identità o nazionalità ovvero di acquisire i documenti per il viaggio o la disponibilità di un mezzo di trasporto idoneo, in tal modo viene assicurata allo straniero in attesa di espulsione la necessaria assistenza ed il pieno rispetto della propria dignità; questo atto di trattenimento coattivo può essere adottato anche quando il questore è in attesa del nulla osta da parte dell'autorità giudiziaria.

Occorre segnalare che il D.Lgs. n. 286/1998 con l'art. 14, comma 1.1 prevede il trattenimento dello straniero con priorità e quando non è possibile eseguire con immediatezza l'espulsione o il respingimento alla frontiera per coloro che siano considerati una minaccia per l'ordine e la sicurezza pubblica, o per coloro che siano stati condannati, anche con sentenza non passata in giudicato, per i reati di cui all'art. 4, comma 3, terzo periodo, e all'art. 5, comma 5-*bis* e per coloro che siano cittadini di Paesi terzi con i quali vigono accordi in materia di rimpatrio.

Il decreto di trattenimento dello straniero presso il centro di permanenza per i rimpatri è un provvedimento scritto e motivato e tradotto nella lingua conoscibile dell'interessato, contiene altresì l'informazione che può essere assistito da un patrocinatore di fiducia e che in mancanza verrà assistito da un difensore di ufficio e potrà essere ammesso al gratuito patrocinio a spese dello Stato, ma la mancata comunicazione di tali avvisi comportano la non convalida del trattenimento in violazione dell'art. 3, commi 3 e 4 e dell'art. 20, commi 1 e 2 del Reg. att. D.P.R. n. 394/1999.

In tale contesto il legislatore ha predisposto alcune garanzie in favore dello straniero trattenuto ed in attesa della successiva espulsione: con l'art. 10-*ter*, comma 3 viene tempestivamente informato dei diritti e delle facoltà di cui al procedimento di convalida del decreto di trattenimento in una lingua da lui conosciuta, ovvero, ove non sia possibile, in lingua francese, inglese o spagnola, mentre con l'art. 14, comma 2-*bis*, T.U. Immigrazione, lo straniero trattenuto può rivolgere istanze o reclami orali o scritti, anche in busta chiusa, al Garante nazionale e ai garanti regionali o locali dei diritti delle persone private della libertà personale.

Il Questore del luogo in cui si trova il centro trasmette copia degli atti al giudice di pace territorialmente competente, per la convalida, senza ritardo e comunque entro le quarantotto ore dall'adozione del provvedimento, come dispone l'art. 14, comma 3, T.U. Immigrazione.

La competenza territoriale relativa alla convalida di tale detenzione amministrativa è attribuita al giudice di pace del luogo ove si trova il centro di permanenza per i rimpatri.

L'udienza per la convalida si svolge in camera di consiglio con la partecipazione necessaria di un difensore tempestivamente avvertito, con la presenza e l'audizione dell'interessato, se comparso e dell'intervento dell'interprete, se necessario.

Il giudice provvede alla convalida entro le quarantotto ore successive, ma l'inosservanza di tale termine procedurale comporta l'inefficacia del provvedimento coattivo.

Bisogna evidenziare che in sede di convalida del trattenimento il giudicante, oltre alla verifica relativa all'avvenuta osservanza dei termini, dovrà valutare in maniera rigorosa la sussistenza dei requisiti posti a base del provvedimento, escluso il requisito della vicinanza del centro, trattandosi di procedimenti privativi della libertà personale.

La convalida secondo l'art. 14, comma 4, T.U. può essere disposta anche in occasione della convalida del decreto di accompagnamento alla frontiera, nonché in sede di esame del ricorso avverso il provvedimento di espulsione.

È opportuno evidenziare che l'art. 14, comma 5, del D.Lgs n. 286/1998, modificato dal D.L. 19 settembre 2023, n. 124, convertito dalla L. 13 novembre 2023, n. 162 prescrive che: «La convalida comporta la permanenza nel centro per un periodo di complessivi tre mesi. Qualora l'accertamento dell'identità e della nazionalità ovvero l'acquisizione di documenti per il viaggio presenti gravi difficoltà, il giudice, su richiesta del questore, può prorogare il termine di ulteriori tre mesi. Anche prima di tale termine, il questore esegue l'espulsione o il respingimento, dandone comunicazione senza ritardo al giudice. Il termine complessivo di sei mesi può essere prorogato dal giudice, su richiesta del questore, per ulteriori periodi di tre mesi e per una durata complessiva non superiore ad altri dodici mesi, nei casi in cui, nonostante sia stato compiuto ogni ragionevole sforzo, l'operazione di allontanamento sia durata più a lungo a causa della mancata cooperazione da parte dello straniero o dei ritardi nell'ottenimento della necessaria documentazione dai Paesi terzi. Lo straniero che sia già stato trattenuto presso le strutture carcerarie per un periodo pari a quello di sei mesi può essere trattenuto presso il centro alle condizioni e per la durata indicati nel periodo precedente. Nei confronti dello straniero a qualsiasi titolo detenuto, la direzione della struttura penitenziaria richiede al questore del luogo le informazioni sull'identità e sulla nazionalità dello stesso. Nei medesimi casi il questore avvia la procedura di identificazione interessando le competenti autorità diplomatiche. Ai soli fini dell'identificazione, l'autorità giudiziaria, su richiesta del questore, dispone la traduzione del detenuto presso il più vicino posto di polizia per il tempo strettamente necessario al compimento di tali operazioni. A tal fine il Ministro dell'interno e il Ministro della giustizia adottano i necessari strumenti di coordinamento».

La richiesta di proroga avanzata dal questore ed il successivo decreto concesso dal giudice, emesso senza contraddittorio, devono essere congruamente motivati, in quanto i decreti di convalida e di proroga, trattandosi di provvedimenti di rilevante limitazione della libertà personale, sono soggetti a ricorso per cassazione come garanzia d'impugnazione prevista dall'art. 111, comma 7, Cost.

Il ricorso per cassazione avverso il decreto di convalida del trattenimento presso un centro di permanenza per i rimpatri non può essere proposto nei confronti del Questore, privo a differenza del Prefetto di alcuna legittimazione processuale, ma nei confronti del Ministero dell'interno con notifica all'avvocatura generale dello Stato e tale avvenuta impugnazione non sospende l'esecuzione della misura.

Scaduto il termine massimo previsto dalla legge, la misura non può essere oggetto di ulteriore reiterazione da parte dell'autorità amministrativa.

Nei casi in cui non sia stato possibile trattenere lo straniero in un centro di permanenza per i rimpatri, oppure la permanenza presso tale struttura non ha consentito l'allontanamento dal territorio nazionale o da circostanze concrete, non emerge più alcuna prospettiva ragionevole perché l'allontanamento possa essere eseguito, o lo straniero possa essere riaccolto dallo Stato di provenienza, il Questore con provvedimento scritto ordina allo stesso di lasciare il territorio nazionale entro il termine di sette giorni, recante l'indicazione delle conseguenze penali in caso di avvenuta trasgressione e la conseguente applicazione di quanto dispone l'art. 14, commi 5-*ter*, 5-*quater* e 5-*quinquies*, tanto è vero che la mancata ottemperanza di tale ordine questorile da parte dello straniero senza giustificato motivo, configura un reato permanente e impone la celebrazione del rito direttissimo per l'accertamento della responsabilità penale, nonché con l'allegazione di documenti necessari per raggiungere gli uffici della rappresentanza diplomatica del suo Paese in Italia.

Inoltre è opportuno evidenziare che il predetto ordine di allontanamento entro sette giorni, emanato dal Questore in pregiudizio dello straniero ai sensi dell'art. 14, comma 5-*bis*, T.U., non può essere assoggettato al controllo del giudice dell'opposizione all'espulsione, in quanto ha funzione meramente esecutiva rispetto alla stessa misura espulsiva e non rientra nei mezzi di tutela giurisdizionale previsti dal Testo unico in modo tassativo; ma secondo la Cassazione (Sez. Un. pen., sent. 16 gennaio 2008, n. 2451) «L'obbligo di motivazione dell'ordine di lasciare il territorio dello Stato impartito dal questore allo straniero destinatario di provvedimento di espulsione, la cui ingiustificata inosservanza integra il reato previsto dall'art. 14, c. 5-*ter*, d.lgs. 25 luglio 1998, n. 286, non può considerarsi assolto con la mera ripetizione, nel testo del provvedimento, della formula legislativa, ma può essere soddisfatto anche in modo sintetico, purché nel provvedimento stesso, si dia conto degli elementi di fatto, che giustificano la riconducibilità della vicenda concreta alla fattispecie astratta delineata dalla norma».

Nel caso in cui l'autorità giudiziaria o l'autorità di pubblica sicurezza adotta nei confronti di uno straniero provvedimenti in materia di libertà personale, di allontanamento dal territorio dello Stato, di tutela dei minori, di *status* personale, ha l'obbligo di informare ai sensi dell'art. 2, comma 7, T.U. e dell'art. 4 Reg. att. la rappresentanza diplomatica o consolare più vicina del Paese a cui appartiene lo straniero.

Tale informazione non è effettuata quando si tratta di stranieri richiedenti asilo, di stranieri aventi lo *status* di rifugiato, di stranieri tutelati da misure di protezione temporanea per motivi umanitari e né sussiste tale obbligo di informazione quando lo straniero rinuncia ad avvalersi di tale protezione diplomatica e consolare ovvero quando dalla stessa possa derivare il pericolo di atti persecutori per ragioni di razza, lingua, sesso, religioni, opinioni politiche, origine nazionale, condizioni personali o sociali; ma l'eventuale violazione del predetto obbligo da parte dell'autorità di pubblica sicurezza non incide sulla validità e sull'efficacia del provvedimento di espulsione, in quanto non attiene al suo momento perfezionativo, bensì a profili logici e temporali del tutto successivi (v. Cass., Sez. I, sent. n. 15390/2003), di mera informazione dello Stato di provenienza dello straniero espulso circa il provvedimento già adottato.

8. *Le espulsioni dell'autorità giudiziaria*

L'art. 15 T.U. (D.Lgs. n. 286/1998) stabilisce che il giudice può disporre a titolo di misura di sicurezza l'espulsione dello straniero, dopo l'avvenuto accertamento in concreto della pericolosità sociale e dopo l'avvenuta condanna per i delitti di cui agli artt. 380 e 381 c.p.

Invece l'art. 16 T.U. dispone che il giudice può sostituire la pena detentiva, entro il limite di due anni, con la sanzione sostitutiva dell'espulsione, a seguito di sentenza di condanna per reato non colposo o di sentenza di applicazione della pena su richiesta *ex* art. 444 c.p.p., quando sussistono le condizioni legittimanti l'espulsione amministrativa e quando non ricorrono le condizioni per ordinare la sospensione condizionale della pena.

Tale misura è eseguita dal Questore, anche se la sentenza non è irrevocabile.

Il comma 5 del predetto art. 16 T.U. prevede altresì l'espulsione a titolo di sanzione alternativa alla detenzione, disposta con decreto motivato dal magistrato di sorveglianza nei confronti dello straniero detenuto ed identificato, che è già soggetto a misura espulsiva ai sensi dell'art. 13, comma 2, T.U. e che deve scontare una pena detentiva, anche residua, non superiore a due anni.

Avverso il decreto è ammessa opposizione al tribunale di sorveglianza entro il termine di dieci giorni.

Infine il comma 9 dell'art. 16 T.U. aggiunge che l'espulsione a titolo di sanzione sostitutiva o alternativa alla detenzione non si applica ai casi di divieto previsti dall'art. 19 T.U.; ma «quando non è possibile effettuare il rimpatrio dello straniero per cause di forza maggiore, l'autorità giudiziaria dispone il ripristino dello stato di detenzione per il tempo strettamente necessario all'esecuzione del provvedimento di espulsione», disposizione aggiunta dal D.L. n. 13/2017 convertito nella L. n. 46/2017.

È altresì previsto il diritto di difesa per gli stranieri sottoposti a procedimento penale o parte offesa, che possono essere autorizzati a rientrare nel territorio della Repubblica italiana per il tempo strettamente necessario e ciò al fine di partecipare al giudizio o al compimento di atti per i quali è necessaria la loro presenza.

Nell'ambito delle misure di contrasto dell'immigrazione illegale viene attribuita una particolare competenza al prefetto che, qualora non ricorrono le condizioni per l'accompagnamento immediato alla frontiera dello straniero destinatario di un provvedimento di espulsione, può intimare allo stesso, dietro sua richiesta, di lasciare volontariamente il territorio nazionale entro un termine compreso fra sette e trenta giorni (art. 13, comma 5 del T.U immigrazione).

Ulteriori disposizioni (art. 10-*ter* del T.U. modificato dal D.L. n. 13/2017 convertito nella L. n. 46/2017) sono intervenute per la relativa identificazione dei cittadini stranieri rintracciati in posizione di irregolarità sul territorio nazionale o soccorsi nel corso di operazioni di salvataggio in mare; in tal caso nei confronti dei predetti soggetti condotti presso appositi punti di crisi, saranno effettuate operazioni di rilevamento fotodattiloscopico e segnaletico, ciò nel rispetto del Reg. UE n. 603/2013.

In questi casi lo straniero è tenuto a cooperare per l'accertamento della propria identità e produrre gli elementi in suo possesso relativi all'identità, all'età e alla cittadinanza, nonché ai Paesi in cui ha soggiornato e transitato e quando è necessario deve consentire l'accesso i propri dispositivi, supporti elettronici o digitali in suo possesso; a causa dell'inosservanza dell'obbligo di cooperazione, il questore può far disporre l'accesso immediato ai dati identificativi dei dispositivi elettronici e delle eventuali schede elettroniche o digitali in possesso dello straniero (art. 10-*ter*, commi 2-*bis* e 2-*ter*, del D.Lgs n. 286/1998, modificato dal D.L. 11 ottobre 2024, n. 145, convertito dalla L. 9 dicembre 2024, n. 187).

L'art. 9 del D.L. 10 marzo 2023, n. 20, convertito con L. 5 maggio 2023, n. 50, ha eliminato l'obbligo di sottoporre a convalida l'esecuzione del decreto di espulsione disposta dal giudice a titolo misura di sicurezza, di sanzione sostitutiva o come alternativa alla sanzione penale, in virtù dell'esecuzione dei decreti di espulsione disposti in precedenza da altra autorità giudiziaria, ciò ai sensi degli artt. 15 e 16 del T.U. Immigrazione n. 286/1998.

9. *Il rilascio del titolo di soggiorno*

Lo straniero alla scadenza del termine stabilito dal permesso di soggiorno e al fine di poter continuare a trattenersi regolarmente nel territorio della Repubblica italiana è tenuto a chiederne il rinnovo al questore della provincia in cui dimora almeno sessanta giorni prima della scadenza.

L'accoglimento della richiesta di rinnovo è sottoposto alla verifica delle condizioni previste per il rilascio e delle diverse condizioni stabilite dal presente Testo Unico.

Il richiedente deve personalmente depositare l'istanza di rinnovo, tanto è vero che è tenuto a sottoporsi a rilievi fotodattiloscopici (art. 5, comma 4-*bis*, T.U.) e l'addetto alla ricezione della relativa istanza è tenuto ad accertarne l'identità (art. 13, comma 3, Reg. att.).

Il permesso di soggiorno è rilasciato, rinnovato, o convertito entro sessanta giorni dalla data in cui è stata presentata la domanda.

È opportuno precisare che il permesso di soggiorno rilasciato per motivi di lavoro autonomo o subordinato e per motivi familiari può essere utilizzato anche per altre attività consentite allo straniero (art. 6, comma 1 T.U. e art. 14, Reg. att.).

La sopravvenuta approvazione dell'art. 7 del D.L. 10 marzo 2023, n. 20, convertito con L. 5 maggio 2023, n. 50 (c.d. Decreto Cutro) con l'art. 6, comma 1-*bis* T.U. Immigrazione consente la conversione in permesso di soggiorno per motivi di lavoro, ricorrendone i requisiti, i seguenti permessi di soggiorno per: residenza elettiva; acquisto della cittadinanza o dello stato di apolide; attività sportiva; attività artistica; motivi religiosi; assistenza minori; motivi di studio.

Difatti la mancanza dei requisiti richiesti per permanere nel territorio nazionale, comporta il rifiuto del rinnovo del permesso di soggiorno oppure la revoca se già rilasciato; a meno che non siano sopraggiunti nuovi elementi che ne consentano il rilascio e che non si tratti di irregolarità amministrative sanabili.

Tale ultima disposizione richiamata dall'art. 5, comma 5, T.U. costituisce un elemento di *favor* nei confronti dello straniero e rappresenta allo stato una particolare clausola di salvaguardia utile ad evitare il diniego del titolo di soggiorno.

Difatti l'Autorità amministrativa deve valutare la sufficienza del reddito del richiedente e in caso di mancato svolgimento dell'attività lavorativa la sufficienza del reddito complessivo del nucleo familiare, nonché l'assenza di minaccia per l'ordine pubblico e per la sicurezza dello Stato.

Il Consiglio di Stato con sentenza 20 aprile 2006, n. 2195, a seguito di istanza di sollecito *ex* art. 2 della L. n. 241/1990, ha escluso la natura perentoria del termine procedimentale in assenza di espressa disposizione legislativa, ritenendo invece tale termine a carattere ordinatorio e precisando che «non sono invero ravvisabili particolari ragioni di rilievo pubblico perché tale principio non si applichi anche al caso del permesso di soggiorno e del suo rinnovo, rispetto al quale, anzi, la delicatezza delle esigenze considerate dall'ordinamento, quali la tutela dell'ordine pubblico economico e della stessa pubblica sicurezza, militano in senso opposto alla pretesa perentorietà».

Altresì la giurisprudenza ha precisato che il procedimento amministrativo di revoca del titolo di soggiorno deve essere preceduto dalla comunicazione di avvio, che a seguito delle modifiche introdotte dall'art. 5 della L. 11 febbraio 2005, n. 15 nell'art. 8, comma 2, lett. c-*ter*) della L. n. 241/1990, è prevista anche per i procedimenti amministrativi ad iniziativa di parte, in quanto svolge la funzione di consentire al richiedente la partecipazione al procedimento con la facoltà di accesso agli atti e con il deposito di ulteriore documentazione; ciò in sintonia con l'art. 5, comma 5, T.U. che prevede il sopraggiungere di nuovi elementi per consentirne il rilascio.

Nelle more della definizione del procedimento di rinnovo del permesso di soggiorno il Ministero dell'interno con direttiva del 5 agosto 2006 (Prot. 11050/M8), «considerato che i diritti di soggiorno goduti dal cittadino straniero regolarmente soggiornante, a norma dell'art. 2 del Testo unico, ricomprendono tutte le situazioni di diritto riconosciute tra cui, il diritto allo studio, l'assistenza sanitaria, lo svolgimento di regolare attività lavorativa, l'acquisto di immobili, l'accesso a finanziamenti, la tutela giurisdizionale nonché le facoltà previste dallo stesso T.U.; considerato che le citate norme in materia di immigrazione postulano la continuità del soggiorno regolare, consentendo al cittadino straniero, che ha chiesto il rinnovo del permesso di soggiorno e che attende la definizione del relativo procedimento, di continuare a permanere sul territorio nazionale con pienezza dei connessi diritti, o delle altre posizioni soggettive giuridicamente rilevanti, senza soluzione di continuità, essendo sufficiente la documentazione rilasciata dall'ufficio, attestante l'avvenuta richiesta di rinnovo; considerato che il principio di continuità risulta altresì avvalorato *ex adverso* dall'art. 13, comma 2, lettera b) del medesimo Testo unico, che, pur in caso di discontinuità fra scadenza del permesso di soggiorno e richiesta di nuovo permesso, garantisce una speciale causa di inespellibilità anche per gli stranieri il cui permesso di soggiorno sia scaduto da non più di sessanta giorni ed il rinnovo non sia stato richiesto, considerato che l'oggettiva maggiore complessità delle procedure di rinnovo del permesso di soggiorno, determinata dalla legge n. 189 del 2002 e dagli altri interventi normativi di settore, ha comportato di fatto, l'impossibilità per gli uffici, di rispettare il termine di 20 giorni per la conclusione del procedimento di rinnovo; considerato che nessuna esclusione è espressamente prevista nell'ambito del diritto interno nei confronti dello straniero che, avendo titolo al rinnovo del permesso di soggiorno e fattane regolare richiesta, ne sia privo per un concorso di cause a lui non imputabili; ritenuta la necessità di garantire allo straniero, che abbia in corso un procedimento di rinnovo del permesso di soggiorno, la pienezza della propria posizione soggettiva, anche oltre il termine di scadenza indicato nel permesso di soggiorno stesso; emana la seguente direttiva in materia di diritti dello straniero nelle more del rinnovo del permesso di soggiorno:

1) il mancato rispetto del termine di venti giorni per la conclusione del procedimento di rinnovo del permesso di soggiorno non incide sulla piena legittimità del soggiorno stesso e sul godimento dei diritti ad esso connessi, qualora: la domanda di rinnovo sia stata presentata prima della scadenza del permesso di soggiorno o entro sessanta giorni dalla scadenza dello stesso; sia stata verificata la completezza della documentazione prescritta a corredo della richiesta di rinnovo; sia stata rilasciata dall'ufficio la ricevuta attestante l'avvenuta presentazione della richiesta di rinnovo.

Gli effetti dei diritti esercitati, nelle more del rinnovo del permesso di soggiorno, cessano solo in caso di mancato rinnovo, revoca o annullamento del permesso in questione.

2) Lo straniero in possesso del permesso di soggiorno, ancorché scaduto, e della ricevuta di presentazione dell'istanza di rinnovo, ha la facoltà di lasciare il territorio dello Stato e di farvi regolare rientro, alle condizioni più volte reiterate con le circolari del Dipartimento della pubblica sicurezza. Permangono, invece, le limitazioni e le condizioni alla circolazione nell'ambito dell'area Schengen, regolate dalla disciplina internazionale»).

Bisogna infine precisare che, ai sensi dell'art. 22, comma 11, T.U. Immigrazione, l'avvenuta perdita del posto di lavoro, anche per dimissioni, non costituisce motivo di revoca del premesso di soggiorno in danno del lavoratore extracomunitario e dei suoi familiari legalmente soggiornanti.

In questo caso il lavoratore può essere iscritto nelle liste di collocamento per il periodo di residua validità del permesso di soggiorno, e comunque, salvo che si tratti di permesso di soggiorno per lavoro stagionale, per un periodo non inferiore ad un anno ovvero per tutto il periodo di durata della prestazione di sostegno al reddito percepita dal lavoratore straniero, qualora superiore.

Al termine del predetto periodo e per evitare di lasciare il territorio nazionale, lo straniero allo stato dovrebbe instaurare un nuovo rapporto di lavoro subordinato o iniziare un'attività lavorativa autonoma.

È opportuno aggiungere però che il permesso di soggiorno non può essere rinnovato o prorogato quando risulta che lo straniero ha interrotto il soggiorno in Italia per un periodo continuativo di oltre sei mesi, o, per i permessi di soggiorno di durata almeno biennale, per un periodo continuativo superiore alla metà del periodo di validità del permesso di soggiorno, a meno che detta interruzione sia dipesa dalla necessità di adempiere agli obblighi militari o da altri gravi e comprovati motivi (art. 13, comma 4, Reg. att.).

Particolari casi di revoca immediata del permesso di soggiorno si applicano ai lavoratori stagionali per violazione della disposizione del T.U. (art. 5, comma 3-*ter*); nonché il titolo di soggiorno è immediatamente revocato qualora sia accertato che al matrimonio non è seguita l'effettiva convivenza, salvo che dal matrimonio sia nata prole, ciò nei casi relativi a stranieri che sono entrati in territorio nazionale con visto d'ingresso per ricongiungimento familiare; anche in quest'ultimo caso la richiesta di rilascio o di rinnovo del permesso di soggiorno è rigettata ed il permesso di soggiorno è revocato, quando è stato accertato che il matrimonio o l'adozione hanno avuto luogo per finalità esclusiva di permettere all'interessato di soggiornare nel territorio della Repubblica italiana (art. 30, comma 1-*bis* T.U.).

Bisogna evidenziare che tale ultima ipotesi è una disposizione sanzionatoria a carattere preventivo e repressivo, inserita nel Testo Unico immigrazione e prevede lo scopo di evitare la celebrazione di matrimoni simulati e strumentali per eludere le norme sull'ingresso e sul soggiorno dello straniero.

Inoltre è opportuno far rilevare che, in fase di istruttoria relativa al rinnovo del permesso di soggiorno, la pubblica amministrazione prima di emettere un procedimento di diniego nei confronti del richiedente deve valutare anche ulteriori requisiti per poter rilasciare un titolo di soggiorno diverso da quello richiesto in quanto il rifiuto o la revoca del permesso di soggiorno possono essere adottati in base a convenzioni o accordi internazionali, resi esecutivi in Italia nel caso in cui lo straniero non soddisfa le condizioni di soggiorno applicabili in uno degli Stati contraenti, fatto salvo il rispetto degli obblighi costituzionali o internazionali dello Stato italiano (art. 5, comma 6, T.U.).

Tale ultima norma è rispettosa dell'art. 10 Cost. it. e dell'art. 2 del Testo Unico che allo straniero presente sul territorio nazionale riconosce i diritti fondamentali della persona umana garantiti dalle norme di diritto internazionale, dalle convenzioni internazionali in vigore e dai principi di diritto internazionale generalmente riconosciuti.

L'art. 5, comma 4, T.U. aggiunge inoltre che, fatti salvi i diversi termini previsti dal presente testo unico e dal regolamento di attuazione, il permesso di soggiorno è rinnovato per una durata non superiore a quella stabilita con il rilascio iniziale.

La L. 15 luglio 2009, n. 94 ("Disposizioni in materia di sicurezza pubblica, art. 5, comma 2-*ter*, T.U. art. 4-*bis* T.U.") aveva stabilito che lo straniero per ottenere il rilascio o il rinnovo del permesso di soggiorno era tenuto al versamento di un contributo, tra un minimo di 80 ad un massimo di 200 euro, ma il Consiglio di Stato, Sez. III, con sentenza n. 4487/2016 del 26 ottobre 2016 confermava la precedente sentenza del TAR Lazio, Sez. II/*quater*, sentenza n. 6095/2016 del 24 maggio 2015, che, nel prendere atto della pronuncia emessa dalla Corte di giustizia dell'Unione Europea con sentenza del 2 settembre 2015, causa C-309/14, riteneva sproporzionato il predetto contributo rispetto alla finalità perseguita dalla direttiva 2003/109/CE del Consiglio del 25 novembre 2003, l'autorità giudiziaria amministrativa procedeva alla disapplicazione della normativa nazionale (artt. 5, comma 2-*ter* e 14-*bis*, comma 2, T.U., nonché D.M. 6 ottobre 2011) per contrasto con la normativa di fonte comunitaria e affermava l'illegittimità del contributo, perché ritenuto di importo sproporzionato e notevolmente superiore rispetto a quello versato dai cittadini italiani per prestazioni di analoga natura, tanto da creare un ostacolo all'esercizio dei diritti degli stranieri.

Per tali ragioni è intervenuto il 5 maggio 2017 il Decreto Ministero dell'Economia e delle Finanze che ha stabilito gli attuali importi tra un minimo di 40 euro ad un massimo di 100 euro.

È altresì opportuno evidenziare che la perdita integrale dei crediti contenuti nell'Accordo di integrazione, conseguiti nel periodo di validità del titolo di soggiorno e finalizzati alla condivisione di specifici obiettivi di integrazione, comporta la revoca del permesso di soggiorno e l'immediata espulsione amministrativa dello straniero ad eccezione dello straniero titolare di permesso di soggiorno per asilo, per richiesta di asilo, per protezione sussidiaria, per i motivi di cui all'art. 32, comma 3 del D.Lgs. 28 gennaio 2008, n. 25, per motivi familiari, di permesso di soggiorno CE per soggiornanti di lungo periodo, di carta di soggiorno per familiare straniero di cittadino dell'Unione Europea, infine di straniero titolare di altro permesso di soggiorno che ha esercitato il diritto al ricongiungimento familiare (art. 4-*bis*, comma 2, T.U. Immigrazione).

La predetta normativa ha introdotto nel Testo Unico immigrazione il reato di ingresso e soggiorno illegale nel territorio dello Stato (art. 10-*bis*), tale nuova disposizione incriminatrice viene qualificata come contravvenzione e prevede l'ammenda da euro 5.000 a euro 10.000, ma non è applicabile allo straniero respinto al valico di frontiera; la condotta è costituita dal "fare ingresso" o dal "trattenersi" nel territorio dello Stato violando le disposizioni del T.U. e della L. n. 68/2007 (disciplina dei soggiorni di breve durata degli stranieri per visite, affari, turismo e studio), come entrare senza passaporto o senza transitare per i valichi di frontiera oppure restare sul territorio nazionale senza titolo di soggiorno regolare ed in condizioni di clandestinità e di permanenza illegale.

La legge assegna al giudice di pace la competenza a giudicare il reato in oggetto per motivi di celerità processuale, tanto è vero che sono stati modificati alcuni articoli del D.Lgs. n. 274/2000, che disciplina allo stato i procedimenti penali davanti a tale magistrato onorario, ed inoltre è stato introdotto un nuovo modello processuale in due versioni: ordinario e abbreviato, caratterizzato da sinteticità ed immediatezza.

Al citato art. 10-*bis* non si può applicare l'oblazione come prevista dall'art. 162 c.p., ma il giudice di pace può pronunciare sentenza di non luogo a procedere in caso di avvenuta esecuzione dell'espulsione amministrativa o una volta acquisita la comunicazione del riconoscimento della protezione internazionale, nonché può emettere sentenza di condanna sostituendo la pena dell'ammenda con l'espulsione, infine bisogna evidenziare che l'avvenuta presentazione di una domanda di protezione internazionale sospende il procedimento penale.

La validità del titolo di soggiorno è condizione necessaria per consentire allo straniero di poter contrarre matrimonio in Italia, in quanto la L. n. 94/2009, con l'art. 1, comma 15, ha stabilito che l'immigrato per convolare a giuste nozze debba esibire oltre al nulla osta dell'autorità competente del proprio Paese di origine, anche un documento attestante la regolarità del soggiorno nel territorio italiano, ciò nel rispetto del modificato art. 116, comma 1, c.c. e finalizzato ad evitare matrimoni simulati o di convenienza tra cittadini italiani e stranieri.

Di contro non necessita il rilascio del permesso di soggiorno qualora l'ingresso in Italia, da parte dello straniero, sia avvenuto per visite, affari, turismo e studio e la relativa durata non sia superiore a tre mesi.

All'atto dell'ingresso o in caso di provenienza da Paesi dell'area Schengen, lo stesso straniero entro otto giorni dall'avvenuto ingresso è tenuto a dichiarare la propria presenza all'autorità di frontiera o al questore della provincia in cui si trova; l'inosservanza di tali obblighi, salvo che il ritardo sia dipeso da forza maggiore, comporta l'espulsione dal territorio della Repubblica italiana, così come si sia trattenuto nel territorio dello Stato oltre i tre mesi.

Con il D.L. n. 144/2005 convertito con L. n. 155/2005 il legislatore ha introdotto una particolare categoria di permessi di soggiorno a fini investigativi quando nel corso di operazioni di polizia, di indagini o di un procedimento relativi a delitti commessi per finalità di terrorismo, anche internazionale o di eversione dell'ordine democratico, sussiste l'esigenza di garantire la permanenza dello straniero nel territorio dello Stato nel caso in cui abbia offerto all'autorità giudiziaria o agli organi di polizia una collaborazione avente le caratteristiche di cui al comma 3 del D.L. n. 8/1991, convertito con modifiche dalla L. n. 82/1991.

Allo straniero in possesso da almeno cinque anni di un permesso di soggiorno valido, può essere rilasciato a tempo indeterminato un permesso di soggiorno CE per soggiornanti di lungo periodo entro novanta giorni dalla richiesta, purché dimostri la disponibilità di un reddito non inferiore all'importo annuo dell'assegno sociale e, nel caso di richiesta relativa ai familiari, di un reddito sufficiente secondo i parametri indicati nell'art. 29, comma 3, lett. b), T.U. e di un alloggio idoneo secondo i parametri minimi previsti dalla legge regionale per gli alloggi di edilizia residenziale pubblica ovvero che sia fornito dei requisiti d'idoneità igienico-sanitaria accertati dall'ASL competente territorialmente.

Il permesso di soggiorno costituisce documento di riconoscimento e titolo per l'iscrizione anagrafica sia per gli stranieri regolarmente soggiornanti (art. 6, comma 7, T.U.), nonché per i richiedenti protezione internazionale come riconosciuto prima con una sentenza della Corte costituzionale 9 luglio 2020, n. 186 che aveva dichiarato l'incostituzionalità dell'art. 13 del D.L. n. 113/2018, convertito con modificazioni dalla L. n. 132/2018 nella parte relativa al divieto di iscrizione anagrafica per i richiedenti asilo e precisava che «Escludendo dalla registrazione anagrafica persone che invece risiedono sul territorio comunale, la norma censurata accresce, anziché ridurre, i problemi connessi al monitoraggio degli stranieri che soggiornano regolarmente nel territorio statale anche per lungo tempo, in attesa della decisione sulla loro richiesta di asilo, finendo per questo verso col rendere problematica, anziché semplificare, la loro stessa individuazione a tutti i fini, compresi quelli che attengono alle vicende connesse alla procedura di asilo»; in tale senso l'intervenuto Decreto Lamorgese ha previsto l'iscrizione anagrafica dei richiedenti protezione internazionale ed il relativo rilascio di una carta di identità valida per la durata di tre anni e limitata al territorio nazionale.

L'entrata in vigore del D.L. n. 130/2020, convertito dalla L. n. 173/2020, ha ridefinito il permesso di soggiorno per protezione speciale (art. 32, comma 3, D.Lgs. n. 25/2008), nei casi di non accoglimento della domanda di protezione internazionale ed in presenza dei presupposti di cui all'art. 19, comma 1 e 1.1 del T.U. Immigrazione: rischio di persecuzione, tortura, trattamenti inumani o degradanti, o in presenza di obblighi costituzionali o internazionali dello Stato italiano.

Tale permesso di soggiorno è valido per la durata di anni due ai sensi dell'art. 32, comma 3 del D.Lgs. 28 gennaio 2008, n. 25.

Inoltre il legislatore nel sostituire le parole «contingente» ed «eccezionale» con la parola «grave» ha ampliato la possibilità della concessione del titolo di soggiorno per calamità in favore dei c.d. migranti ambientali, individui costretti ad emigrare a causa di gravi situazioni originate dai cambiamenti climatici (art. 20-*bis* del T.U.).

Nel contempo la normativa in materia di immigrazione, oltre a prevedere il rilascio dei permessi di soggiorno per lavoro subordinato, autonomo, motivi familiari, protezione internazionale, motivi di studio, motivi religiosi, attività sportiva, attività artistica, assistenza minori, acquisizione cittadinanza, residenza elettiva, contempla inoltre il rilascio di ulteriori permessi di soggiorno (c.d. casi speciali): 1) per protezione sociale (art. 18 del T.U.), in presenza di accertate situazioni di violenza, grave sfruttamento e pericolo per lo straniero, in conseguenza di reati associativi connessi allo sfruttamento della prostituzione; 2) per vittime di violenza domestica (art. 18-*bis* del T.U.); 3) per particolare sfruttamento lavorativo (art. 22, comma 12-*quater*, T.U.); 4) per motivi di particolare valore civile (art. 42-*bis* del T.U.), a condizione che il beneficiario non sia pericoloso per l'ordine pubblico; 5) per cure mediche (art. 19, comma 2, lett. d-*bis*), in favore di stranieri che versano in condizioni di salute derivanti da patologie di particolare gravità, non adeguatamente curabili nel Paese di origine; la presente norma si differenzia dall'art. 36 del T.U. Immigrazione, che invece si riferisce allo straniero non dimorante nel territorio italiano ma che intende ricevere cure mediche presso una struttura sanitaria nazionale; 6) per calamità nel caso in cui il Paese verso il quale lo straniero dovrebbe fare ritorno si trovi in una situazione non di grave, ma invece di contingente ed eccezionale, tanto da non consentirne il rientro in condizioni di sicurezza (art. 20-*bis* T.U.); 7) per gli stranieri vittime di intermediazione illecita e sfruttamento del lavoro (art. 18-*ter* T.U.).

10. *L'impugnazione avverso il diniego del permesso di soggiorno*

Avverso il mancato rilascio del permesso di soggiorno per diniego, revoca o annullamento è ammesso ricorso al tribunale amministrativo regionale competente, entro il termine di sessanta giorni dalla notifica di tale provvedimento (v. art. 6, comma 10, T.U.).

In tal caso il legislatore con il Testo Unico n. 286/1998 ha istituito, rispetto alla precedente normativa di cui alla L. n. 39/1990 che privilegiava la giurisdizione amministrativa esclusiva, un sistema di doppia giurisdizione ripartito tra il giudice ordinario cui spetta il sindacato sui provvedimenti in materia di espulsione dello straniero (salvo quelli a carattere politico disposti dal Ministro dell'interno ai sensi dell'art. 13, commi 1 e 11, T.U.) ed il giudice amministrativo cui spetta il controllo sui provvedimenti relativi al rilascio, al rinnovo e alla revoca del permesso di soggiorno, nonché alle istanze di regolarizzazione.

Difatti la Corte costituzionale (ord. 3-18 dicembre 2001, n. 414) ha precisato che «rientra nella discrezionalità del legislatore, ripartire, a seconda della tipologia e del contenuto dell'atto, la giurisdizione tra il giudice amministrativo ed il giudice ordinario, conferendo anche un eventuale potere di annullamento con gli effetti previsti dalla legge; che il provvedimento prefettizio di espulsione di un cittadino extracomunitario dal territorio nazionale è ben diverso dagli altri provvedimenti in ordine al permesso di soggiorno (art. 5 del D.Lgs. n. 286 del 1998), attribuiti alla giurisdizione del giudice amministrativo (art. 6, c. 10 del D.Lgs. n. 286 del 1998), dal punto di vista dei poteri e della discrezionalità esercitata, dei presupposti oggettivi e soggettivi, della sfera dei diritti soggettivi coinvolti e delle esigenze di garanzie (art. 18 c. 2)».

Anche la Corte di Cassazione ha ritenuto che il giudizio relativo l'espulsione dello straniero riguarda diritti soggettivi, che incidono sulla libertà personale e sulla libertà di circolazione, e concerne altresì attività vincolate della P.A., esercitabile in casi determinati dalla legge; mentre il giudizio relativo al rilascio del titolo di soggiorno riguarda interessi legittimi ed esprime attività discrezionale della P.A.

In conseguenza di ciò i due predetti giudizi si pongono su piani giuridici diversi.

In materia di impugnazione del mancato rinnovo del permesso di soggiorno il Ministero dell'interno con circolare 29 marzo 2000, n. 300 ha escluso l'esperibilità del ricorso straordinario al Presidente della Repubblica, quale mezzo di gravame alternativo al ricorso proposto dinanzi al tribunale amministrativo, in quanto tale provvedimento non è da considerarsi atto amministrativo definitivo.

Il presupposto per attivare il rimedio giurisdizionale avverso l'intervenuta revoca del permesso di soggiorno, è costituito dalla comunicazione allo straniero interessato di un provvedimento scritto e motivato, mediante consegna a mani proprie o notificazione, contenente altresì l'indicazione delle eventuali modalità di impugnazione, con rispetto delle modalità necessarie per assicurare la riservatezza del contenuto di tale atto; inoltre nel caso di mancata comprensione della lingua italiana da parte dello straniero, il provvedimento di diniego del titolo di soggiorno deve essere accompagnato da una sintesi del suo contenuto, anche mediante appositi formulari sufficientemente dettagliati, nella lingua a lui comprensibile o, se ciò non è possibile per indisponibilità di personale idoneo alla traduzione del provvedimento in tale lingua, in una delle lingue inglese, francese o spagnola, come indicata di preferenza dallo stesso interessato (art. 3, comma 3, Reg. att.).

Il provvedimento di revoca rientra in un sistema di prevenzione tipico dell'autorità di pubblica sicurezza e può essere adottato in modo discrezionale, o per mancanza dei presupposti previsti dal Testo unico immigrazione (D.Lgs. n. 286/1998) in relazione all'ingresso e al soggiorno dello straniero nel territorio della Repubblica italiana.

In conseguenza di ciò bisogna evidenziare che l'intervenuto diniego del titolo di soggiorno comporta l'ulteriore emanazione del provvedimento amministrativo di espulsione disposto dal Prefetto ai sensi dell'art. 13, comma 2, lett. b) del D.Lgs. n. 286/1998 (T.U. Immigrazione).

In particolari situazioni l'espulsione comminata allo straniero per mancato rinnovo del permesso di soggiorno non potrà essere eseguita: quando l'interessato deve effettuare cure mediche d'urgenza o che non potrebbe ricevere nel proprio Paese di origine, perché come afferma la Corte costituzionale (sent. 17 luglio 2001, n. 252) lo straniero presente in Italia anche se irregolarmente ha comunque diritto ad un nucleo irriducibile di tutela della propria salute, quale diritto fondamentale della persona, e può fruire di tutte le prestazioni sanitarie che risultino indifferibili ed urgenti, sia pure in base a valutazioni mediche da effettuare caso per caso sull'effettiva gravità della situazione sanitaria; nonché quando lo straniero ha spontaneamente presentato la domanda di rinnovo del titolo di soggiorno oltre il termine di sessanta giorni dalla sua scadenza, perché la sua tardiva presentazione potrà costituire solo indice rivelatore nel quadro di una valutazione complessiva della situazione in cui versa il richiedente, al fine di accertare la sussistenza dei requisiti richiesti dalla legge per la protrazione della sua permanenza sul territorio nazionale (v. Cass. civ., Sez. Un., n. 7892/2003) oppure in presenza di sopravvenute cause di forza maggiore, correttamente documentate dallo stesso soggetto interessato.

La successiva emanazione del D.L. n. 13/2017 convertito con L. n. 46/2017, ha previsto che per le controversie relative al mancato riconoscimento del diritto di soggiorno sul territorio nazionale in favore dei cittadini degli altri Stati membri dell'UE o dei loro familiari è competente il tribunale sede della sezione specializzata in materia di immigrazione, protezione internazionale e libera circolazione dei cittadini dell'UE del luogo in cui il ricorrente ha la dimora, regolate dal rito semplificato di cognizione, mentre in materia di allontanamento la competenza si radica presso il predetto tribunale in cui ha sede l'autorità che ha adottato il provvedimento impugnato (artt. 16 e 17 del D.Lgs. 1 settembre 2011 n. 150, modificato da D.Lgs. 10 ottobre 2022, n. 149 art. 15).

Infine la Corte costituzionale con sentenza del 8 maggio 2023, n. 88 ha dichiarato l'illegittimità costituzionale degli artt. 4, comma 3 e 5, comma 5 del T.U. Immigrazione 286/1998 in relazione alle ipotesi di condanna automaticamente ostative al rinnovo del permesso di soggiorno per lavoro, anche quelle pur non definitive per il reato di cui all'art. 73, comma 5, D.P.R. n. 309/1980 (T.U. stupefacenti), nonché quelle definitive per il reato di cui all'art. 474, comma 2 c.p. (commercio di prodotti con segni falsi), in quanto la predetta norma censurata dai giudici costituzionali non consentiva all'autorità competente di poter verificare caso per caso la pericolosità sociale del richiedente il titolo di soggiorno.

Capitolo Sesto

La protezione internazionale degli stranieri

SOMMARIO: 1. Il diritto di asilo e lo *status* di rifugiato. – 2. Il regime di protezione temporanea per rilevanti esigenze umanitarie. – 3. La richiesta di protezione internazionale. – 4. Le garanzie procedurali.

1. *Il diritto di asilo e lo* status *di rifugiato*

L'art. 10, comma 3, Cost. precisa che «Lo straniero, al quale sia impedito nel suo Paese l'effettivo esercizio delle libertà democratiche garantite dalla Costituzione italiana, ha diritto d'asilo nel territorio della Repubblica, secondo le condizioni stabilite dalla legge».

Tale disposizione ritenuta norma immediatamente precettiva e costitutiva di un diritto soggettivo perfetto, riserva un trattamento particolare ed una posizione privilegiata nei confronti dello straniero che rientra nella situazione delineata dal citato art. 10, comma 3, Cost.

In particolare «l'art. 1 della Convenzione del 28 luglio 1951 definisce rifugiati tra gli altri tutte le persone che temendo con ragione di essere perseguitate in ragione della loro razza, religione, nazionalità, dell'appartenenza ad un certo gruppo sociale o di opinioni politiche, si trova fuori dal Paese di cui è cittadino e non può, o non vuole a causa di questo timore, reclamare la posizione di questo Paese. Risulta pertanto necessario, ai fini del riconoscimento dello *status* in questione, dimostrare se non la persecuzione in concreto, quantomeno un fondato timore di essere perseguitato. L'art. 10, c. 3, Cost. invece, attribuisce, il diritto di asilo allo straniero, cui sia impedito nel suo Paese l'effettivo esercizio delle libertà democratiche garantite dalla

Costituzione italiana senza richiederne la concreta persecuzione nello Stato di appartenenza.

(...) Il carattere precettivo e la conseguente immediata operatività della disposizione costituzionale son da ricondurre al fatto che essa, seppure in parte necessita di disposizioni legislative di attuazione, delinea con sufficiente chiarezza e precisione la fattispecie che fa sorgere in capo allo straniero il diritto d'asilo, individuando nell'impedimento all'esercizio delle libertà democratiche la causa di giustificazione del diritto ed indicando l'effettività quale criterio della situazione ipotizzata» (Cass., Sez. Un., sent. n. 4674/1997).

L'intenzione dei Costituenti di introdurre una specifica norma nella Carta costituzionale era quella di accogliere e di concedere asilo politico con conseguente protezione a quegli stranieri che si fossero allontanati dai loro Paesi, perché impediti da circostanze di fatto nel poter esercitare le libertà democratiche garantite, invece, dalla Costituzione italiana.

L'istituto in esame trova fondamento sia nel diritto interno degli Stati, perché disciplinato da disposizioni costituzionali e legislative, sia nel diritto internazionale, perché oggetto di convenzioni internazionali.

Il diritto di asilo si riflette nell'art. 14 della Dichiarazione universale dei diritti dell'uomo, adottata dall'Assemblea Generale delle Nazioni Unite il 10 dicembre 1948 nel senso che «1) Ogni individuo ha il diritto di cercare e di godere in altri paesi asilo dalle persecuzioni. 2) Questo diritto non potrà essere esercitato qualora l'individuo sia realmente ricercato per reati non politici o per azioni contrarie ai fini e ai principi delle Nazioni Unite».

Invece la Convenzione Europea per la salvaguardia dei diritti dell'uomo e delle libertà fondamentali (CEDU) con i relativi Protocolli addizionali non prevedono il diritto all'asilo politico e ciò è confermato da varie raccomandazioni del Consiglio d'Europa; ma la Corte europea dei diritti dell'uomo ha ritenuto che «l'espulsione di un richiedente asilo da parte di uno Stato contraente può sollevare un problema sotto il profilo dell'art. 3, quindi impegnare la responsabilità dello Stato in causa ai sensi della Convenzione, quando vi siano motivi seri e fondati per supporre che l'interessato, nel paese di destinazione, corra un rischio reale di essere sottoposto a tortura o a pene o a trattamenti inumani o degradanti (Corte, Vilvarajah, 103)».

Di contro l'art. 78 del Trattato sul funzionamento dell'Unione Europea (TFUE) sviluppa una politica comune in materia di asilo, di protezione sussidiaria e di protezione temporanea, volto a offrire uno *status* appropriato a qualsiasi cittadino di un Paese terzo che necessita di protezione internazionale e a garantire il rispetto del principio di non respingimento.

Particolare riferimento in materia assumono le norme della Convenzione di Ginevra del 28 luglio 1951 e del protocollo del 31 gennaio 1967, relativo allo *status* dei rifugiati, nonché norme minime relative all'accoglienza dei richiedenti asilo negli Stati membri e procedure applicabili negli Stati membri per la concessione e la revoca dello *status* di rifugiato, oltre a norme minime per assicurare protezione temporanea agli sfollati di paesi terzi che non possono ritornare nel paese di origine e per le persone che altrimenti necessitano di protezione internazionale; tanto è vero che l'art. 18 della Carta dei diritti fondamentali dell'Unione europea riafferma che «Il diritto di asilo è garantito nel rispetto delle norme stabilite dalla convenzione di Ginevra del 28 luglio 1951 e dal protocollo del 31 gennaio 1967, relativo allo *status* dei rifugiati, e a norma del trattato che istituisce la Comunità europea».

Lo straniero può ottenere il diritto d'asilo come previsto dall'art. 10, comma 3, Cost. oppure può ottenere lo *status* di rifugiato secondo la Convenzione di Ginevra del 1951, ratificata con L. 24 luglio 1954, n. 722, e modificata dal protocollo di New York del 31 gennaio 1967, ratificato con L. 14 febbraio 1970, n. 95.

I predetti istituti di protezione internazionale dello straniero, pur accomunati da uguali principi umanitari e da uguali radici storiche, hanno diversi presupposti e fonti giuridiche.

La qualità di rifugiato si distingue da quella di avente diritto all'asilo, perché è necessario un presupposto che non viene richiesto per l'accertamento del diritto d'asilo, cioè il fondato timore che lo straniero potrebbe subire nel proprio Paese una persecuzione in atto o temuta, personale e diretta; mentre per il riconoscimento del diritto d'asilo è sufficiente l'oggettiva mancanza di libertà democratiche nel Paese di provenienza.

Difatti l'art. 1 della Convenzione del 1951 definisce rifugiato colui che «avendo un fondato timore di persecuzione per motivi di razza, religione, nazionalità, appartenenza ad un determinato gruppo sociale o di opinioni politiche, si trova fuori del Paese di cui è cittadino e non può o, a causa di tale timore, non vuole avvalersi della protezione di tale Paese»; pertanto sono da ritenersi requisiti essenziali per procedere al riconoscimento dello *status* di rifugiato: la fuga dal proprio Paese di provenienza, il fondato timore di persecuzione, motivi particolari e atti persecutori come delineati dallo stesso art. 1, l'assenza di protezione da parte del Paese di origine.

In definitiva la categoria dei rifugiati risulta essere meno ampia di quella degli aventi diritto all'asilo politico.

In certi casi il sistema di protezione internazionale prevede il rilascio di un «permesso eccezionale di rimanere» in favore di soggetti che, non essendo stati riconosciuti come rifugiati, non possono comunque ritornare nel proprio Paese di origine o di provenienza.

È opportuno però rilevare che la Convezione del 1951, ritenuta dal considerando n. 3 della direttiva 2004/83/CE la pietra angolare della disciplina giuridica internazionale in materia di rifugiati, allo stato non è più in grado di cogliere i fenomeni attuali; dall'altro il diritto di asilo presenta delle sfide rilevanti per i paesi industrializzati in relazione al nesso migrazioni-asilo e alla distinzione tra richiedenti asilo e immigrati irregolari.

In considerazione di ciò appare problematico coniugare da una parte l'esigenza dello Stato che, a mezzo della polizia di frontiera, attua misure di sorveglianza delle acque territoriali ed applica conseguenti misure c.d. di «allontanamento a distanza» di navi che trasportano immigrati irregolari e dall'altra l'impegno dello Stato di identificare con particolari modalità operative i potenziali richiedenti asilo durante le intercettazioni marittime, ciò per consentire il pieno rispetto del diritto internazionale ed evitare così gravi violazioni dei diritti fondamentali delle persone.

In tal senso uno specifico ruolo ausiliare in favore dello Stato italiano per controllare le frontiere marittime viene assunto dall'Agenzia europea per la gestione della cooperazione operativa alle frontiere esterne degli Stati membri dell'Unione europea (FRONTEX), istituita con regolamento (CE) n. 2007/2004, che coordina la cooperazione operativa tra gli Stati membri nella gestione delle frontiere marittime ed aeroportuali, assiste gli Stati membri nella formazione delle rispettive guardie di frontiera, aiuta gli Stati membri in circostanze che richiedono una maggiore assistenza tecnica e operativa alle frontiere esterne, offre agli Stati membri il supporto necessario per organizzare operazioni di rimpatrio congiunto; nei fatti anche le intese e gli accordi di riammissione firmati dalla Repubblica italiana con alcuni Paesi di provenienza degli immigrati irregolari possono essere di necessaria importanza per evitare fenomeni d'immigrazione clandestina, perché la prevenzione dei flussi migratori illegali può trovare maggiore attuazione con una politica di cooperazione tra il Governo italiano e gli Stati stranieri, nonché con una gestione coordinata ed integrata delle frontiere esterne.

Pertanto spetta allo Stato da una parte di contrastare l'ingresso illegale di stranieri nel territorio nazionale e dall'altra di concedere garanzia allo straniero che chiede riconoscimento del diritto di asilo o dello *status* di rifugiato, difatti «qualora vi siano indicazioni che cittadini stranieri o apolidi, presenti ai valichi di frontiera in ingresso nel territorio nazionale, desiderino presentare una domanda di protezione internazionale, le autorità competenti hanno il dovere di fornire loro informazioni sulla possibilità di farlo, garantendo altresì i servizi di interpretariato necessari per agevolare l'accesso alla procedura di asilo, a pena di nullità dei conseguenti decreti di respingimento e trattenimento, dovendo, altresì il giudice statuire sulla dedotta illegittimità del primo cagionata da siffatta omessa informazione» (Cass., Sez. VI-1, ord. 25 marzo 2015, n. 5926).

In tal senso il Consiglio dell'Unione europea con il Patto europeo sull'immigrazione e l'asilo del 24 settembre-16 ottobre 2008 aveva ribadito la propria determinazione a combattere l'immigrazione clandestina, in particolare assicurando il ritorno nel Paese di origine o in un Paese di transito degli stranieri in posizione irregolare con il rafforzamento dei controlli alle frontiere e con la creazione di un partenariato globale con i Paesi di origine e di transito al fine di poter favorire le sinergie tra le migrazioni e lo sviluppo, ma nel contempo ha ritenuto che necessitano ulteriori iniziative per completare l'istituzione di un Sistema europeo comune di asilo, tanto da fornire in tal modo un livello di protezione più elevato.

La giurisprudenza della Corte europea dei diritti dell'uomo ha riconosciuto che l'espulsione di un richiedente asilo può comportare la violazione dell'art. 3 della CEDU, in quanto la persona interessata può correre il pericolo reale di essere sottoposta a tortura o a pene o trattamenti inumani o degradanti nello Stato di destinazione; oppure ha precisato che per espulsione collettiva di stranieri bisogna intendere ogni misura dell'autorità competente che costringa stranieri, in quanto gruppo, a lasciare un Paese, salvo il caso in cui una tale misura sia presa al termine e sulla base di un esame ragionevole ed oggettivo della situazione particolare di ciascuno degli stranieri costituenti il gruppo stesso; inoltre ha aggiunto che l'art. 14 CEDU, cioè il divieto di discriminazione fondato su sesso, razza, colore, lingua, religione, opinioni politiche, origine nazionale o sociale, minoranza nazionale, ricchezza, nascita, comprende di solito il caso in cui un individuo o un gruppo si vede trattato meno bene di un altro ed in modo diverso, senza giustificazione obiettiva e ragionevole.

Dall'altro lato anche l'Unione europea ha indirizzato la propria azione intesa ad assicurare la gestione efficace dei flussi migratori, l'equo trattamento dei cittadini dei paesi terzi regolarmente soggiornanti negli Stati membri, il contrasto dell'immigrazione illegale e la tratta degli esseri umani, così come dispone il Trattato sull'Unione europea ed in aggiunta la Carta dei diritti fondamentali dell'Unione Europea ha riconosciuto il diritto di asilo (art. 18), la protezione in caso di allontanamento, di espulsione e di estradizione (art. 19), il principio di non discriminazione (art. 21).

È opportuno precisare però che in sede comunitaria ed in attuazione dei principi e delle finalità di cui al Trattato UE sono stati emanati una serie di atti normativi in materia di asilo ed immigrazione: come la direttiva 2003/86/CE relativa al diritto al ricongiungimento familiare, al fine di facilitare l'integrazione dei cittadini dei paesi terzi negli Stati membri e permettere la riunificazione del nucleo familiare; il Reg. (CE) n. 562/2006 che istituisce un codice comunitario relativo al regime di attraversamento delle frontiere da parte delle persone e stabilisce particolari norme applicabili ai valichi di frontiera sulle persone che attraversano le frontiere esterne degli Stati membri dell'Unione europea ed il Reg. CE 2007/2004 che istituisce un'Agenzia europea per la gestione della cooperazione operativa alle frontiere esterne degli Stati membri dell'Unione europea; inoltre le istituzioni comunitarie hanno prodotto alcune direttive sull'espulsione dei cittadini extracomunitari: la direttiva 2001/40/CE relativa al riconoscimento reciproco delle decisioni di allontanamento dei cittadini di paesi terzi e la direttiva 2002/90/CE volta a definire il favoreggiamento dell'ingresso, del transito e del soggiorno illegali; oltre alla direttiva 2011/98/UE sulla procedura unica di domanda relativa al permesso unico che può consentire ai cittadini terzi di soggiornare e lavorare nel territorio di uno Stato membro.

Infine è giusto ricordare alcuni provvedimenti relativi al diritto di asilo: il Reg. (UE) n. 604/2013 del Parlamento europeo e del Consiglio del 26 giugno 2013 (Dublino III) che stabilisce i criteri e i meccanismi di determinazione dello Stato membro competente per l'esame di una domanda d'asilo presentata in uno degli Stati membri da un cittadino di un paese terzo; la direttiva 2011/95/UE del Parlamento europeo e del Consiglio, del 13 dicembre 2011 recante norme sull'attribuzione, a cittadini di Paesi terzi o apolidi, della qualifica di beneficiario di protezione internazionale, su uno *status* uniforme per i rifugiati o per le persone aventi titolo a beneficiare della protezione sussidiaria, nonché sul contenuto della protezione riconosciuta.

Il D.L. n. 130/2020, convertito dalla L. n. 173/2020 ha previsto, che nell'ambito del sistema di accoglienza per i richiedenti la protezione internazionale, prestazioni come l'assistenza sanitaria, l'assistenza sociale e psicologica, la mediazione linguistico-culturale, la somministrazione di corsi di lingua italiana e i servizi di orientamento legale e al territorio, nonché il rispetto della sfera privata, della tutela della salute fisica e mentale, dell'unità dei nuclei familiari, tenuto conto della leale collaborazione tra i livelli di governo interessati.

Ancora, in tema di protezione internazionale, deve essere riconosciuto lo "status" di rifugiato politico all'obiettore di coscienza che rifiuti di prestare il servizio militare nello Stato di origine (Ucraina), nel caso in cui l'arruolamento comporti il rischio di un coinvolgimento, anche indiretto, in un conflitto caratterizzato anche solo dall'alto rischio di commissione di crimini di guerra e contro l'umanità, tale da costituire una sanzione penale prevista dall'ordinamento straniero per detto rifiuto atto di persecuzione in virtù dell'art. 7, comma 2, lett. e), del D.Lgs. n. 251/2007 e dell'art. 9, par. 2, lett. e), della direttiva 2004/83/CE come interpretato da C.G.U.E., 26 febbraio 2015, (causa C-472/13, Shepherd contro Germania), che tutela anche il personale militare logistico e di sostegno (Cass., Sez. VI-1, ord. 18 maggio 2021, n. 13461).

2. *Il regime di protezione temporanea per rilevanti esigenze umanitarie*

Una norma di garanzia rispettosa dei principi di solidarietà e di relazioni amichevoli con gli altri Paesi non appartenenti all'Unione europea è prevista nell'art. 20 T.U. Immigrazione in favore degli stranieri coinvolti in eventi bellici, calamità naturali o altre situazioni di particolare gravità.

Tali misure di protezione temporanea e straordinarie di accoglienza sono adottate con decreto del Presidente del Consiglio dei Ministri d'intesa con i Ministri degli affari esteri, dell'interno e di altri Ministri eventualmente interessati, per rilevanti esigenze umanitarie e anche in deroga allo stesso T.U. Immigrazione.

Viene così data copertura giuridica alla richiesta di assistenza e asilo provvisorio, proveniente da esodi di massa o afflusso di sfollati in occasione di conflitti o disastri naturali.

In passato tali misure straordinarie di protezione temporanea sono state già adottate dal Governo italiano per i profughi in fuga dall'area del conflitto del Kosovo (D.P.C.M. 12 maggio 1999) o altri interventi predisposti per consentire il rilascio di un permesso temporaneo di soggiorno ai cittadini somali (D.M. 9 settembre 1992) o di un nulla osta provvisorio di ingresso e soggiorno per gli sfollati della ex Jugoslavia (D.L. 24 luglio 1992, n. 350), per i cittadini del Ruanda in fuga dalle pulizie etniche (D.L. 24 giugno 1994, n. 406); nonché per le persone provenienti dall'Ucraina (D.L. n. 14/2022, convertito con L. n. 28/2022, D.L. n. 21/2022, convertito con L. n. 51/2022, D.L. n. 16/2023, convertito con L. n. 46/2023).

Tali ultime disposizioni hanno consentito il rilascio per i profughi ucraini di permessi di soggiorno di protezione temporanea, oltre a misure di accoglienza, di assistenza materiale, sostegno economico e altri benefici come il diritto ad un adeguato alloggio, il diritto del minore ad accedere ad un sistema educativo, il diritto di esercitare un'attività lavorativa subordinata o autonoma, il diritto ad aiuti in termini di cure mediche e servizi sociali.

Oltre al citato art. 20 T.U., è stato introdotto nell'ordinamento italiano il D.Lgs. n. 85/2003, che attua la direttiva 2001/55/CE, relativa all'istituzione di norme minime sulla concessione della protezione temporanea in caso di afflusso massiccio di sfollati provenienti da paesi terzi che non sono in grado di ritornare nel loro paese d'origine e alla relativa adozione di misure intese a garantire l'equilibrio degli sforzi tra gli Stati membri che ricevono tali persone e subiscono le conseguenze dell'accoglienza delle stesse.

Tale protezione temporanea, secondo i principi della predetta direttiva, dovrebbe avere durata limitata, non deve pregiudicare il riconoscimento dello *status* di rifugiato previsto dalla Convenzione di Ginevra del 28 luglio 1951 e modificata dal protocollo di New York del 31 gennaio 1967, deve essere oggetto di regolari consultazioni con l'alto commissariato delle Nazioni Unite per i rifugiati (UNHCR).

Il D.Lgs. n. 85/2003 contiene norme complementari ed integrative all'art. 20 T.U., perché in tale atto legislativo sono specificate le regole e le modalità relative al procedimento di concessione delle misure di protezione temporanea intese a fronteggiare l'afflusso massiccio di sfollati.

Difatti l'art 3 del D.Lgs. n. 85/2003 precisa che il Presidente del Consiglio dei Ministri, ai sensi dell'art. 20 T.U. Immigrazione e nei limiti delle risorse disponibili, stabilisce le misure di protezione temporanea per fronteggiare l'afflusso massiccio di sfollati accertato con decisione del Consiglio (UE) ai sensi dell'art. 5 della direttiva 2001/55/CE per la durata massima di un anno, prorogabile una sola volta per un pari periodo.

Il decreto legislativo in oggetto definisce come "sfollati" i cittadini di Paesi terzi o apolidi che hanno forzatamente abbandonato il loro Paese o regione d'origine o che sono stati evacuati, in particolare in risposta all'appello di organizzazioni internazionali, ed il cui rimpatrio in condizioni sicure e stabili risulta momentaneamente impossibile in dipendenza della situazione nel Paese stesso ed in particolare le persone fuggite da zone di conflitto armato o di violenza endemica ovvero le persone che siano soggette a rischio grave di violazioni sistematiche o generalizzate dei diritti umani o siano state vittime di siffatte violazioni e altresì definisce come «afflusso massiccio» l'arrivo nel territorio dell'Unione di un numero considerevole di sfollati, provenienti da un Paese determinato o da una zona geografica determinata, sia che il loro arrivo avvenga spontaneamente o sia agevolato, per esempio, mediante un programma di evacuazione.

Gli sfollati possono essere esclusi dalle misure di protezione temporanea quando sussistono gravi motivi per ritenere che abbiano commesso un crimine contro la pace, un crimine di guerra o un crimine contro l'umanità, oppure un reato grave di natura non politica al di fuori del territorio nazionale e prima dell'ammissione alle procedure di protezione temporanea o atti contrari ai principi e alle finalità delle Nazioni Unite; inoltre sono esclusi gli sfollati condannati con sentenza in giudicato per reati inerenti gli stupefacenti, la libertà sessuale, l'immigrazione clandestina, la tratta degli esseri umani.

Particolari limitazioni nei confronti degli sfollati sono poste sia nel divieto di allontanarsi dal territorio nazionale, sia al diritto al ricongiungimento familiare.

L'art 7 del decreto aggiunge che «L'ammissione alle misure di protezione temporanea non preclude la presentazione dell'istanza per il riconoscimento dello *status* di rifugiato ai sensi della Convenzione di Ginevra.

Il decreto di cui all'art. 3, comma 1, stabilisce i tempi dell'esame delle domande per il riconoscimento dello *status* di rifugiato presentate da persone che beneficiano della protezione temporanea, con riferimento all'eventuale rinvio dell'esame e della decisione sull'istanza al termine della protezione temporanea.

Qualora l'esame delle domande per il riconoscimento dello *status* di rifugiato non sia stato differito ai sensi del comma 1, il richiedente lo *status* di rifugiato potrà beneficiare del regime di protezione temporanea solo se presenti rinuncia alla istanza di riconoscimento dello *status* di rifugiato o se la medesima istanza ha avuto un esito finale negativo.

Qualora l'esame delle domande per il riconoscimento dello *status* di rifugiato sia stato differito ai sensi del comma 1, il decreto di cui all'articolo 3 comma 2 stabilisce le modalità del soggiorno in attesa della decisione per le persone che hanno goduto della protezione temporanea o che hanno presentato una domanda di asilo».

L'eventuale provvedimento di diniego della protezione temporanea deve contenere la motivazione e deve recare l'indicazione dell'autorità con i relativi termini per proporre ricorso dinanzi al tribunale amministrativo regionale competente; mentre per gli altri provvedimenti relativi al ricongiungimento familiare adottati nei confronti di persone ammesse alla protezione temporanea la competenza spetta all'autorità giudiziaria ordinaria.

Pertanto appare corretto l'avvenuto riconoscimento da parte del legislatore di rendere giustiziabili tali provvedimenti di diniego e di consentire allo straniero di esercitare il proprio diritto di azione e difesa, ciò al fine di richiedere anche in questa materia il sindacato giurisdizionale, trattandosi nel caso di specie di garanzie poste a tutela del diritto umanitario e pienamente rispettose del dettato costituzionale.

3. *La richiesta di protezione internazionale*

La direttiva 2011/95/UE (c.d. nuova direttiva qualifiche) del Parlamento europeo e del Consiglio del 13 dicembre 2011 recante norme sull'attribuzione, a cittadini di paesi terzi o apolidi, della qualifica di beneficiario di protezione internazionale, su uno *status* uniforme per i rifugiati o per le persone aventi titolo a beneficiare della protezione sussidiaria, nonché sul contenuto della protezione riconosciuta, è stata attuata dal D.Lgs. 21 febbraio 2014, n. 18 che ha integrato a sua volta il D.Lgs. n. 251/2007.

La finalità principale della predetta direttiva è quella da una parte di assicurare che gli Stati membri applichino criteri comuni per identificare le persone che hanno effettivamente bisogno di protezione internazionale e dall'altra, di assicurare che un livello minimo di prestazioni sia disponibile per tali persone in tutti gli Stati membri.

Riconosce altresì come pietra angolare della disciplina giuridica internazionale relativa alla protezione dei rifugiati la Convenzione di Ginevra, e precisa che una delle condizioni per l'attribuzione dello *status* di rifugiato nel rispetto dell'art. 1.A della predetta Convenzione è l'esistenza di un nesso causale tra i motivi di persecuzione, tra cui razza, religione, nazionalità, opinione politica o appartenenza a un determinato gruppo sociale e, gli atti di persecuzione o la mancanza di protezione contro tali atti.

Questa direttiva rileva che è necessario introdurre criteri comuni per l'attribuzione alle persone richiedenti protezione internazionale della qualifica di beneficiari della protezione sussidiaria, tali criteri dovrebbero essere elaborati in base agli obblighi internazionali provenienti da atti in materia di diritti dell'uomo, nonché la stessa protezione sussidiaria dovrebbe avere carattere complementare e supplementare rispetto alla protezione dei rifugiati.

Lo *status* di rifugiato è inteso come riconoscimento dello Stato e come atto declaratorio nei confronti di un cittadino straniero il quale, per il timore fondato di essere perseguitato per motivi di razza, religione, nazionalità, appartenente ad un determinato gruppo sociale o opinione politica, si trova fuori dal territorio del Paese di cui ha la cittadinanza e non può o, a causa di tale timore, non vuole avvalersi della protezione di tale Paese, oppure apolide che si trova fuori dal territorio nel quale aveva precedentemente la dimora abituale per le stesse ragioni succitate e non può o, a causa di siffatto timore, non vuole farvi ritorno; mentre la protezione sussidiaria è intesa come misura complementare in favore del cittadino straniero che non possiede i requisiti per essere riconosciuto come rifugiato ma nei cui confronti sussistono fondati motivi di ritenere che, se ritornasse nel Paese di origine, o, nel caso di un apolide, se ritornasse nel Paese nel quale aveva precedentemente la dimora abituale, correrebbe un rischio effettivo di subire un grave danno e il quale non può o, a causa di tale rischio, non vuole avvalersi della protezione di detto Paese.

La domanda di protezione internazionale è una richiesta di protezione rivolta ad uno Stato membro da parte di un cittadino di un Paese terzo o di un apolide di cui si può ritenere che intende ottenere lo *status* di rifugiato o lo *status* di protezione sussidiaria e che non sollecita esplicitamente un diverso tipo di protezione; secondo il D.Lgs. n. 251/2007 deve contenere le dichiarazioni e tutta la documentazione in possesso del richiedente in merito alla sua età, condizione sociale, anche dei congiunti, identità, cittadinanza, Paesi e luoghi in cui ha soggiornato in precedenza, domande d'asilo pregresse, itinerari di viaggio, documenti di identità e di viaggio, nonché i motivi della sua domanda di protezione internazionale.

L'art. 3, comma 4, aggiunge: «Il fatto che il richiedente abbia già subito persecuzioni o danni gravi o minacce dirette di persecuzioni o danni costituisce un serio indizio della fondatezza del timore del richiedente di subire persecuzioni o del rischio effettivo di subire danni gravi, salvo che si individuino elementi o motivi per ritenere che le persecuzioni o i danni gravi non si ripeteranno e purché non sussistono gravi motivi umanitari che impediscono il ritorno nel Paese di origine».

Nel caso in cui la domanda di protezione internazionale presenta una carenza probatoria, possono essere ritenuti veritieri ai fini dell'accoglimento dell'istanza ulteriori elementi: attendibilità della domanda secondo riscontri effettuati, idonea motivazione dell'eventuale mancanza di altri elementi significativi, dichiarazioni coerenti e plausibili e non contraddittorie rese dal richiedente.

L'esame della domanda è svolto in cooperazione con il richiedente ed è effettuato su base individuale e prevede la seguente valutazione:

a) di tutti i fatti pertinenti che riguardano il Paese d'origine al momento dell'adozione della decisione in merito alla domanda, comprese, ove possibile, le disposizioni legislative e regolamentari del Paese d'origine e relative modalità di applicazione;

b) della dichiarazione e della documentazione pertinenti presentate dal richiedente, che deve anche rendere noto se ha già subito o rischia di subire persecuzioni o danni gravi;

c) della situazione individuale e delle circostanze personali del richiedente, in particolare la condizione sociale, il sesso e l'età, al fine di valutare se, in base alle circostanze personali del richiedente, gli atti a cui è stato o potrebbe essere esposto si configurino come persecuzione o danno grave;

d) dell'eventualità che le attività svolte dal richiedente, dopo aver lasciato il Paese d'origine, abbiano mirato, esclusivamente o principalmente, a creare le condizioni necessarie alla presentazione di una domanda di protezione internazionale, al fine di stabilire se dette attività espongano il richiedente a persecuzione o danno grave in caso di rientro nel Paese;

e) dell'eventualità che, in considerazione della documentazione prodotta o raccolta o delle dichiarazioni rese o, comunque sulla base di altre circostanze, si possa presumere che il richiedente potrebbe far ricorso alla protezione di un altro Paese, di cui potrebbe dichiararsi cittadino.

Bisogna rilevare che tale domanda di protezione internazionale comprende sia il riconoscimento per ottenere lo *status* di rifugiato e sia quello per ottenere la protezione sussidiaria, attraverso la decisione della competente commissione e a seguito di procedura unificata, rispetto alle due procedure previgenti (procedura semplificata e procedura ordinaria).

In caso di rifiuto da parte della Questura di ricevere e di formalizzare apposita istanza di protezione internazionale, alcuni tribunali, con procedura d'urgenza, a seguito di ricorso *ex* art. 700 c.p.c. hanno ordinato alla predetta autorità di procedere alla convocazione immediata del ricorrente e alla conseguente formalizzazione della richiesta (v. ord. Trib. Milano, 9 maggio 2023, n.r.g. 8764/2023).

Il successivo art. 4 estende il bisogno di protezione internazionale anche nel caso in cui il rischio di persecuzione sia sorto dopo la partenza del richiedente dal suo Paese d'origine (c.d. rifugiato *sur place*).

L'art. 5 specifica che i responsabili della persecuzione o del danno grave possono essere lo Stato, i partiti o organizzazioni che controllano lo Stato o una parte consistente del suo territorio oppure soggetti non statali, qualora lo Stato o le organizzazioni internazionali non possono o non vogliono fornire protezione contro persecuzioni o danni gravi; ma l'eventuale adozione di adeguate misure attuate dallo Stato, dai partiti o da altre organizzazioni, finalizzate ad impedire che possano essere inflitti atti persecutori o danni gravi, può comportare il rigetto della domanda di protezione internazionale per mancanza dei relativi presupposti.

Il riconoscimento dello *status* di rifugiato va operato con riferimento agli atti di persecuzione, come previsti dall'art. 1.A della Convenzione di Ginevra e ritenuti sufficientemente gravi, per loro natura o frequenza, da rappresentare una grave violazione dei diritti umani fondamentali e possono assumere la forma di atti di violenza fisica o psichica, compresa la violenza sessuale; i provvedimenti legislativi, amministrativi, di polizia o giudiziari, discriminatori per natura o attuati in modo discriminatorio; le azioni giudiziarie o le sanzioni penali sproporzionate o discriminatorie; il rifiuto di accesso ai mezzi di tutela giuridica e conseguente sanzione sproporzionata o discriminatoria; le azioni giudiziarie o sanzioni penali in conseguenza del rifiuto di prestare servizio militare in un conflitto; gli atti specificamente diretti contro un genere sessuale o contro l'infanzia.

Tali atti di persecuzione per consentire l'accoglimento della domanda di protezione internazionale devono collegarsi ai motivi così definiti dall'art. 8: "razza", si riferisce a considerazioni inerenti al colore della pelle, alla discendenza o all'appartenenza ad un determinato gruppo etnico; "religione", include le convinzioni teiste, non teiste o ateiste, la partecipazione a, o l'astensione da, riti di culto celebrati in privato o in pubblico, sia singolarmente sia in comunità, altri atti religiosi o professioni di fede; "nazionalità", non riferita solo alla cittadinanza o all'assenza di cittadinanza, ma anche all'appartenenza ad un gruppo caratterizzato da un'identità culturale, etnica o linguistica, comuni origini geografiche o politiche o la sua affinità con la popolazione di un altro Stato; "particolare gruppo sociale", costituito da membri che condividono una caratteristica innata o una storia comune, che non può essere mutata oppure condividono una caratteristica o una fede che è così fondamentale per l'identità o la coscienza che una persona non dovrebbe essere costretta a rinunciarvi, ovvero quello che possiede un'identità distinta nel Paese di origine, perché vi è percepito come diverso dalla società circostante; "opinione politica", riferita alla professione di un'opinione, un pensiero o una convinzione su una questione inerente ai potenziali soggetti persecutori e alle loro politiche e ai loro metodi, indipendentemente dal fatto che il richiedente abbia tradotto tale opinione, pensiero o convinzione in atti concreti.

La cessazione dello *status* di rifugiato si ha per acquisto della cittadinanza italiana o della cittadinanza di altro Paese, per mutamento delle circostanze che hanno determinato il riconoscimento, per avvalimento della protezione del Paese di origine.

Lo straniero è escluso dallo *status* di rifugiato se già fruisce della protezione di un'organizzazione delle Nazioni unite oppure quando sussistono fondati timori per ritenere che abbia commesso, anche in concorso con altri, o abbia istigato a commettere, un crimine contro la pace, un crimine di guerra o contro l'umanità ovvero reati gravi anche se motivati da obiettivo politico oppure atti contrari alle finalità e principi delle Nazioni unite.

Inoltre il D.L. n. 113/2018, convertito dalla L. n. 132/2018, ha previsto la misura della revoca dello *status* di rifugiato e dell'esclusione dello *status* di protezione sussidiaria, nei casi in cui lo straniero sia stato condannato con sentenza definitiva in conseguenza dell'avvenuta commissione di reati di particolare allarme sociale come violenza o minaccia a un pubblico ufficiale, furto, rapina, omicidio, sequestro di persona a scopo di estorsione, spaccio di sostanze stupefacenti, mutilazioni degli organi genitali femminili, violenza sessuale, riduzione o mantenimento in servitù, prostituzione minorile, pornografia minorile, atti sessuali con minorenne, tratta di persone, acquisto e alienazione di schiavi.

Altresì il D.L. n. 113/2018, convertito dalla L. n. 132/2018, ha disposto la cessazione della protezione internazionale nel caso di rientro del richiedente nel Paese di origine, non giustificato da gravi e comprovati motivi; tale normativa ha pure introdotto una disposizione ulteriore per consentire l'identificazione del richiedente asilo, stabilendo un termine non superiore di trenta giorni di trattenimento presso centri di prima accoglienza; in caso di difficoltà sorte per la verifica dell'identità, il richiedente può essere trattenuto nei centri di permanenza per il rimpatrio per un termine non superiore a centottanta giorni.

Invece lo *status* di rifugiato non viene riconosciuto quando non sussistono i presupposti o sussistono le cause di esclusione, e quando lo straniero sia ritenuto pericoloso per la sicurezza dello Stato, per l'ordine e la sicurezza pubblica; inoltre può intervenire la revoca dello *status* di rifugiato, quando il riconoscimento è stato determinato da fatti ritenuti erronei o con falsa documentazione oppure fondato su elementi che avrebbero dato luogo al diniego.

Il riconoscimento dello *status* di protezione sussidiaria viene adottato in favore dello straniero o apolide che non possiede i requisiti per essere riconosciuto come rifugiato, ma che tornando nel proprio Paese può correre il grave rischio di subire un grave danno come la condanna a morte, la tortura o altri trattamenti inumani o degradanti, la minaccia grave ed individuale alla vita derivante da violenze commesse in conflitto armato interno o internazionale.

Bisogna evidenziare che le cause di esclusione, cessazione e revoca dello *status* di protezione sussidiaria sono identiche alle cause previste dallo *status* di rifugiato.

Il contenuto della protezione internazionale previsto dal Capo V del D.Lgs. n. 251/2007 conferma il principio di "*non-refoulement*", già riconosciuto dall'art. 19 del T.U. Immigrazione, nel senso che non può disporsi l'espulsione verso uno Stato in cui lo straniero possa essere oggetto di persecuzione per motivi di razza, sesso, lingua, cittadinanza, religione, opinioni politiche, condizioni personali o sociali; ma nel contempo il rifugiato o lo straniero ammesso alla protezione sussidiaria può essere espulso quando sussistono motivi per ritenere che rappresenti un pericolo per la sicurezza dello Stato o costituisca un pericolo per l'ordine e la sicurezza pubblica.

Nel rispetto della direttiva 2011/95/UE viene tutelata l'unità del nucleo familiare dei beneficiari dello *status* di rifugiato e dello *status* di protezione sussidiaria, difatti i familiari che non hanno individualmente diritto allo *status* di protezione internazionale hanno i medesimi diritti riconosciuti al familiare titolare dello *status*.

Ai titolari dello *status* di rifugiato è rilasciato un permesso di soggiorno per asilo con validità quinquennale rinnovabile; mentre ai titolari dello *status* di protezione sussidiaria è rilasciato un permesso di soggiorno per protezione sussidiaria con validità quinquennale, pure rinnovabile.

Inoltre i predetti titolari di tale protezione internazionale hanno diritto all'accesso all'occupazione, all'assistenza sanitaria e sociale, all'istruzione, alla libera circolazione sul territorio nazionale.

In tale ambito interviene il Reg. (UE) n. 604/2013 del Parlamento europeo e del Consiglio del 26 giugno 2013 che stabilisce i criteri e i meccanismi di determinazione dello Stato membro competente per l'esame di una domanda di protezione internazionale presentata in uno degli Stati membri da un cittadino di un paese terzo o di un apolide (c.d. Regolamento Dublino III), che ha sostituito il precedente Regolamento CE del Consiglio n. 343/2003 del 18 febbraio 2003.

Il presente Regolamento individua con chiarezza lo Stato membro competente all'esame delle domande di protezione internazionale, ma in caso di mancata designazione, la competenza è attribuita al primo Stato membro nel quale la domanda è stata presentata, ciò in base ad una gerarchia di criteri definiti dal predetto Regolamento, come il principio dell'unità familiare e dell'interesse superiore del minore, nonché dell'ulteriore principio fondato sui titoli di soggiorno e sull'ingresso illegale nel territorio dello Stato.

Particolari criteri di deroga si ravvisano anche nella clausola che attribuisce a ciascun Stato membro di esaminare una domanda di protezione internazionale, anche se tale esame non è di propria competenza e l'ulteriore clausola che consente a qualsiasi Stato membro di consentire il ricongiungimento familiare per motivi umanitari e caritatevoli con l'esame di una domanda di protezione internazionale presentata in altro Stato membro.

A garanzia del richiedente la protezione internazionale intervengono gli artt. 4 e 5 del Reg. (UE) n. 604/2013 che allo stato hanno carattere cogente, inderogabile e tassativo; in effetti la violazione dell'informativa di cui all'art. 4 del predetto Regolamento, l'omissione del colloquio, di cui all'art. 5 e l'omissione della consegna al richiedente dell'opuscolo informativo della citata norma, producono la nullità degli atti emessi dall'Autorità competente.

Di conseguenza la Corte di Giustizia dell'UE (Grande Sezione) con sentenza 26 luglio 2017 (causa C-490/16) ha precisato «che un cittadino di un paese terzo, il cui ingresso sia stato tollerato, dalle autorità di un primo Stato membro impegnate a gestire l'arrivo di un numero eccezionalmente elevato di cittadini di paesi terzi intenzionati a transitare per tale Stato membro al fine di presentare una domanda di protezione internazionale in un altro Stato membro, senza che fossero soddisfatti i requisiti d'ingresso in linea di principio richiesti nel primo Stato membro di cui sopra, deve essere considerato come una persona che ha "varcato illegalmente" la frontiera del suddetto primo Stato membro ai sensi del citato art. 13, par. 1 (Regolamento n. 604/2013)».

Il D.L. 10 marzo 2023 n. 20 convertito con la L. 5 maggio 2023, n. 50 ha introdotto un nuovo procedimento accelerato riguardo alla «sospensione della decisione in materia di riconoscimento della protezione internazionale nella procedura di frontiera» e a seguito di domanda di protezione internazionale presentata direttamente alla frontiera o nelle zone di transito da straniero proveniente da un Paese di origine designato come sicuro (art. 35-*bis*, D.Lgs. n. 25/2008).

Nel caso di avvenuto trattenimento alla frontiera e contro la decisione della Commissione territoriale, è ammesso ricorso entro quattordici giorni dalla notificazione del provvedimento con contestuale deposito di relativa istanza di sospensione dell'efficacia esecutiva dell'atto impugnato.

Successivamente il giudice in composizione monocratica provvede entro cinque giorni con decreto motivato non impugnabile.

Dalla proposizione dell'istanza di sospensiva e fino alla decisione, il ricorrente non può essere espulso o allontanato dal luogo nel quale è trattenuto.

Con l'accoglimento della predetta istanza lo straniero viene ammesso nel territorio nazionale e viene rilasciato in suo favore un permesso di soggiorno per richiesta asilo.

Invece la sospensione perde efficacia nel caso di rigetto del ricorso introduttivo, anche con decreto non definitivo.

La decisione sul ricorso spetta al giudice in composizione collegiale ai sensi dell'art. 35-*bis*, comma 7 e seguenti del D.Lgs. n. 25/2008).

Il D.L. 10 marzo 2023 n. 20 convertito con la L. 5 maggio 2023, n. 50 ha inoltre introdotto sia in relazione al trattenimento del richiedente asilo alla frontiera nel corso della procedura accelerata di esame della relativa domanda di protezione internazionale e con finalità di accertamento del diritto dello straniero ad entrare nel territorio dello Stato (art. 6-*bis*, D.Lgs. n. 142/2015); sia in relazione al trattenimento del richiedente asilo nel CPR, in presenza di un notevole pericolo di fuga ed in attesa del trasferimento dello straniero nello Stato competente per l'esame della propria domanda secondo la procedura Dublino (art. 7-*ter*, D.Lgs. n. 142/2015).

4. *Le garanzie procedurali*

Il D.Lgs. 28 gennaio 2008, n. 25, modificato dal D.Lgs. n. 142/2015, di attuazione della direttiva 2005/85/CE, sostituita dalla direttiva 2013/32/UE del 26 giugno 2013 (c.d. nuova direttiva procedure) recante procedure comuni ai fini del riconoscimento e della revoca dello *status* di protezione internazionale, stabilisce le procedure per l'esame delle domande di protezione internazionale presentate nel territorio nazionale, comprese le frontiere, e le relative zone di transito, nonché le acque territoriali, da cittadini di Paesi non appartenenti all'Unione europea o da apolidi, denominati «stranieri» e le procedure per la revoca e la cessazione degli *status* riconosciuti.

La citata direttiva si applica a tutte le domande di protezione internazionale presentate nel territorio, compresa alla frontiera, nelle acque territoriali o nelle zone di transito degli Stati membri, nonché alla revoca della protezione internazionale; ma non si applica in caso di domande di asilo politico o territoriale presentate presso le rappresentanze degli Stati.

Inoltre la direttiva 2013/32/UE c.d. «procedure» precisa che la domanda di protezione internazionale è una richiesta di protezione rivolta a uno Stato membro da un cittadino di un paese terzo o da un apolide, il quale intende ottenere lo *status* di rifugiato o lo *status* di protezione sussidiaria e non sollecita esplicitamente un altro tipo di protezione.

Il decreto legislativo di attuazione precisa inoltre che le commissioni territoriali per il riconoscimento della protezione internazionale sono le autorità competenti all'esame delle domande; l'ufficio di polizia di frontiera e la questura sono competenti alla ricezione delle domande di protezione internazionale; l'autorità preposta alla determinazione dello Stato competente all'esame di tali domande è l'Unità Dublino, operante presso il Dipartimento per le libertà civili e l'immigrazione del Ministero dell'interno e ciò in applicazione del Reg. (UE) n. 604/2013, mentre la commissione nazionale per il diritto di asilo ha competenza in materia di revoca e cessazione degli *status* di protezione internazionale riconosciuti, oltre che compiti di indirizzo e coordinamento delle commissioni territoriali.

La domanda di protezione internazionale, ai sensi dell'art. 6, comma 1, D.Lgs. n. 25/2008, è presentata personalmente dall'interessato presso l'ufficio di polizia di frontiera all'atto dell'ingresso nel territorio nazionale o presso l'ufficio della questura competente in base al luogo di dimora dello stesso richiedente.

Lo straniero interessato è autorizzato a rimanere nel territorio nazionale fino alla decisione sulla domanda da parte della competente Commissione territoriale.

La decisione su ogni singola domanda deve essere assunta in modo individuale, obiettivo ed imparziale ed in base ad un congruo esame effettuato nel rispetto dei criteri stabiliti nel D.Lgs. n. 251/2007 e dei principi contenuti nella direttiva 2004/83/CE, tale atto decisorio è comunicato per iscritto ed il rigetto della domanda è corredata da motivazione di fatto e di diritto con le indicazioni dei mezzi di impugnazione ammissibili.

Il richiedente asilo ha l'obbligo, se convocato, di comparire personalmente davanti alla Commissione territoriale ed ha l'obbligo di consegnare i documenti in suo possesso pertinenti ai fini della domanda, incluso il passaporto; altresì è tenuto ad informare l'autorità competente in ordine ad ogni suo mutamento di residenza o domicilio.

Il D.Lgs. n. 25/2008 garantisce ai richiedenti asilo il diritto ad essere informati in relazione alla procedura per il conseguente riconoscimento della protezione internazionale nella lingua da loro indicata, nonché è assicurata ai richiedenti l'assistenza di un interprete e l'assistenza di un legale; inoltre è consegnato allo straniero un opuscolo informativo sui principali diritti e doveri del richiedente durante la sua permanenza in Italia, sulle prestazioni sanitarie e di accoglienza, sui contatti con l'UNHCR (United Nations High Commissioner for Refugees).

È prevista l'audizione dell'interessato in seduta non pubblica e per mezzo di un colloquio personale dinanzi alla Commissione territoriale o alla Commissione nazionale.

Il colloquio personale deve svolgersi nella condizione di poter consentire al richiedente di esporre in modo esauriente le ragioni della sua domanda, anche con l'ausilio tecnico di un avvocato di fiducia, è videoregistrato con mezzi audiovisivi e trascritto in lingua italiana con l'ausilio di sistemi automatici di riconoscimento vocale; di tanto viene redatto verbale relativo all'avvenuta audizione con conseguente sottoscrizione dal presidente o dal componente della Commissione territoriale che ha condotto il colloquio, dall'interprete e dallo stesso interessato.

Bisogna evidenziare che l'audizione, resa dallo straniero dinanzi alla competente Commissione in tale fase pre-giurisdizionale, rappresenta allo stato un elemento di garanzia e uno strumento difensivo in favore del richiedente la misura di protezione internazionale, difatti il legislatore all'art. 18 del D.Lgs. n. 25/2008 precisa che «Ai procedimenti per l'esame delle domande di protezione internazionale si applicano le disposizioni in materia di procedimento amministrativo e di accesso agli atti amministrativi, di cui ai capi I, ad esclusione dell'articolo 2, comma 2, II, IV-*bis* e V, nonché agli articoli 7, 8 e 10 del capo III della legge 7 agosto 1990 n. 241».

Il colloquio personale può essere omesso dalla Commissione territoriale in caso di sufficienti motivi di accoglimento della domanda e in caso dell'impossibilità del richiedente di sostenere l'audizione per ragioni sanitarie regolarmente certificate.

La domanda di protezione internazionale è presentata all'ufficio di polizia di frontiera ovvero alla questura competente per il luogo di dimora.

Nel caso di presentazione della domanda all'ufficio di frontiera è disposto, ai sensi dell'art. 26, comma 1, D.Lgs. n. 25/2008, l'invio del richiedente presso la questura competente per territorio.

Successivamente negli uffici della questura e con l'avvenuta ricezione della domanda di protezione internazionale, viene redatto verbale relativo alle dichiarazioni rilasciate dallo stesso richiedente.

Nell'ipotesi in cui la domanda è presentata da un minore non accompagnato, il decreto legislativo prevede l'intervento del giudice tutelare e la conseguente nomina di un tutore, che provvede nell'interesse del minore ai fini dell'assistenza e della definizione della procedura, secondo il considerando 14 della direttiva 2005/85/CE che ritiene «opportuno prevedere specifiche garanzie procedurali per i minori non accompagnati, in considerazione della loro vulnerabilità. L'interesse superiore del minore dovrebbe pertanto costituire un criterio fondamentale per gli Stati membri».

L'esame della domanda di protezione internazionale spetta alla Commissione territoriale, che provvede al colloquio personale entro il termine di trenta giorni dalla ricezione della domanda e adotta la decisione entro i tre giorni feriali successivi.

La stessa Commissione può procedere all'esame delle domande in via prioritaria quando siano palesemente fondate, oppure quando il richiedente sia stato ospitato in un centro di permanenza per i rimpatri, ovvero trattasi di persone vulnerabili, come i minori non accompagnati, o che necessitano di garanzie procedurali particolari per motivi di età, disabilità, gravi malattie psichiche, vittime di torture o gravi forme di violenza fisica o psicologica o sessuale.

La domanda può essere dichiarata inammissibile quando il richiedente è stato già riconosciuto come rifugiato da altro Stato firmatario della Convenzione di Ginevra oppure quando è stata reiterata la domanda senza il sostegno «di nuovi elementi o nuove prove, in merito alle sue condizioni personali o alla situazione del suo Paese di origine, che rendano significativamente più probabile che la persona possa beneficiare della protezione internazionale, salvo che il richiedente alleghi fondatamente di essere stato, non per sua colpa, impossibilitato a presentare tali elementi o prove in occasione della sua precedente domanda o del successivo ricorso giurisdizionale» (art. 29, comma 1, lett. b), D.Lgs. n. 28/2008) e ciò dopo una precedente decisione.

L'art. 32 del predetto decreto legislativo dispone che la Commissione può emettere le seguenti decisioni: a) accogliere la domanda riconoscendo lo *status* di rifugiato o la protezione sussidiaria oppure b) rigettare tale istanza di protezione internazionale per mancanza dei presupposti previsti o insussistenti o per intervenuta causa di cessazione della protezione internazionale, nonché per manifesta infondatezza; ciò per consentire alla stessa Commissione di poter adottare decisioni di rigetto in conseguenza di domande palesemente insussistenti ovvero dilatorie.

Una particolare competenza è attribuita dal comma 3 del citato art. 32 alla Commissione territoriale, che nel caso in cui non ritiene di accogliere la domanda di protezione internazionale, ma ricorrono presupposti come la persecuzione dello straniero per motivi di razza, di sesso, di lingua, di cittadinanza, di religione, di opinioni politiche, di condizioni personali o sociali, o il rischio di essere rinviato verso un altro Stato nel quale non sia protetto dalla persecuzione, oppure l'estradizione dello straniero verso uno Stato in cui potrebbe essere sottoposto a tortura, trasmette gli atti al Questore per il rilascio del permesso di soggiorno biennale recante la dicitura "protezione speciale", salvo che possa disporsi l'allontanamento verso altro Stato che provvede ad accordare una protezione analoga, tale titolo di soggiorno è rinnovabile, consente di svolgere attività lavorativa, ma ora può essere oggetto di conversione in permesso di soggiorno per motivi di lavoro ai sensi dell'art. 6-*bis* T.U. Immigrazione.

L'art. 35 del D.Lgs. n. 25/2008 delinea le procedure di impugnazione relative alle decisioni emesse dalla Commissione territoriale e dalla Commissione nazionale.

È ammesso il ricorso dinanzi all'autorità giudiziaria ordinaria sia avverso le decisioni della Commissione territoriale, ivi compreso l'eventuale accertamento negativo in relazione ad esigenze di carattere umanitario e sia avverso le decisioni della Commissione nazionale sulla revoca o sulla cessazione dello *status* di rifugiato o di persona cui è accordata la protezione sussidiaria.

È opportuno rilevare che in precedenza la Corte di Cassazione (Sez. Un., sent. 17 novembre 2008, n. 27310) aveva precisato che «in materia di riconoscimento dello *status* di rifugiato, i poteri istruttori officiosi prima della competente Commissione e poi del giudice risultano rafforzati; in particolare, spetta al giudice cooperare nell'accertamento delle condizioni che consentono allo straniero di godere della protezione internazionale, acquisendo anche di ufficio le informazioni necessarie a conoscere l'ordinamento giuridico e la situazione politica del Paese di origine, in tale prospettiva la diligenza e la buona fede del richiedente si sostanziano in elementi di integrazione dell'insufficiente quadro probatorio, con un chiaro rivolgimento delle regole ordinarie sull'onere probatorio dettate dalla normativa codicistica vigente in Italia».

In tal senso si avrà un onere probatorio più attenuato da parte del richiedente asilo, rispetto ad un potere officioso più rafforzato da parte del giudice per consentire la valutazione della prova; tanto è vero che il sistema probatorio è integrato dalle precise e dettagliate prescrizioni relative all'esame della domanda di protezione internazionale, come contenute nel D.Lgs. n. 251/2007.

In conseguenza di ciò il legislatore al fine di consentire l'esame della domanda di protezione internazionale, ha aggiunto con l'art. 7-*bis* (D.L. n. 113/2018, convertito dalla L. n. 132/2018) l'art. 2-*bis*, comma 2, del D.Lgs. n. 25/2008 come nuova disposizione che definisce Paesi di origine sicuri extra-UE, quegli Stati ove in base al loro ordinamento giuridico e al loro sistema democratico, nonché della relativa situazione politica generale, si può dimostrare che non sussistono atti di persecuzione, torture, trattamenti inumani o degradanti, violenze indiscriminate in situazioni di conflitto armato interno o internazionale; tale valutazione consente di rigettare la domanda del richiedente la protezione internazionale per mancata prova di sussistenza di gravi motivi necessari a ritenere non sicuro il Paese di provenienza.

Il ricorso è proposto a pena d'inammissibilità entro trenta giorni dall'avvenuta notificazione del provvedimento; mentre i termini sono ridotti della metà in caso di avvenuta adozione di un provvedimento di trattenimento.

Il legislatore con l'art. 1 D.L. 17 febbraio 2017, n. 13 convertito con modificazioni dalla L. 13 aprile 2017, n. 46 ("Disposizioni urgenti per l'accelerazione dei procedimenti in materia di protezione internazionale, nonché per il contrasto dell'immigrazione illegale") ha istituito presso i tribunali del luogo nel quale hanno sede le Corti d'appello, sezioni specializzate in materia di immigrazione, protezione internazionale e libera circolazione dei cittadini dell'Unione europea e il D.L. n. 113/2018, convertito, nella L. n. 125/2018 ha apportato ulteriori modificazioni.

A tali sezioni specializzate sono state attribuite i seguenti procedimenti a trattazione monocratica per: 1. le controversie in materia di mancato riconoscimento del diritto di soggiorno sul territorio nazionale in favore dei cittadini degli altri Stati membri UE o dei loro familiari di cui all'art. 8 del D.Lgs. n. 30/2007; 2. le controversie aventi ad oggetto l'impugnazione del provvedimento di allontanamento dei cittadini UE o dei loro familiari per motivi imperativi di pubblica sicurezza e per gli altri motivi di pubblica sicurezza di cui all'art. 20 del D.Lgs. n. 30/2007, ovvero per i motivi di cui al successivo art. 21, nonché per i procedimenti di convalida dei provvedimenti di allontanamento coattivo adottati dal questore previsti dall'art. 20-*ter* del D.Lgs. n. 30/2007; 3. le controversie in materia di diniego del nulla osta al ricongiungimento familiare e del permesso di soggiorno per motivi familiari, nonché relative agli altri provvedimenti dell'Autorità amministrativa in materia di diritto all'unità familiare, di cui all'art. 30, comma 6, del T.U. Immigrazione; 4. l'accertamento dello stato di apolidia e dello stato di cittadinanza italiana e per le cause ed i procedimenti che presentano ragioni di connessione con i procedimenti indicati ai commi 1 e 2 dell'art. 3 del D.L. n. 13/2017, convertito con modificazioni dalla L. n. 46/2017.

Inoltre alle sezioni specializzate sono state devolute alla competenza collegiale le seguenti controversie per: 1. protezione internazionale previste dall'art. 35 del D.Lgs. n. 25/2008 (rito camerale *ex* art. 737 c.p.c.); 2. rifiuto, rilascio, diniego di rinnovo e di revoca del permesso di soggiorno per protezione speciale nei casi di cui all'art. 32, comma 3, del D.Lgs. n. 25/2008 (rito camerale *ex* art. 737 c.p.c.); 3. rifiuto di rilascio, diniego di rinnovo e di revoca dei permessi di soggiorno di cui agli artt. 18, 18-*bis*,19, comma 2, lett. d) e d-*bis*), 20-*bis*, 22, comma 12-*quater*, T.U. (rito semplificato di cognizione *ex* art. 281-*decies* c.p.c.); 4. l'impugnazione dei provvedimenti adottati dall'autorità preposta (Unità Dublino) alla determinazione dello Stato competente all'esame della domanda di protezione internazionale, in applicazione del Reg. (UE) n. 604/2013 del Parlamento europeo e del Consiglio (rito camerale *ex* art. 737 c.p.c.).

Con l'approvazione del D.L. 11 ottobre 2024, n. 145, convertito dalla L. 9 dicembre 2024, n. 187 sono state trasferite dai tribunali sedi delle sezioni specializzate in materia di immigrazione, protezione internazionale e libera circolazione dei cittadini dell'Unione europea alle corti d'appello le seguenti competenze: 1. convalida provvedimento questore per trattenimento proroga del richiedente protezione internazionale come trattenimento nei CPR (Centri di permanenza per i rimpatri); trattenimento a fini identificativi presso hotspot (c.d.

punti di crisi); trattenimento per procedura di frontiera; trattenimento in attesa di trasferimento nello Stato competente per esame domanda secondo procedura Dublino; inoltre 2. convalida provvedimento questore per trattenimento o proroga del richiedente protezione internazionale giunto nel territorio nazionale per salvataggio in mare o rintracciato in posizione irregolare nel territorio nazionale, che rifiuta di sottoporsi a rilievi fotodattiloscopici o in occasione di attraversamento irregolare frontiera interna o esterna; 3. convalida misure alternative al trattenimento imposte dal questore come: consegna del passaporto, obbligo di dimora, obbligo di presentazione.

Nei predetti procedimenti la corte d'appello giudica in composizione monocratica.

Ai fini dell'art. 16 del D.L. 11 ottobre 2024, n. 145, convertito dalla L. 9 dicembre 2024, n. 187, risulta essere competente la corte d'appello nel cui distretto ha sede il questore che ha adottato il provvedimento di convalida.

Di conseguenza da una parte vi è il giudice competente a valutare nel merito i provvedimenti relativi al riconoscimento del diritto di asilo per i richiedenti (Trib. sez. spec. Immigrazione), dall'altro vi è il giudice competente (Corte d'Appello) a valutare la legittimità dei trattenimenti disposti dal questore.

Riguardo invece alla L. n. 14/2024 che ha ratificato e dato esecuzione al Protocollo tra il Governo della Repubblica italiana e il Consiglio dei Ministri della Repubblica di Albania per il rafforzamento della collaborazione in materia migratoria, fatto a Roma il 6 novembre 2023, per le procedure relative al D.Lgs. n. 286/1998, D.Lgs. n. 251/2007, D.Lgs. n. 25/2008 e il D.Lgs. n. 142/2015, sussiste la giurisdizione italiana e sono territorialmente competenti in via esclusiva la corte d'appello, la sezione specializzata in materia di immigrazione, protezione internazionale e libera circolazione dei cittadini dell'Unione Europea del tribunale di Roma e l'ufficio del giudice di pace di Roma.

Inoltre è stata introdotta la possibilità di proporre reclamo entro cinque giorni dalla comunicazione del provvedimento alla corte d'appello avverso decreto motivato con cui il tribunale sede delle sezioni specializzate in materia di immigrazione decide sulla sospensione dell'efficacia esecutiva del provvedimento impugnato inerente alla richiesta di asilo, per i casi in cui la sospensione non è automatica e nelle ipotesi in cui i richiedenti asilo siano trattenuti nel corso dello svolgimento della procedura accelerata di frontiera e si applicano gli artt. 737 e 738 c.p.c.

Rispetto al giudizio ordinario contenzioso il legislatore, in relazione alle controversie in materia di riconoscimento della protezione internazionale (artt. 35 e 32, comma 3, D.Lgs. n. 25/2008) ha ritenuto opportuno applicare il c.d. procedimento camerale contraddistinto da una semplificazione processuale, prevista dall'art. 737 c.p.c. che garantisce in ogni caso il principio del contraddittorio ed il principio fondamentale del diritto comunitario che le decisioni relative a una domanda di asilo e alla revoca dello *status* di rifugiato siano soggette ad un rimedio effettivo dinanzi ad un giudice a norma dell'art. 234 del Trattato (considerando 27 della direttiva 2005/85/CE).

Il ricorso è proposto, a pena di inammissibilità, entro trenta giorni dalla notificazione del provvedimento o entro sessanta giorni se il ricorrente si trova in un Paese terzo all'atto della proposizione del ricorso in oggetto, notificato a cura della cancelleria al Ministero dell'interno, presso la Commissione o la sezione che ha adottato l'atto impugnato; per i casi di cessazione o revoca della protezione internazionale alla Commissione nazionale per il diritto di asilo e pure trasmesso al pubblico ministero che entro venti giorni rassegna le sue conclusioni.

Il Ministero dell'interno può partecipare al giudizio, ma solo in primo grado, tramite un rappresentante designato dalla competente Commissione che ha emesso l'atto oggetto d'impugnazione.

Per quanto concerne la competenza territoriale la normativa di cui sopra fa riferimento al tribunale nella cui circoscrizione l'autorità che ha emesso il provvedimento oggetto di impugnativa.

Il ricorso proposto davanti all'autorità giudiziaria sospende l'efficacia esecutiva del provvedimento impugnato, salvo che nelle ipotesi in cui si è in presenza di un soggetto destinatario di provvedimento di trattenimento in un centro, avverso un provvedimento che dichiara inammissibile la domanda o di un provvedimento di rigetto per manifesta infondatezza.

In altri casi non si applica l'effetto sospensivo immediato del provvedimento impugnato, ma è necessaria la proposizione da parte dell'interessato di apposita istanza di sospensione per gravi e circostanziate ragioni al tribunale e contestualmente al deposito del ricorso.

L'autorità giudiziaria adita nei cinque giorni successivi al deposito dell'istanza sospensiva decide con decreto motivato; ma ai sensi dell'art. 3, comma 1 del D.Lgs. n. 251/2007, in attuazione alla direttiva 2004/83/CE, il richiedente con la presentazione della domanda è tenuto a esporre tutti gli elementi e ad allegare la documentazione come presupposti necessari per motivare l'istanza, l'esame è svolto dal giudicante in cooperazione con lo stesso richiedente e deve tener conto di tutti gli elementi significativi della domanda, inoltre in mancanza di elementi esaustivi forniti dal soggetto istante, sarà il giudice a cooperare in modo attivo per acquisire determinati documenti e informazioni (Corte di giustizia UE, 22 novembre 2012, n. 277/11), in una forma di collaborazione istruttoria del giudice nei confronti del ricorrente.

Il procedimento in oggetto è trattato in camera di consiglio e il giudicante si avvale anche delle informazioni sulla situazione socio-politico-economica del Paese di provenienza del richiedente; ma è opportuno rilevare che l'udienza di comparizione delle parti viene fissata solo quando visionata la videoregistrazione, resa disponibile dalla Commissione che ha adottato l'atto impugnato, si rende necessario l'audizione dell'interessato ovvero l'indispensabilità di chiarimenti alle parti o la nomina di consulente tecnico o l'assunzione di mezzi di prova.

Il tribunale decide con decreto entro quattro mesi dalla presentazione del ricorso, rigettando l'istanza ovvero riconoscendo al ricorrente lo *status* di rifugiato o di persona cui è accordata la protezione sussidiaria.

In tale ambito la controversia è trattata in via d'urgenza e non opera la sospensione dei termini processuali nel periodo feriale.

Il provvedimento decisorio non è reclamabile ma è ricorribile per Cassazione.

Nell'ambito di tale procedimento giurisdizionale la Corte di Cassazione (ord. 9 dicembre 2011, n. 26480) ha ritenuto che «il giudizio introdotto dal ricorso dell'interessato avverso il rigetto dell'istanza di protezione internazionale da parte dell'apposita Commissione, non ha ad oggetto il provvedimento amministrativo, bensì il diritto soggettivo dell'istante alla protezione invocata. E infatti la legge (D.Lgs. n. 25 del 2008, art. 35, comma 10 cit.) stabilisce che la sentenza del tribunale può contenere, alternativamente, il rigetto del ricorso ovvero il riconoscimento dello *status* di rifugiato o di persona cui è accordata la protezione sussidiaria, e non anche il puro e semplice annullamento del provvedimento della Commissione».

Infine bisogna evidenziare che la decisione di rigetto della domanda di protezione internazionale per mancanza dei presupposti di legge o per manifesta infondatezza, nonché la declaratoria d'inammissibilità dell'istanza o il suo ritiro, comportano alla scadenza del termine per l'impugnazione il conseguente obbligo per il richiedente di lasciare il territorio nazionale, salvo che gli sia stato rilasciato un permesso di soggiorno ad altro titolo.

L'inammissibilità anche incidentale dell'impugnazione comporta la mancata liquidazione, in favore del difensore, delle spese legali coperte dal gratuito patrocinio (art. 130-*bis* del T.U. n. 115/2002).

Ulteriore tutela processuale è stata aggiunta con il D.L. n. 13/2017 convertito con modificazioni dalla L. 13 aprile 2017, n. 46 in relazione alle decisioni di trasferimento adottate dall'autorità preposta alla determinazione dello Stato competente all'esame della domanda di protezione internazionale di cui al Reg. (UE) n. 604/2013.

Avverso le predette decisioni è ammesso ricorso entro trenta giorni, a pena d'inammissibilità, dalla notificazione di tale provvedimento.

Il procedimento segue il rito camerale e la comparizione delle parti è fissata esclusivamente nel caso in cui il tribunale in composizione collegiale lo ritenga necessario; ed è definito entro sessanta giorni dall'avvenuto deposito del ricorso con decreto non reclamabile, ma ricorribile in Cassazione.

In relazione alla competenza sulle impugnazioni relative ai provvedimenti emessi dalla c.d. Unità Dublino, la Corte di Cassazione, Sez. VI civ., sott. 1, con l'ordinanza del 17 febbraio 2021, n. 4236 ha precisato che «la competenza territoriale a decidere sulle impugnazioni dei provvedimenti emessi dalla c.d. Unità Dublino, o dalle sue articolazioni territoriali, si radica, secondo un criterio di "prossimità", nella sezione specializzata in materia di immigrazione del Tribunale nella cui circoscrizione ha sede la struttura di accoglienza o il centro che ospita il ricorrente, anche nelle ipotesi in cui questi sia trattenuto in un centro di cui al D.Lgs. n. 286 del 1998, art. 14 (si vedono in questo senso Cass. 31127/2019, Cass. 11873/2020, Cass. 23108/2020)», in una prospettiva di tutela del diritto di ogni soggetto per consentire allo stesso un ricorso effettivo al sistema giudiziario, ciò nel rispetto dell'art. 13 CEDU e dell'art. 47 Carta dei diritti fondamentali dell'UE.

In effetti il considerando 11 della direttiva 2013/32/UE precisa che dovrebbero essere adottate norme in materia di accoglienza dei richiedenti che siano sufficienti a garantire loro un livello di vita dignitoso e condizioni di vita analoghe in tutti gli Stati membri; mentre il considerando 15 della citata direttiva aggiunge che i richiedenti in stato di trattenimento dovrebbero godere effettivamente delle necessarie garanzie procedurali, quali il diritto a un ricorso giudiziario dinanzi a un'autorità giurisdizionale nazionale.

Tale direttiva stabilisce norme relative all'accoglienza dei richiedenti protezione internazionale negli Stati membri e si applica a tutti i cittadini di paesi terzi ed agli apolidi che presentino domanda di protezione internazionale alla frontiera o nel territorio di uno Stato membro.

Le condizioni di accoglienza secondo la direttiva si racchiudono in una serie di disposizioni favorevoli nei confronti dei richiedenti asilo; come l'informazione e la documentazione, la residenza e la libera circolazione, la scolarizzazione e l'istruzione dei figli minori dei richiedenti asilo, l'accesso al lavoro e alla formazione professionale, l'assistenza sanitaria e misure verso persone portatrici di particolari esigenze.

Il D.Lgs. n. 142/2015 di attuazione della direttiva 2013/33/UE ha lo scopo di stabilire le norme relative all'accoglienza degli stranieri richiedenti il riconoscimento dello *status* di rifugiato o lo *status* di protezione sussidiaria nel territorio nazionale.

Il presente atto legislativo prevede altresì una particolare garanzia giurisdizionale nel senso che, avverso il provvedimento di diniego delle misure di accoglienza o di revoca delle stesse misure, è ammesso ricorso al Tribunale amministrativo regionale competente e ciò nel rispetto della direttiva comunitaria, che assicura la possibilità di ricorrere dinanzi ad un organo giudiziario per impugnare decisioni negative riguardanti misure di accoglienza.

Pertanto vengono definiti i contenuti, le modalità applicative e le condizioni materiali di accoglienza dal momento in cui i richiedenti asilo hanno presentato domanda di protezione internazionale e fino al momento della comunicazione della decisione relativa a tale istanza; perché anche in questi casi deve essere garantita piena assistenza per assicurare il pieno rispetto della dignità umana e non può essere negato ai soggetti richiedenti asilo l'accesso alle misure di accoglienza, alle cure mediche o all'attività lavorativa.

In tale contesto appare utile l'avvenuto inserimento, con il D.L. 17 febbraio 2017, n. 13 convertito con modificazioni dalla L. 13 aprile 2017, n. 46, dell'art. 22-*bis* nel D.Lgs. n. 142/2015 ("Attuazione della direttiva 2013/33/UE recante norme relative all'accoglienza dei richiedenti protezione internazionale, nonché della direttiva 2013/32/UE recante procedure comuni ai fini del riconoscimento e della revoca dello *status* di protezione internazionale") che prevede la partecipazione dei richiedenti la protezione internazionale ad attività di utilità sociale, ciò per favorire relazioni armoniose tra le comunità locali e i centri di accoglienza, come prevede il considerando 27 della direttiva 2013/33/UE.

Difatti i prefetti promuovono d'intesa con i Comuni, Regioni e Province autonome iniziative utili all'implementazione dell'impiego di richiedenti protezione internazionale su base volontaria e finalizzate ad attività di utilità sociale in favore delle collettività locali, ciò nel rispetto delle disposizioni normative vigenti.

Infine il D.Lgs. n. 150/2011, modificato dall'art. 15 del D.Lgs. 10 ottobre 2022, n. 149, prevede che le controversie in materia di diniego o di revoca dei permessi di soggiorno temporanei per esigenze di carattere umanitario, come motivi di protezione sociale per vittima di violenza domestica, per malattia, per calamità e per denuncia di sfruttamento lavorativo, sono regolate dal rito semplificato di cognizione.

La competenza spetta al tribunale, in composizione collegiale, della sezione immigrazione del luogo in cui ha sede l'autorità che ha adottato il provvedimento impugnato.

Il ricorso è proposto entro trenta giorni dalla notificazione del provvedimento o sessanta giorni se il ricorrente risiede all'estero.

La sentenza non è appellabile ma è ricorribile per Cassazione.

Appendice normativa

Testo coordinato del decreto-legge 11 ottobre 2024, n. 145

Testo del decreto-legge 11 ottobre 2024, n. 145 (in Gazzetta Ufficiale – Serie generale – n. 239 dell'11 ottobre 2024), coordinato con la legge di conversione 9 dicembre 2024, n. 187 (in questa stessa Gazzetta Ufficiale, alla p. 1), recante: «Disposizioni urgenti in materia di ingresso in Italia di lavoratori stranieri, di tutela e assistenza alle vittime di caporalato, di gestione dei flussi migratori e di protezione internazionale, nonché dei relativi procedimenti giurisdizionali». (24A06589)
(GU n.289 del 10 dicembre 2024)
Vigente al: 10 dicembre 2024

Capo I

MODIFICHE ALLA DISCIPLINA DELL'INGRESSO IN ITALIA DI LAVORATORI STRANIERI

Avvertenza:

Il testo coordinato qui pubblicato è stato redatto dal Ministero della giustizia ai sensi dell'art. 11, comma 1, del testo unico delle disposizioni sulla promulgazione delle leggi, sull'emanazione dei decreti del Presidente della Repubblica e sulle pubblicazioni ufficiali della Repubblica italiana, approvato con D.P.R. 28 dicembre 1985, n. 1092, nonché dell'art. 10, commi 2 e 3, del medesimo testo unico, al solo fine di facilitare la lettura sia delle disposizioni del decreto-legge, integrate con le modifiche apportate dalla legge di conversione, che di quelle modificate o richiamate nel decreto, trascritte nelle note. Restano invariati il valore e l'efficacia degli atti legislativi qui riportati.

Le modifiche apportate dalla legge di conversione sono stampate con caratteri corsivi.

Tali modifiche sono riportate in video tra i segni ***((...))***.

A norma dell'art. 15, comma 5, della legge 23 agosto 1988, n. 400 (Disciplina dell'attività di Governo e ordinamento della Presidenza del Consiglio dei Ministri), le modifiche apportate dalla legge di conversione hanno efficacia dal giorno successivo a quello della sua pubblicazione.

Art. 1. *Modifiche al testo unico delle disposizioni concernenti la disciplina dell'immigrazione e norme sulla condizione dello straniero, di cui al decreto legislativo 25 luglio 1998, n. 286.* – 1. Al testo unico delle disposizioni concernenti la disciplina dell'immigrazione e norme sulla condizione dello straniero, di cui al decreto legislativo 25 luglio 1998, n. 286, sono apportate le seguenti modificazioni:

a) all'articolo 4:

1) dopo il comma 4, è inserito il seguente:

«4-*bis*. All'atto della domanda del visto nazionale, i richiedenti forniscono gli identificatori biometrici richiesti dalla ***((normativa dell'Unione europea))*** per i visti di ingresso per soggiorni di breve durata, con le medesime modalità ***((previste dalla medesima normativa))***.»;

2) dopo il comma 7, è aggiunto il seguente:

«7-*bis*. L'articolo 10-*bis* della legge 7 agosto 1990, n. 241, non si applica ai procedimenti relativi ai visti di ingresso nonché al rifiuto e alla revoca del permesso di soggiorno determinati dalla revoca del visto di ingresso.»;

b) all'articolo 4-*bis*, comma 2, secondo periodo, dopo le parole:

«La stipula dell'Accordo di integrazione» sono inserite le seguenti:

«, con le modalità di cui all'articolo 22, comma 6,»;

c) all'articolo 5-*bis*, il comma 3 è abrogato;

d) all'articolo 9-*bis*, comma 1, lettera a), dopo le parole: «ai sensi degli articoli 5, comma 3-*bis*, 22 e 26» sono inserite le seguenti: «, al di fuori delle quote di cui all'articolo 3, comma 4»;

e) all'articolo 22:

1) al comma 2:

1.1.) all'alinea, le parole: «deve presentare» sono sostituite dalle seguenti: «deve trasmettere in via telematica»;

1.2) alla lettera b), sono aggiunte, in fine, le seguenti parole: «***((, sottoscritta))*** mediante apposizione di firma digitale o altro tipo di firma elettronica qualificata»;

1.3) la lettera d-*bis*) è sostituita dalla seguente:

«d-bis) asseverazione di cui all'articolo 24-bis, comma 2, sottoscritta mediante apposizione di firma digitale o altro tipo di firma elettronica qualificata;»;

1.4) dopo la lettera d-*bis*), è aggiunta la seguente:

«d-*ter*) ***((indicazione del domicilio digitale inserito in uno degli indici nazionali istituiti dagli articoli))*** 6-*bis* e 6-*quater* del codice dell'amministrazione digitale, di cui al decreto legislativo 7 marzo 2005, n. 82.»;

2) dopo il comma 2, sono inseriti i seguenti:

«2-*bis*. La previa verifica di cui al comma 2 si intende esperita con esito negativo se il centro per l'impiego non comunica la disponibilità di lavoratori presenti sul territorio nazionale entro otto giorni dalla richiesta del datore di lavoro interessato all'assunzione di lavoratori stranieri residenti all'estero.

2-*ter*. ***((È irricevibile la richiesta presentata ai sensi del comma 2 dal datore di lavoro che, nel triennio antecedente la presentazione, avendo presentato una precedente richiesta di nulla osta al lavoro, all'esito della relativa procedura non abbia sottoscritto il contratto di soggiorno di cui all'articolo 5-bis))***. La disposizione di cui al primo periodo non si applica se il datore di lavoro prova che la mancata sottoscrizione è dovuta a causa a lui non imputabile. È altresì irricevibile la ***((richiesta))*** presentata dal datore di lavoro nei cui confronti, al momento della presentazione della stessa, risulti emesso decreto che dispone il giudizio ***((per i reati di cui agli articoli 600, 601, 602 e 603-bis))*** del codice penale o emessa sentenza di condanna, anche non definitiva, ***((per i predetti reati))***.»;

3) al comma 5-*ter*, le parole: «qualora lo straniero non si rechi presso lo sportello unico per l'immigrazione per la firma del contratto di soggiorno entro il termine di cui al comma 6,

salvo che il ritardo sia dipeso da cause di forza maggiore» sono sostituite dalle seguenti: «qualora il contratto di soggiorno di cui all'articolo 5-*bis*, sottoscritto con le modalità di cui al comma 6, non sia trasmesso allo sportello unico per l'immigrazione nel termine di cui al medesimo comma, salvo che il ritardo sia dipeso da cause di forza maggiore o comunque non imputabili al lavoratore»;

4) dopo il comma 5-*quater*, è inserito il seguente:

«5-*quinquies*. Il datore di lavoro è tenuto a confermare ***((la richiesta di nulla osta))*** al lavoro allo sportello unico per l'immigrazione entro sette giorni dalla comunicazione di avvenuta conclusione degli accertamenti di rito sulla domanda di visto di ingresso presentata dal lavoratore. In assenza di conferma entro il suddetto termine, ***((la richiesta))*** si intende rifiutata e il nulla osta***((, ove già rilasciato,))*** è revocato. In caso di conferma, l'ufficio consolare presso il Paese di residenza o di origine dello straniero rilascia il visto di ingresso. Le comunicazioni tra l'ufficio consolare e lo sportello unico per l'immigrazione avvengono esclusivamente tramite il portale informatico per la gestione delle domande di visto di ingresso in Italia.»;

5) il comma 6 è sostituito dal seguente:

«6. Entro otto giorni ***((dalla data di ingresso))*** del lavoratore straniero nel territorio nazionale, il datore di lavoro e il lavoratore straniero sottoscrivono, mediante apposizione di firma digitale o altro tipo di firma elettronica qualificata, il contratto di soggiorno di cui all'articolo 5-*bis*. Il lavoratore può altresì firmare il contratto in forma autografa. L'apposizione della firma digitale o altro tipo di firma elettronica qualificata del datore di lavoro sulla copia informatica del contratto firmato in forma autografa dal lavoratore costituisce dichiarazione ai sensi dell'articolo 47 del testo unico delle disposizioni legislative e regolamentari in materia di documentazione amministrativa, di cui al decreto del Presidente della Repubblica 28 dicembre 2000, n. 445, in ordine alla sottoscrizione autografa del lavoratore. Tale documento***((, nel termine di cui al primo periodo,))*** è trasmesso in via telematica a cura del datore di lavoro allo sportello unico per l'immigrazione per gli adempimenti concernenti la richiesta di rilascio del permesso di soggiorno.»;

f) all'articolo 24:

1) al comma 1, secondo periodo, le parole: «ad eccezione dei commi 11 e 11-*bis*» sono sostituite dalle seguenti: «ad eccezione dei commi 5, secondo periodo, e 11»;

2) al comma 3, primo periodo, le parole: «esibisce al momento della sottoscrizione del contratto di ***((soggiorno,»))*** sono sostituite dalle seguenti: «trasmette allo sportello unico per l'immigrazione, unitamente al contratto di soggiorno sottoscritto con le modalità di cui all'articolo 22, comma 6,»;

3) dopo il comma 6, è inserito il seguente:

«6-*bis*. Dell'avvenuta sottoscrizione del contratto di soggiorno, ai sensi dell'articolo 22, comma 6, è data comunicazione all'INPS, che iscrive il lavoratore stagionale d'ufficio alla piattaforma del sistema informativo per l'inclusione sociale e lavorativa (SIISL) di cui all'articolo 5 del decreto-legge 4 maggio 2023, n. 48, convertito, con modificazioni, dalla legge 3 luglio 2023, n. 85.»;

4) al comma 8, dopo il primo periodo, ***((sono inseriti i seguenti))***: «La nuova opportunità di lavoro può intervenire non oltre sessanta giorni dal termine finale del precedente contratto. Ferme restando le disposizioni di cui al comma 5, il lavoratore può, nel periodo di validità del nulla osta al lavoro, svolgere attività lavorativa stagionale alle dipendenze dello stesso o di altro datore di lavoro, a condizione che l'intermediazione del rapporto di lavoro avvenga mediante l'utilizzo della piattaforma del ***((SIISL.»))***;

5) al comma 9, le parole: «sia rientrato nello Stato di provenienza» sono sostituite dalle seguenti: «abbia lasciato il territorio nazionale»;

6) al comma 10, le parole: ***((«, nei limiti))*** delle quote di cui all'articolo 3, comma 4» sono soppresse;

7) al comma 11, il quarto periodo è ***((sostituito))*** dai seguenti: «Entro otto giorni ***((dalla data di ingresso))*** del lavoratore straniero nel territorio nazionale, il datore di lavoro e il lavoratore straniero sottoscrivono, mediante apposizione di firma digitale o altro tipo di firma elettronica qualificata, il contratto di soggiorno di cui all'articolo 5-*bis*. Il lavoratore può altresì firmare il contratto in forma autografa. L'apposizione della firma digitale o altro tipo di firma elettronica qualificata del datore di lavoro sulla copia informatica del contratto firmato in forma autografa dal lavoratore costituisce dichiarazione ai sensi dell'articolo 47 del testo unico delle disposizioni legislative e regolamentari in materia di documentazione amministrativa, di cui al decreto del Presidente della Repubblica 28 dicembre 2000, n. 445, in ordine alla sottoscrizione autografa del lavoratore. Tale documento***((, nel termine di cui al quarto periodo,))*** è trasmesso in via telematica a cura del datore di lavoro allo sportello unico per l'immigrazione per gli adempimenti concernenti la richiesta di rilascio del permesso di soggiorno.»;

g) all'articolo 24-*bis*, al comma 4, dopo le parole: «Agenzia delle entrate» sono inserite le seguenti: «e, relativamente al settore agricolo, con l'Agenzia per le erogazioni in agricoltura»;

h) all'articolo 27, al comma 1-*ter*, il quarto periodo è sostituito dal seguente: «Entro otto giorni ***((dalla data di ingresso))*** dello straniero, il contratto di soggiorno di cui all'articolo 5-*bis*, sottoscritto con le modalità di cui all'articolo 22, comma 6, è trasmesso allo sportello unico per l'immigrazione, per gli adempimenti concernenti la richiesta di rilascio del permesso di soggiorno.»;

i) all'articolo 27-*quater*:

1) al comma 6, le parole: «convoca il datore di lavoro e» sono soppresse;

2) al comma 9, le parole: «qualora lo straniero non si rechi presso lo sportello unico per l'immigrazione per la firma del contratto di soggiorno entro il termine di cui all'articolo 22, comma 6,» sono sostituite dalle seguenti: «qualora il contratto di soggiorno di cui all'articolo 5-*bis*, sottoscritto con le modalità di cui all'articolo 22, comma 6, non sia trasmesso allo sportello unico per l'immigrazione nel termine di cui al medesimo articolo 22, comma 6,»;

((2-bis) al comma 18-bis, dopo le parole: «del Ministero del lavoro e delle politiche sociali,» sono inserite le seguenti: «del Ministero delle imprese e del made in Italy,» ed è aggiunto, in fine, il seguente periodo: «Al fine di garantire la più vasta divulgazione delle predette informazioni, le camere di commercio, industria, artigianato e agricoltura inseriscono nei propri siti internet istituzionali una sezione dedicata alle modalità di rilascio della Carta blu UE».))

2. Le disposizioni di cui al comma 1, lettere a), numero 1), ed e), numero 4), si applicano alle domande di visto nazionale presentate a partire dal novantesimo giorno successivo alla data di entrata in vigore del presente decreto. Le restanti disposizioni di cui al comma 1 si applicano ***((dalla data di decorrenza))*** entrata in vigore delle disposizioni per l'anno 2025 di cui al decreto del Presidente del Consiglio dei ministri 27 settembre 2023, pubblicato nella Gazzetta Ufficiale n. 231 del 3 ottobre 2023.

Art. 2. *Disposizioni urgenti per l'ingresso di lavoratori stranieri nell'anno 2025.* – 1. Per l'anno 2025, i datori di lavoro ovvero le organizzazioni dei datori di lavoro di cui all'articolo 24-*bis*, comma 3, del testo unico delle disposizioni concernenti la disciplina dell'immigrazione e norme sulla condizione dello straniero, di cui al decreto legislativo 25 luglio 1998, n. 286, che intendono presentare, nei giorni indicati dal decreto del Presidente del Consiglio dei ministri 27 settembre 2023, pubblicato nella Gazzetta Ufficiale n. 231 del 3 ottobre 2023, e dal comma 6 del presente articolo, richiesta di nulla osta al lavoro per gli ingressi previsti dai decreti di cui all'articolo 3, comma 4, del medesimo testo unico, procedono alla precompilazione dei moduli di domanda ***((tramite il portale))*** informatico messo a disposizione dal Ministero dell'interno. Le modalità di precompilazione e i settori interessati sono definiti con circolare congiunta dei Ministeri dell'interno, del lavoro e delle politiche sociali, dell'agricoltura, della sovranità alimentare e delle foreste e del turismo, sentito il Ministero degli affari esteri e della cooperazione internazionale. La precompilazione si svolge dal 1° novembre 2024 al 30 novembre 2024 e, limitatamente alle domande relative al termine del 1° ottobre 2025 previsto dal comma 6, ***((lettera b),))*** dal 1° luglio al 31 luglio 2025. Le amministrazioni effettuano i controlli di veridicità sulle dichiarazioni fornite dagli utenti contestualmente all'accesso alla precompilazione, secondo le modalità e con gli effetti di cui all'articolo 71 del testo unico delle disposizioni legislative e regolamentari in materia di documentazione amministrativa, di cui al decreto del Presidente della Repubblica 28 dicembre 2000, n. 445. Dal 1° dicembre 2024 alle date di cui all'articolo 8, comma 2, del decreto del Presidente del Consiglio dei ministri 27 settembre 2023 e dal 1° agosto al 30 settembre 2025, l'Ispettorato nazionale del lavoro, in collaborazione con l'Agenzia delle entrate e, relativamente al settore agricolo, con l'***((Agenzia per le erogazioni in agricoltura))***, esegue le verifiche di osservanza delle disposizioni del contratto collettivo nazionale di lavoro e le verifiche di congruità del numero delle richieste presentate, tenendo conto anche degli elementi di cui all'***((articolo))*** 24-*bis*, comma 2, del testo unico di cui al decreto legislativo n. 286 del 1998.

2. In via sperimentale, per l'anno 2025 sono rilasciati, al di fuori delle quote di cui all'articolo 3, comma 4, del testo unico di cui al decreto legislativo n. 286 del 1998, nulla osta al lavoro, visti di ingresso e permessi di soggiorno per lavoro subordinato, entro ***((il numero massimo))*** di 10.000 istanze, relativi a lavoratori da impiegare nel settore dell'assistenza familiare o sociosanitaria a favore di persone con disabilità, come definite ai sensi ***((dell'articolo 2, comma 1, lettera b), del decreto legislativo))*** 3 maggio 2024, n. 62, o a favore di persone grandi anziane, come definite dall'articolo 2, comma 1, lettera b), del decreto legislativo 15 marzo 2024, n. 29. La richiesta di nulla osta al lavoro per l'assunzione, a tempo determinato o indeterminato, è presentata allo sportello unico per l'immigrazione competente per il tramite delle agenzie per il lavoro (APL) regolarmente iscritte ***((alle sezioni dell'albo informatico delle agenzie per il lavoro di cui alle lettere a), b) e c) del comma 1 dell'articolo 4 del decreto legislativo 10 settembre 2003, n. 276,))*** e delle associazioni datoriali firmatarie del vigente contratto collettivo nazionale di lavoro del settore domestico. Le richieste di assunzione possono essere presentate per l'assistenza alla persona del datore di lavoro o del suo coniuge o parente o affine entro il secondo grado e, nei casi individuati dall'articolo 3, comma 3, della legge 5 febbraio 1992, n. 104, anche del parente entro il terzo grado del datore di lavoro, ancorché non conviventi, residenti in Italia. Non è consentita l'assunzione del coniuge ***((ne'))*** del parente o affine entro il terzo grado del datore di lavoro. Le agenzie per il lavoro e le associazioni datoriali allegano alle istanze la documentazione attestante i presupposti di cui al terzo e al quarto periodo.

3. La presentazione della domanda e il rilascio del nulla osta, dei visti di ingresso e dei permessi di soggiorno di cui al comma 2 sono regolati dalle disposizioni di cui all'articolo 22 del testo unico di cui al decreto legislativo n. 286 del 1998, con esclusione del comma 5.01 del predetto articolo 22. Il nulla osta è rilasciato previa verifica***((,))*** da parte dell'Ispettorato nazionale del lavoro***((, del rispetto))*** dei requisiti e delle procedure di cui all'articolo 24-*bis* del testo unico di cui al decreto legislativo n. 286 del 1998. I lavoratori stranieri di cui al comma 2, limitatamente ai primi dodici mesi di effettiva occupazione legale ***((nel territorio))*** nazionale, possono esercitare esclusivamente attività lavorative pre-

viste dal citato comma 2. I cambiamenti di datore di lavoro nel corso dei primi dodici mesi sono soggetti all'autorizzazione preliminare da parte dei competenti Ispettorati territoriali del lavoro. Allo scadere dei dodici mesi, in caso di offerta di altro contratto di lavoro subordinato a tempo determinato o indeterminato, in deroga all'articolo 6, comma 1, primo periodo, del testo unico di cui al decreto legislativo n. 286 del 1998, è richiesto allo sportello unico per l'immigrazione un nuovo nulla osta, nei limiti delle quote di cui all'articolo 3, comma 4, del medesimo testo unico.

4. Per l'anno 2025, i datori di lavoro possono presentare come utenti privati fino ad un massimo di tre richieste di nulla osta al lavoro per gli ingressi nell'ambito delle quote di cui agli articoli 6 e 7 del decreto del Presidente del Consiglio dei ministri 27 settembre 2023. Tale limite non si applica alle richieste presentate tramite le organizzazioni datoriali di categoria, di cui all'articolo 24-*bis* del testo unico di cui al decreto legislativo n. 286 del 1998, ***((nonché tramite i soggetti))*** abilitati e autorizzati ai sensi dell'articolo 1 della legge 11 gennaio 1979, n. 12, ***((i quali garantiscono che il numero delle richieste di nulla osta al lavoro presentate sia proporzionale al volume d'affari))*** o ai ricavi o compensi dichiarati ai fini dell'imposta sul reddito, ponderato in funzione del numero di dipendenti e del settore di attività dell'impresa. L'individuazione numerica e le modalità di accreditamento degli operatori delle medesime organizzazioni datoriali sono ***((definite))*** nell'ambito della circolare congiunta di cui al comma 1 del presente articolo.

((4-bis Le associazioni di rappresentanza dei lavoratori stranieri, iscritte nel registro delle associazioni, degli enti e degli altri organismi privati che svolgono attività a favore degli stranieri immigrati prima sezione, possono svolgere il compito di accompagnamento dei lavoratori in ingresso fino all'assunzione tramite percorsi formativi e canali di dialogo con le prefetture-uffici territoriali del Governo. All'attuazione del presente comma si provvede con le risorse umane, finanziarie e strumentali disponibili a legislazione vigente e, comunque, senza nuovi o maggiori oneri a carico della finanza pubblica.))

5. Le quote per lavoro stagionale stabilite per l'anno 2025 dall'articolo 7, commi 1, lettera c), 2 e 3***((,))*** del decreto del Presidente del Consiglio dei ministri 27 settembre 2023 sono ripartite in misura uguale tra il settore agricolo e il settore turistico-alberghiero, ferme restando le quote di riserva di cui ai commi 4 e 5 del citato articolo 7.

6. Per l'anno 2025, i termini per la presentazione delle richieste di nulla osta al lavoro per gli ingressi nell'ambito delle quote di cui al comma 5 decorrono:

a) per il settore agricolo, dalle ore 9,00 del giorno 12 febbraio 2025;

b) per il settore turistico-alberghiero, in misura pari al ***((70 per cento))*** dalle ore 9,00 del giorno 12 febbraio 2025 e, in misura pari al ***((30 per cento))***, dalle ore 9,00 del giorno 1° ottobre 2025.

7. I termini per la presentazione delle richieste di nulla osta al lavoro per gli ingressi di cui al comma 2, entro il limite massimo ivi indicato, decorrono dalle ore 9,00 del giorno 7 febbraio 2025.

((7-bis. Per gli ingressi previsti dal decreto del Presidente del Consiglio dei ministri 27 settembre 2023, pubblicato nella Gazzetta Ufficiale n. 231 del 3 ottobre 2023, e dal comma 2 del presente articolo, è riservata alle lavoratrici una quota fino al 40 per cento delle quote complessive relative al lavoro subordinato stagionale, non stagionale e all'assistenza familiare e sociosanitaria, nonché fino al 40 per cento del numero massimo delle istanze previsto dal predetto comma 2. Alle richieste delle lavoratrici che eccedono la quota di riserva di cui al primo periodo si applicano le disposizioni ordinarie. In caso di raggiungimento parziale della quota di riserva di cui al primo periodo, all'assegnazione della restante parte concorrono tutti i lavoratori secondo le disposizioni ordinarie.))

8. ***((Le quote stabilite per l'anno 2025 dall'articolo 7, commi 1, lettera c), 4 e 5, del decreto del Presidente del Consiglio dei ministri 27 settembre 2023, pubblicato nella Gazzetta Ufficiale n. 231 del 3 ottobre 2023, sono rideterminate, rispettivamente, in 110.000, 47.000 e 37.000 unità)).***

((8-bis. All'articolo 6-bis, comma 1, del decreto-legge 23 luglio 2021, n. 105, convertito, con modificazioni, dalla legge 16 settembre 2021, n. 126, nonché all'articolo 15, commi 1 e 4, del decreto-legge 30 marzo 2023, n. 34, convertito, con modificazioni, dalla legge 26 maggio 2023, n. 56, la parola: «2025» è sostituita dalla seguente: «2027».))

((Art. 2-bis. Modifiche all'articolo 1 del decreto-legge 10 marzo 2023, n. 20, convertito, con modificazioni, dalla legge 5 maggio 2023, n. 50, in materia di programmazione dei flussi di ingresso legale dei lavoratori stranieri. – 1. All'articolo 1 del decreto-legge 10 marzo 2023, n. 20, convertito, con modificazioni, dalla legge 5 maggio 2023, n. 50, sono apportate le seguenti modificazioni:

a) al comma 1, le parole: «Per il triennio 2023-2025» sono sostituite dalle seguenti: «Per i trienni 2023-2025 e 2026-2028»;

b) al comma 4, le parole: «il triennio 2023-2025» sono sostituite dalle seguenti: «i trienni 2023-2025 e 2026-2028».))

Art. 3. *Sospensione dei procedimenti relativi a cittadini di Paesi a particolare rischio.* – 1. In relazione alle domande di nulla osta al lavoro per lavoratori cittadini di Stati e territori caratterizzati da elevato rischio di presentazione di domande ***((corredate di))*** documentazione contraffatta o in assenza dei presupposti di legge, l'articolo 22, comma 5.01, del testo unico delle disposizioni concernenti la disciplina dell'immigrazione e norme sulla condizione dello straniero, di cui al decreto legislativo 25 luglio 1998, n. 286, non si applica e il nulla osta al lavoro può essere rilasciato previa verifica***((,))*** da parte dell'Ispettorato nazionale del lavoro***((, del rispetto))*** dei requisiti e delle procedure di cui all'articolo 24-*bis* del medesimo testo unico.

2. Salvo che, alla data di entrata in vigore del presente decreto, sia già stato rilasciato il visto di ingresso in Italia, l'efficacia dei nulla osta al lavoro già rilasciati ai sensi dell'articolo 22 del testo unico di cui al decreto legislativo n. 286 del 1998 in favore dei lavoratori di cui al comma 1 è sospesa fino alla conferma espressa da parte dello sportello unico per l'immigrazione del positivo espletamento delle verifiche previste dal medesimo comma. Nelle more della ricezione da parte dell'ufficio consolare della conferma di cui al primo periodo, ***((che è inviata))*** esclusivamente tramite l'apposito applicativo informatico, i procedimenti per il rilascio di visto di ingresso in Italia conseguenti ai nulla osta di cui al primo periodo, pendenti alla data di entrata di entrata in vigore del presente decreto, sono sospesi.

3. Gli Stati e i territori di cui al comma 1 sono individuati con decreto del Ministro degli affari esteri e della cooperazione internazionale. Fino al 31 dicembre 2025, nelle more dell'adozione del decreto di cui al primo periodo, i commi 1 e 2 si applicano alle domande di nulla osta e ai nulla osta per lavoratori cittadini del Bangladesh, del Pakistan e dello Sri Lanka.

Art. 4. *Disposizioni in materia di personale dell'Amministrazione civile dell'interno e degli uffici consolari.* – 1. All'articolo 1, comma 683, della legge 29 dicembre 2022, n. 197, le parole: «per gli anni 2023 e 2024» sono sostituite dalle seguenti:

«per gli anni 2023, 2024 e 2025» e le parole: «nel limite massimo di spesa di euro 51.886.624, di cui euro 7.400.624 per l'anno 2023 ed euro 44.486.000 per l'anno 2024» sono sostituite dalle seguenti: «nel limite massimo di spesa di euro 57.009.803, di cui euro

7.400.624 per l'anno 2023, euro 39.079.443 per l'anno 2024 ed euro 10.529.736 per l'anno 2025».

2. Il Fondo per le emergenze nazionali di cui all'articolo 44, comma 1, ***((del codice della protezione civile, di cui al decreto legislativo))*** 2 gennaio 2018, n. 1, è incrementato di 5 milioni di euro per l'anno 2024.

3. Per la realizzazione di un programma di interventi straordinari di cooperazione di polizia con i Paesi terzi d'importanza prioritaria per le rotte migratorie, stabilito dal Ministero dell'interno d'intesa con la Presidenza del Consiglio dei ministri, è autorizzata la spesa di ***((35 milioni))*** di euro per l'anno 2024.

4. Agli oneri derivanti dai commi 1, 2 e 3, pari a ***((40 milioni))*** di euro per l'anno 2024 ***((e a euro))*** 10.529.736 per l'anno 2025, si provvede:

a) quanto a 5 milioni di euro per l'anno 2024, mediante utilizzo ***((di quota parte))*** delle risorse rivenienti ***((dalle disposizioni di cui al comma 1))***;

b) quanto a 15 milioni di euro per l'anno 2024, mediante utilizzo delle risorse del fondo di cui all'articolo 6, comma 5, della legge 21 febbraio 2024, n. 14, destinate alla prevenzione e al contrasto della criminalità e al potenziamento della sicurezza nelle strutture aeroportuali e nelle principali stazioni ferroviarie anche attraverso misure di cooperazione internazionale, iscritte nello stato di previsione del Ministero dell'interno;

((b-bis) quanto a 20 milioni di euro per l'anno 2024, mediante utilizzo delle risorse del Fondo di cui all'articolo 1, comma 995, della legge 30 dicembre 2020, n. 178;))

c) quanto a euro 10.529.736 per l'anno 2025, mediante corrispondente riduzione ***((delle proiezioni, per il medesimo anno,))*** dello stanziamento del fondo speciale di parte corrente iscritto, ai fini del bilancio triennale 2024-2026, nell'ambito del programma «Fondi di riserva e speciali» della missione «Fondi da ripartire» dello stato di previsione del Ministero dell'economia e delle finanze per l'anno 2024, allo scopo parzialmente utilizzando l'accantonamento relativo al Ministero dell'interno.

5. Al fine di assicurare la costante funzionalità ed efficienza delle strutture territoriali, anche con riferimento alla trattazione delle problematiche connesse alla gestione dei flussi migratori e della protezione internazionale***((,))*** il Ministero dell'interno, per il triennio 2025-2027***((,)) è*** autorizzato a reclutare, in aggiunta alle vigenti facoltà assunzionali e con corrispondente incremento della dotazione organica, un contingente di personale pari a 200 unità appartenente all'area degli assistenti, con contratto di lavoro subordinato a tempo indeterminato, senza il previo svolgimento delle procedure di mobilità, mediante l'indizione di apposite procedure concorsuali pubbliche o lo scorrimento delle vigenti graduatorie di concorsi pubblici. Fino al 31 dicembre 2026, il Ministero dell'interno può avvalersi della procedura di cui all'articolo 35-*quater*, comma 3-*bis*, del decreto legislativo 30 marzo 2001, n. 165, nonché delle procedure di cui all'articolo 1, comma 4, lettera b) del decreto-legge 22 aprile 2023, n. 44, convertito, con modificazioni, dalla legge 21 giugno 2023, n. 74. A tal fine è autorizzata la spesa di euro 3.736.318 per l'anno 2025 e di euro 7.472.636 annui a decorrere dall'anno 2026 per gli oneri assunzionali, di euro 188.010 per l'anno 2025 ed euro 376.019 annui a decorrere dall'anno 2026 a titolo di compenso per lavoro straordinario, di euro 168.000 per l'anno 2025 ed euro 336.000 annui a decorrere dall'anno 2026 per buoni pasto. Per l'espletamento delle procedure concorsuali, è autorizzata la spesa di euro 448.000 per l'anno 2025.

6. Agli oneri derivanti dal comma 5, pari a euro 4.540.328 per l'anno 2025 e ad euro 8.184.655 annui a decorrere dall'anno ***((2026,))*** si provvede mediante corrispondente riduzione ***((delle proiezioni))*** dello stanziamento del fondo speciale di parte corrente iscritto, ai fini del bilancio triennale 2024-2026, nell'ambito del programma «Fondi di riserva e speciali» della missione «Fondi da ripartire» dello stato di previsione del Ministero dell'economia e

delle finanze per l'anno 2024, allo scopo parzialmente utilizzando: a) l'accantonamento relativo al Ministero dell'interno, per euro 4.540.328 per l'anno 2025 e euro 7.500.000 annui a decorrere dall'anno 2026; b) l'accantonamento relativo al ***((Ministero dell'economia e delle finanze))***, per euro 684.655 annui a decorrere dall'anno 2026.

7. La dotazione organica del Ministero degli affari esteri e della cooperazione internazionale è incrementata a decorrere dal 1° ottobre 2025 di 200 unità di personale appartenente all'area degli assistenti. Conseguentemente nel triennio 2025-2027 il predetto Ministero è autorizzato ad assumere, con contratto di lavoro subordinato a tempo indeterminato, mediante apposita procedura concorsuale per titoli ed esami, un contingente di personale di 200 unità appartenenti all'area degli assistenti. Per l'attuazione del presente comma, è autorizzata la spesa di 1.989.329 euro per l'anno 2025 e di euro 7.957.316 ***((annui))*** a decorrere dall'anno 2026.

8. All'articolo 152, primo comma, del decreto del Presidente della Repubblica 5 gennaio 1967, n. 18, le parole: «3.150 unità» sono sostituite dalle seguenti: «3.200 unità». Ai fini dell'incremento del contingente degli impiegati assunti a contratto dalle rappresentanze diplomatiche, dagli uffici consolari, dagli istituti italiani di cultura e dalle delegazioni diplomatiche speciali, ***((disposto ai sensi del primo periodo))***, è autorizzata la spesa di euro 1.204.025 per l'anno 2025, di euro 2.480.300 per l'anno 2026, di euro 2.554.700 per l'anno 2027, di euro 2.631.350 per l'anno 2028, di euro 2.710.300 per l'anno 2029, di euro 2.791.600 per l'anno 2030, di euro 2.875.350 per l'anno 2031, di euro 2.961.600 per l'anno 2032, di euro 3.050.450 per l'anno 2033 e di euro 3.141.950 ***((annui))*** a decorrere dall'anno 2034.

9. Agli oneri derivanti dai commi 7 e 8, pari a euro 3.193.354 per l'anno 2025, euro 10.437.616 per l'anno 2026, euro 10.512.016 per l'anno 2027, euro 10.588.666 per l'anno 2028, euro 10.667.616 per l'anno 2029, euro 10.748.916 per l'anno 2030, euro 10.832.666 per l'anno 2031, euro 10.918.916 per l'anno 2032, euro 11.007.766 per l'anno 2033, euro 11.099.266 annui a decorrere dall'anno 2034, si provvede mediante riduzione, per euro 3.193.354 per l'anno 2025 e euro 11.099.266 annui a decorrere dall'anno 2026***((, delle proiezioni))*** dello stanziamento del fondo speciale di parte corrente iscritto, ai fini del bilancio triennale 2024-2026, nell'ambito del programma «Fondi di riserva e speciali» della missione «Fondi da ripartire» dello stato di previsione del Ministero dell'economia e delle finanze per l'anno 2024, allo scopo parzialmente utilizzando l'accantonamento relativo al Ministero degli affari esteri e della cooperazione internazionale.

Capo II

DISPOSIZIONI IN MATERIA DI TUTELA DEI LAVORATORI STRANIERI VITTIME DEI REATI DI CUI AGLI ARTICOLI 600, 601, 602, 603-*BIS* DEL CODICE PENALE E ALTRE DISPOSIZIONI DI CONTRASTO AL LAVORO SOMMERSO

Art. 5. *Ulteriori modifiche al testo unico delle disposizioni concernenti la disciplina dell'immigrazione e norme sulla condizione dello straniero, di cui al decreto legislativo 25 luglio 1998, n. 286.* – 1. Al testo unico delle disposizioni concernenti la disciplina dell'immigrazione e norme sulla condizione dello straniero, di cui al decreto legislativo 25 luglio 1998, n. 286, sono apportate le seguenti modificazioni:

a) ((all'articolo 10-bis, comma 6, dopo le parole: «articoli 18, 18-bis,» è inserita la seguente: «18-ter,» e le parole: «, 22, comma 12-quater,» sono sostituite dalla seguente: «e»;))

b) all'articolo 18, al comma 3-*bis*, le parole: «articoli 600 e 601» sono sostituite dalle seguenti: «articoli 600, 601 e 602»;

c) dopo l'articolo 18-*bis* è inserito il seguente:

«Art. 18-*ter* (Permesso di soggiorno per gli stranieri vittime di intermediazione illecita e sfruttamento del lavoro). – 1. Quando nel corso di operazioni di polizia, di indagini o di un procedimento per il delitto previsto dall'articolo 603-*bis* del codice penale commesso in danno di un lavoratore straniero ***((nel territorio))*** nazionale siano accertate situazioni di violenza o abuso o comunque di sfruttamento del lavoro nei confronti di un lavoratore straniero ***((nel territorio))*** nazionale e questi contribuisca utilmente all'emersione dei fatti e all'individuazione dei responsabili, il questore, su proposta dell'autorità giudiziaria procedente, rilascia ***((con immediatezza un))*** permesso di soggiorno per consentire alla vittima e ai membri del suo nucleo familiare di sottrarsi alla violenza***((, all'abuso))*** o allo sfruttamento.

2. Quando le situazioni di violenza o abuso o comunque di sfruttamento del lavoro nei confronti dello straniero sono segnalate all'autorità giudiziaria o al questore dall'Ispettorato nazionale del lavoro, quest'ultimo contestualmente esprime un parere anche in merito all'eventuale rilascio di un permesso di soggiorno.

3. Il permesso di soggiorno rilasciato ai sensi del presente articolo reca la dicitura «casi speciali», ha la durata di sei mesi e può essere rinnovato ***((per un anno o))*** per il maggior periodo occorrente per motivi di giustizia. Il permesso consente l'accesso ai servizi assistenziali e allo studio, nonché l'iscrizione nell'elenco anagrafico previsto dall'articolo 4 del regolamento di cui al decreto del Presidente della Repubblica 7 luglio 2000, n. 442, o lo svolgimento di lavoro subordinato e autonomo, fatti salvi i requisiti minimi di età. Del rilascio del permesso di soggiorno di cui al comma 1 è data comunicazione, anche in via telematica, al Ministero del lavoro e delle politiche sociali.

4. Alla scadenza, il permesso ***((di cui al presente articolo))*** può essere convertito in permesso di soggiorno per motivi di lavoro subordinato o autonomo, secondo le modalità stabilite per tale permesso di soggiorno e al di fuori delle quote di cui all'articolo 3, comma 4, ovvero in permesso di soggiorno per motivi di studio qualora il titolare sia iscritto a un regolare corso di studi. ***((Il permesso di cui al presente articolo)) è*** revocato in caso di condotta incompatibile con le finalità dello stesso, segnalata dal procuratore della Repubblica o, per quanto di competenza, dal Ministero del lavoro e delle politiche sociali, o comunque accertata dal questore, o quando vengono meno le condizioni che ne hanno giustificato il rilascio.

5. Nei confronti dello straniero condannato, anche con sentenza non definitiva, compresa quella adottata a seguito di applicazione della pena su richiesta ai sensi dell'articolo 444 del codice di procedura penale, per il delitto di cui all'articolo 603-*bis* del codice penale, possono essere disposte la revoca del permesso di soggiorno ***((di cui al presente articolo))*** e l'espulsione ai sensi dell'articolo 13 del presente testo unico.

6. In attesa del rilascio del permesso di soggiorno, il lavoratore straniero, cui è stata rilasciata dal competente ufficio la ricevuta attestante l'avvenuta presentazione della richiesta, può legittimamente soggiornare nel territorio dello Stato e svolgere temporaneamente l'attività lavorativa fino a eventuale comunicazione da parte dell'autorità di pubblica sicurezza, che attesta l'esistenza dei motivi ostativi al rilascio del permesso di soggiorno.»;

d) all'articolo 22:

1) al comma 12-*bis*, lettera c), le parole: «di particolare sfruttamento» sono soppresse;

2) i commi 12-*quater*, 12-*quinquies* e 12-*sexies* sono abrogati. Ogni richiamo ai medesimi commi, contenuto in leggi, regolamenti o decreti, si intende riferito all'articolo 18-*ter* del testo unico di cui al decreto legislativo n. 286 del 1998, ***((introdotto dalla lettera c) del presente comma))***.

2. Il permesso di soggiorno rilasciato ai sensi dell'articolo 18-*ter* del testo unico di cui al decreto legislativo n. 286 del 1998, introdotto dal comma 1, lettera c), è altresì revocato nei casi di cui all'articolo 7, comma 1, del presente decreto.

Art. 6. *Misure di assistenza.* – 1. A seguito della comunicazione di cui all'articolo 18-*ter*, comma 3, terzo periodo, del testo unico delle disposizioni concernenti la disciplina dell'immigrazione e norme sulla condizione dello straniero, di cui al decreto legislativo 25 luglio 1998, n. 286, introdotto dall'articolo 5, comma 1, lettera c), del presente decreto, il lavoratore in favore del quale sia stato rilasciato il permesso di soggiorno per «casi speciali» ai sensi del medesimo articolo 18-*ter*, può essere ammesso alle misure di assistenza di cui al presente articolo, di durata non superiore a quella ***((del medesimo permesso di soggiorno))***. Conseguentemente il Fondo nazionale per le politiche migratorie di cui all'articolo 45 ***((del testo unico di cui al citato decreto legislativo n. 286 del 1998))*** del decreto legislativo 25 luglio 1998, n. 286 è incrementato di 180.000 euro per l'anno 2024. Ai relativi oneri si provvede mediante corrispondente riduzione dell'autorizzazione di spesa di cui all'articolo 96 del codice ***((del Terzo settore, di cui al))*** decreto legislativo 3 luglio 2017, n. 117.

2. Le misure di assistenza di cui al presente articolo sono finalizzate alla formazione e all'inserimento sociale e lavorativo. La specificazione, l'attuazione e l'individuazione delle modalità esecutive avvengono tramite programmi individuali di assistenza, elaborati sulla base dell'Accordo in sede di Conferenza unificata del 7 ottobre 2021, recante «Linee-Guida nazionali in materia di identificazione, protezione e assistenza alle vittime di sfruttamento lavorativo in agricoltura» ***(((repertorio atti n. 146/CU del 7 ottobre 2021)))***. Il programma di assistenza contiene un progetto personalizzato di formazione e avviamento al lavoro, anche mediante l'iscrizione dei soggetti aderenti alla piattaforma del sistema informativo per l'inclusione sociale e lavorativa (SIISL) di cui all'articolo 5 del decreto-legge 4 maggio 2023, n. 48, convertito, con modificazioni, dalla legge 3 luglio 2023, n. 85. Agli oneri derivanti dal presente comma, valutati in 180.000 euro per l'anno 2024 e in 800.000 euro annui a decorrere dall'anno 2025, si provvede a valere sul Fondo nazionale per le politiche migratorie di cui all'articolo 45 del ***((testo unico di cui al))*** decreto legislativo 25 luglio 1998, n. 286.

3. I destinatari delle misure possono beneficiare dell'assegno di inclusione di cui all'articolo 1 del decreto-legge n. 48 del 2023***((. A essi non si applicano le disposizioni dell'articolo))*** 2, comma 2, lettere a) e b), del medesimo decreto-legge n. 48 del 2023.

4. Le misure di assistenza di cui al presente articolo non possono essere disposte:

a) in caso di condanna per delitti non colposi connessi a quello per cui si procede, ad esclusione del reato di cui all'articolo 10-*bis* del testo unico di cui al decreto legislativo n. 286 del 1998;

b) se il lavoratore ha conseguito un profitto illecito a seguito di condotte connesse ai delitti sui quali rende le dichiarazioni;

c) in caso di sottoposizione a misura di prevenzione o procedimento in corso per l'applicazione della stessa, ai sensi del codice delle leggi antimafia e delle misure di prevenzione, di cui al decreto legislativo 6 settembre 2011, n. 159, da cui si desumano la persistente attualità della sua pericolosità sociale e la ragionevole probabilità che possa commettere delitti di grave allarme sociale.

5. Il presente articolo si applica anche ai parenti e affini entro il secondo grado del lavoratore di cui all'articolo 18-*ter* del testo unico di cui al decreto legislativo n. 286 del 1998.

Art. 7. *Revoca dell'ammissione alle misure di assistenza.* – 1. Le misure di assistenza di cui all'articolo 6 sono revocate quando ricorrono una o più delle seguenti circostanze:

a) la condanna per un delitto non colposo, commesso successivamente all'ammissione ***((al programma))*** di cui al medesimo articolo 6;

b) la sottoposizione a misura di prevenzione ai sensi del codice delle leggi antimafia e delle misure di prevenzione, di cui al decreto legislativo 6 settembre 2011, n. 159;

c) la rinuncia espressa alle misure.

2. Le misure di assistenza di cui all'articolo 6 possono essere revocate nel caso di rifiuto ingiustificato di adeguate offerte di lavoro.

Art. 8. *Vigilanza, tutela e protezione.* – 1. Nelle ipotesi di cui all'articolo 18-*ter* del testo unico delle disposizioni concernenti la disciplina dell'immigrazione e norme sulla condizione dello straniero, di cui al decreto legislativo 25 luglio 1998, n. 286, introdotto dall'articolo 5, comma 1, lettera c), del presente decreto, si applicano, qualora ne ricorrano i presupposti, le misure di protezione e di vigilanza di cui al decreto-legge 6 maggio 2002, n. 83, convertito, con modificazioni, dalla legge 2 luglio 2002, n. 133.

2. Ai titolari del permesso di soggiorno di cui al medesimo articolo 18-*ter* del testo unico di cui al decreto legislativo n. 286 del 1998, qualora ne ricorrano i presupposti, si applicano le speciali misure di cui alla legge 11 gennaio 2018, n. 6. In tali casi non si applicano le misure di assistenza di cui all'articolo 6.

Art. 9. *Modifiche al testo unico delle disposizioni legislative e regolamentari in materia di spese di giustizia, di cui al decreto del Presidente della Repubblica 30 maggio 2002, n. 115.* 1. ***((All'articolo 76, comma 4-ter, del testo unico delle disposizioni legislative e regolamentari in materia di spese di giustizia, di cui al decreto del Presidente della Repubblica 30 maggio 2002, n. 115, è aggiunto, in fine, il seguente periodo))***: «Il lavoratore straniero, persona offesa del delitto previsto dall'articolo 603-*bis* del codice penale, che contribuisce utilmente all'emersione del reato e all'individuazione dei responsabili, è ammesso al patrocinio alle medesime condizioni di cui al primo periodo.»

Art. 10. ***((Modifica))*** *al decreto legislativo 10 settembre 2003, n. 276.* – 1. All'articolo 18, comma 5-*quinquies*, del decreto legislativo 10 settembre 2003, n. 276, le parole: «ne' superiore a euro 50.000» sono sostituite dalle seguenti: «ne' superiore a euro 60.000».

Capo III

Disposizioni in materia di gestione dei flussi migratori e di protezione internazionale

Art. 11. *Modifiche al decreto-legge 21 ottobre 2020, n. 130, convertito, con modificazioni, dalla legge 18 dicembre 2020, n. 173.* – 1. All'articolo 1 del decreto-legge 21 ottobre 2020, n. 130, convertito, con modificazioni, dalla legge 18 dicembre 2020, n. 173, sono apportate le seguenti modificazioni:

a) al comma 2-*bis*, lettera f), le parole «a bordo», sono sostituite dalle seguenti: «per l'incolumità dei migranti»;

b) ((il comma 2-quater è sostituito dal seguente:

«2-quater. Nei casi di violazione del provvedimento adottato ai sensi del comma 2, salve le sanzioni penali quando il fatto costituisce reato, si applica al comandante della nave la sanzione amministrativa del pagamento di una somma da euro 10.000 a euro 50.000. La responsabilità solidale di cui all'articolo 6 della legge 24 novembre 1981, n. 689, si estende all'armatore e al proprietario della nave. Alla contestazionedella violazioneconsegue l'applicazione della sanzione amministrativa accessoria del fermo amministrativo da trenta a sessanta giorni della nave utilizzata per commettere la violazione. L'organo accertatore contesta la violazione mediante notificazione al destinatario e, senza ritardo e comunque entro cinque giorni, trasmette gli atti alla prefettura-ufficio terri-

toriale del Governo competente in relazione al luogodi accertamento della violazione, per la decisione sulla sanzione amministrativa di cui al primo periodo e sul fermo della nave. Il prefetto, nei cinque giorni successivi, emana l'ordinanza e, se dispone il fermo, ne indica la durata, decorrente dalla data della notificazione della contestazione, e nomina custode l'armatore o, in sua assenza, il comandante o altro soggetto obbligato in solido, che provvede alla custodia della nave a proprie spese.Nella determinazione della durata del fermo si ha riguardo alla gravità della violazione e all'opera svolta dall'agente per l'eliminazione o l'attenuazione delle conseguenze della violazione stessa. Nelle more dell'adozione dell'ordinanza del prefetto, alla nave è interdetta la navigazione. L'avente diritto puòchiederealprefettola restituzione della nave quando non sono rispettati i termini previsti dal quarto e dal quinto periodo o quando il prefetto non adotta il provvedimento sanzionatorio. Avverso i provvedimenti del prefetto è ammessa opposizione all'autorità giudiziaria ordinaria ai sensi dell'articolo 6 del decreto legislativo 1° settembre 2011, n. 150»;)) ((b-bis) al comma2-sexiessonoapportateleseguenti modificazioni:

1) al secondo periodo, la parola: «per» è sostituita dalle seguenti: «da dieci a»;

2) il terzo e il quarto periodo sono sostituiti dai seguenti:

«In caso di reiterazione della violazione, la sanzione amministrativa accessoria del fermo amministrativo è da trenta a sessanta giorni. Si applicano le disposizioni del comma 2-quater ad eccezione del primo e del terzo periodo. In caso di ulteriore reiterazione della violazione, si applica il comma 2-quinquies. Si ha reiterazione nel caso di nuova violazione commessa con l'utilizzo della medesima nave, contestata anche soltanto a uno degli autori o degli obbligati in solido nei cui confronti, nel quinquennio precedente, sia stata accertata, con provvedimento esecutivo, una precedente violazione delle disposizioni del presente comma, salvo che il medesimo autore od obbligato in solido provi che la condotta illecita è avvenuta contro la sua volontà, manifestata attraverso comportamenti idonei specificamente volti a impedirne il compimento»;))

c) al comma 2-septies, primo periodo, la parola: «quinto» è sostituita dalla seguente: «quarto»;

d) dopo il comma 2-septies, sono aggiunti i seguenti:

«2-*octies*. Gli aeromobili privati, anche a pilotaggio remoto, che, partendo o atterrando nel territorio italiano, effettuano attività non occasionale di ricerca finalizzata o strumentale alle operazioni di soccorso di cui al comma 2-*bis* hanno l'obbligo, nel rispetto delle convenzioni internazionali in materia di navigazione aerea, di informare di ogni situazione di emergenza in mare, immediatamente e con priorità, l'Ente dei servizi del traffico aereo competente e il Centro nazionale di coordinamento del soccorso marittimo responsabile per l'area in cui si svolge l'evento, nonché i Centri di coordinamento del soccorso marittimo degli Stati costieri responsabili delle aree contigue.

2-*novies*. Nei casi di cui al comma 2-*octies*, il pilota ***((al comando dell'aeromobile))*** deve attenersi alle indicazioni operative del Centro nazionale di coordinamento del soccorso marittimo responsabile, emesse sulla base di quanto previsto dal comma 2-*bis*.

2-*decies*. Nei casi di violazione delle disposizioni di cui ai commi 2-*octies* e 2-*novies*, salve le sanzioni penali quando il fatto costituisce reato, si applica al pilota ***((al comando))*** dell'aeromobile la sanzione amministrativa del pagamento di una somma da euro 2.000 a euro 10.000. La responsabilità solidale di cui all'articolo 6 della legge n. 689 del 1981 si estende all'esercente e al proprietario dell'aeromobile.

2-*undecies*. Ai fini dell'accertamento e della contestazione delle violazioni di cui al comma 2-decies, sono considerati agenti accertatori, ai sensi della legge n. 689 del 1981, il personale dell'Ente nazionale per l'aviazione civile, del Corpo delle Capitanerie di Porto - Guardia costiera, nonché delle Forze di polizia di cui all'articolo 16, primo comma, della legge 1° aprile 1981, n. 121.

2-*duodecies*. L'Autorità competente a irrogare le sanzioni di cui al comma 2-*decies* è l'Ente nazionale per l'aviazione civile, cui è trasmesso il rapporto previsto dall'articolo 17 della legge 24 novembre 1981, n. 689. Si osservano, in quanto compatibili, le disposizioni ***((della legge))*** n. 689 del 1981 e ai proventi delle sanzioni amministrative pecuniarie si applica il terzo periodo del comma 2-*septies*.

2-*terdecies*. Alla contestazione della violazione consegue l'applicazione della sanzione amministrativa accessoria del fermo amministrativo per venti giorni dell'aeromobile utilizzato per commettere la violazione. L'organo accertatore, che applica la sanzione del fermo amministrativo, nomina custode l'esercente dell'aeromobile o, in sua assenza, il pilota ***((al comando dell'aeromobile))*** o altro soggetto obbligato in solido ai sensi del comma 2-*decies*, che fa cessare la navigazione e provvede alla custodia dell'aeromobile a proprie spese.

2-*quaterdecies*. Avverso il provvedimento di fermo amministrativo, adottato dall'organo accertatore, è ammesso ricorso, entro dieci giorni dalla notificazione del verbale di contestazione, all'autorità di cui al comma 2-*duodecies*, che provvede nei successivi cinque giorni.

2-*quinquiesdecies*. In caso di reiterazione della violazione commessa con l'utilizzo del medesimo aeromobile, si applica la sanzione amministrativa accessoria del fermo amministrativo per due mesi.

2-*sexiesdecies*. In caso di ulteriore reiterazione della violazione di cui al comma 2-*quinquiesdecies*, si applica la confisca dell'aeromobile e l'agente accertatore procede immediatamente a sequestro cautelare.».

Art. 12. *Ispezione per finalità identificative dei dispositivi o supporti elettronici o digitali in possesso dei migranti*. – 1. All'articolo 11***((, comma 1,))*** del decreto legislativo 28 gennaio 2008, n. 25, dopo le parole: «richiedente asilo ha l'obbligo» sono inserite le seguenti: «di cooperare con le autorità di cui all'articolo 3 ai fini dell'accertamento dell'identità e di esibire o produrre gli elementi in suo possesso relativi all'età, all'identità e alla cittadinanza, nonché ai Paesi in cui ha soggiornato o è transitato, consentendo, quando è necessario per acquisire i predetti elementi, l'accesso ai dispositivi o supporti elettronici o digitali in suo possesso, e».

2. Al testo unico delle disposizioni concernenti la disciplina dell'immigrazione e norme sulla condizione dello straniero, di cui al decreto legislativo 25 luglio 1998, n. 286, sono apportate le seguenti modificazioni:

a) all'articolo 10-*ter*, dopo il comma 2, sono inseriti i seguenti:

«2-*bis*. Nei casi di cui al comma 1, lo straniero ha l'obbligo di cooperare ai fini dell'accertamento dell'identità e di esibire o produrre gli elementi in suo possesso relativi all'età, all'identità e alla cittadinanza, nonché' ai ***((Paesi))*** in cui ha soggiornato o è transitato, consentendo, quando è necessario per acquisire i predetti elementi, l'accesso ai dispositivi o supporti elettronici o digitali in suo possesso.

2-*ter*. Senza pregiudizio per le operazioni di perquisizione e ispezione condotte per ragioni di sicurezza, il questore, in caso di inosservanza dell'obbligo di cooperazione di cui al comma 2-*bis*, può disporre, al solo fine di acquisire gli elementi indicati nel medesimo comma 2-*bis*, che gli ufficiali o agenti di pubblica sicurezza procedano all'accesso immediato ai dati identificativi dei dispositivi elettronici e delle eventuali schede elettroniche (S.I.M.) o digitali (eS.I.M.) in possesso dello straniero, nonché ai documenti, anche video o fotografici, contenuti nei medesimi dispositivi o supporti elettronici o digitali. È in ogni caso vietato l'accesso alla corrispondenza e a qualunque altra forma di comunicazione. Prima che si proceda alle operazioni di accesso, l'interessato è avvisato del diritto di assistere alle operazioni alla presenza di un mediatore culturale. Il verbale delle operazioni compiute, che da' atto anche delle disposizioni del questore, indica le finalità, i criteri e le modalità dell'accesso, i dati controllati e l'esito delle operazioni, riporta le eventuali dichiarazioni rese dall'interessato e, unitamente alla eventuale documentazione fotografica allegata, è trasmesso per la convalida, entro il termine di quarantotto ore dall'avvio delle operazioni, al giudice di pace territorialmente competente che, entro le successive quarantotto ore, decide sulla convalida con provvedimento motivato. Il provvedimento è comunicato all'autorità di pubblica sicurezza, che consegna allo straniero copia del medesimo provvedimento e del verbale delle operazioni compiute. In caso di non convalida o di convalida parziale, i dati illegittimamente controllati sono inutilizzabili e il giudice dispone la cancellazione della documentazione ad essi relativa.»;

b) all'articolo 14, dopo il comma 1.1, è inserito il seguente:

«1.2. Lo straniero che è trattenuto ha l'obbligo di cooperare ai fini dell'accertamento dell'identità e di esibire o produrre gli elementi in suo possesso, relativi all'età, all'identità e alla cittadinanza, nonché ai Paesi in cui ha soggiornato o è transitato, consentendo, quando è necessario per acquisire i predetti elementi, l'accesso ai dispositivi o supporti elettronici o digitali in suo possesso. Si applicano le disposizioni di cui all'articolo 10-*ter*, comma 2-*ter*.».

3. Al decreto legislativo 18 agosto 2015, n. 142, sono apportate le seguenti modificazioni:

a) all'articolo 6, dopo il comma 4, è inserito il seguente:

«4-*bis*. In caso di inosservanza dell'obbligo di cooperazione di cui all'articolo 11, comma 1, del decreto legislativo 28 gennaio 2008, n. 25, si applicano le disposizioni dell'articolo 10-*ter*, comma 2-*ter*, del decreto legislativo 25 luglio 1998, n. 286.»;

b) all'articolo 6-*bis*, dopo il comma 4, è aggiunto il seguente:

«4-*bis*. In caso di inosservanza dell'obbligo di cooperazione di cui all'articolo 11, comma 1, del decreto legislativo 28 gennaio 2008, n. 25, si applicano le disposizioni dell'articolo 10-*ter*, comma 2-*ter*, del decreto legislativo 25 luglio 1998, n. 286.»;

c) all'articolo 19-*bis*, dopo il comma 3, è inserito il seguente:

«3.1. Ai fini indicati dal comma 3, quando è necessario per acquisire il documento anagrafico o elementi relativi all'identità e alla cittadinanza nonché ai Paesi in cui il minore ha soggiornato o è transitato, è consentito l'accesso ai dispositivi o supporti elettronici o digitali in suo possesso. L'accesso è eseguito in conformità alle disposizioni dell'articolo 10-*ter*, comma 2-*ter*, del decreto legislativo 25 luglio 1998, n. 286. Competente per la convalida è il tribunale per i minorenni, che decide in composizione monocratica. Le operazioni si svolgono alla presenza anche dell'esercente i poteri tutelari, ove nominato.».

((Art. 12-bis. Modifiche all'articolo 2-bis del decreto legislativo 28 gennaio 2008, n. 25, in materia di Paesi di origine sicuri. – 1. All'articolo 2-bis del decreto legislativo 28 gennaio 2008, n. 25, sono apportate le seguenti modificazioni:

a) il comma 1 è sostituito dal seguente:

«1. In applicazione dei criteri di qualificazione stabiliti dalla normativa dell'Unione europea e dei riscontri rinvenuti dalle fonti di informazione fornite dalle organizzazioni internazionali competenti, sono considerati Paesi di origine sicuri i seguenti: Albania, Algeria, Bangladesh, Bosnia-Erzegovina, Capo Verde, Costa d'Avorio, Egitto, Gambia, Georgia, Ghana, Kosovo, Macedonia del Nord, Marocco, Montenegro, Perù, Senegal, Serbia, Sri Lanka e Tunisia»;

b) al comma 2, secondo periodo, le parole: «di parti del territorio o» sono soppresse;

c) al comma 4, la parola: «EASO» è sostituita dalle seguenti: «Agenzia dell'Unione europea per l'asilo»;

d) dopo il comma 4 è inserito il seguente:

«4-bis. L'elenco dei Paesi di origine sicuri di cui al comma 1 è aggiornato periodicamente con atto avente forza di legge ed è notificato alla Commissione europea. Ai fini dell'aggiornamento dell'elenco, il Consiglio dei ministri, entro il 15 gennaio di ciascun anno, delibera una relazione, nella quale, compatibilmente con le preminenti esigenze di sicurezza e di continuità delle relazioni internazionali e tenuto conto delle informazioni di cui al comma 4, riferisce sulla situazione dei Paesi inclusi nell'elenco vigente e di quelli dei quali intende promuovere l'inclusione. Il Governo trasmette la relazione alle competenti Commissioni parlamentari».))

((Art. 12-ter. Modifiche all'articolo 28 del testo unico di cui al decreto legislativo 25 luglio 1998, n. 286, in materia di unità familiare. – 1. All'articolo 28 del testo unico delle disposizioni concernenti la disciplina dell'immigrazione e norme sulla condizione dello straniero, di cui al decreto legislativo 25 luglio 1998, n. 286, sono apportate le seguenti modificazioni:

a) al comma 1, le parole: «per asilo, per » sono sostituite dalle seguenti: «in conseguenza del riconoscimento della protezione internazionale o per»;

b) dopo il comma 1 è inserito il seguente:

«1-bis. Gli stranieri di cui al comma 1, ad esclusione dei titolari di permesso di soggiorno conseguente al riconoscimento della protezione internazionale, devono avere maturato, al momento della richiesta di ricongiungimento per i familiari di cui all'articolo 29, comma 1, lettere a), c) e d), un periodo ininterrotto di soggiorno legale di almeno due anni nel territorio nazionale».

2. Restano ferme le deroghe previste dal citato testo unico di cui al decreto legislativo n. 286 del 1998 e dalla normativa dell'Unione europea.))

((Art. 12-quater. Modifica all'articolo 29 del testo unico di cui al decreto legislativo 25 luglio 1998, n. 286, in materia di ricongiungimento familiare. – 1. All'articolo 29, comma 3, lettera a), primo periodo, del testo unico di cui al decreto legislativo 25 luglio 1998, n. 286, sono aggiunte, in fine, le seguenti parole: «, previa verifica del numero degli occupanti dell'alloggio e degli altri requisiti previsti dal decreto del Ministro della sanità 5 luglio 1975, pubblicato nella Gazzetta Ufficiale n. 190 del 18 luglio 1975».))

Art. 13. *Ulteriori disposizioni sulla procedura* ***((alla frontiera per i richiedenti))*** *la protezione internazionale.* – 1. All'articolo 10, comma 2, del testo unico delle disposizioni concernenti la disciplina dell'immigrazione e norme sulla condizione dello straniero, di cui al decreto legislativo 25 luglio 1998, n. 286, dopo la lettera b) è aggiunta la seguente:

«b-*bis*) che, rintracciati, anche a seguito di operazioni di ricerca o soccorso in mare, nel corso delle attività di sorveglianza delle frontiere esterne dell'Unione europea, svolte ai sensi del regolamento (UE) 2016/399 del Parlamento europeo e del Consiglio, del 9 marzo 2016, sono condotti nelle zone di cui all'articolo 28-*bis*, comma 4, del decreto legislativo 28 gennaio 2008, n. 25.».

2. Al decreto legislativo 28 gennaio 2008, n. 25, sono apportate le seguenti modificazioni:

a) all'articolo 10, comma 2, lettera b), le parole: «durante la sua permanenza in Italia» sono sostituite dalle seguenti: «durante la procedura di esame della domanda di protezione internazionale»;

b) all'articolo 32, dopo il comma 4, è inserito il seguente:

«4-*bis*. Nei casi di cui al comma 4, primo periodo, qualora la procedura si svolga direttamente alla frontiera o nelle zone di transito, ai sensi dell'articolo 28-*bis*, comma 2-*bis*, la decisione reca l'attestazione dell'obbligo di rimpatrio e produce gli effetti del provvedimento di respingimento di cui all'articolo 10, comma 2, lettera b-*bis*), del decreto legislativo 25 luglio 1998, n. 286. Si applica il comma 4, quarto periodo.»;

3. Al decreto legislativo 18 agosto 2015, n. 142, sono apportate le seguenti modificazioni:

a) all'articolo 4, comma 2:

1) al primo periodo, le parole: «dell'articolo 6» sono sostituite dalle seguenti: «del presente decreto» ***((e le parole: «che certifica la sua qualità di richiedente protezione internazionale» sono sostituite dalle seguenti: «recante il codice unico d'identità, assegnato in esito alle attività di foto-segnalamento svolte, la fotografia del titolare e le generalità dichiarate dal richiedente»))***;

2) il secondo periodo è sostituito dal seguente: «L'attestato nominativo certifica la qualità di richiedente la protezione internazionale, attesta l'identità dichiarata dall'interessato nel corso delle attività di foto-segnalamento e consente il riconoscimento del titolare ai sensi dell'articolo 1, comma 1, lettera c), del testo unico delle disposizioni legislative e regolamentari in materia di documentazione amministrativa, di cui al decreto del Presidente della Repubblica 28 dicembre 2000, n. 445.»;

b) all'articolo 6-*bis*:

1) al comma 1, le parole: «di cui all'articolo 35-*bis*, comma 4,» sono sostituite dalle seguenti: «di cui all'articolo 35-*ter*»;

2) al comma 2, il primo periodo è sostituito dal seguente: «Il trattenimento di cui al comma 1 può essere disposto qualora il richiedente non abbia consegnato il passaporto o altro documento equipollente in corso di validità o non presti idonea garanzia finanziaria, ovvero nelle more del perfezionamento della procedura concernente la prestazione della garanzia finanziaria.»;

3) dopo il comma 2, è inserito il seguente:

«2-*bis*. Al richiedente che non è trattenuto ai sensi del comma 1 si applica, comunque, la procedura ***((alla frontiera))*** di cui all'articolo 28-*bis*, comma 2-*bis*, del decreto legislativo 28 gennaio 2008, n. 25 e, in caso di ricorso, l'articolo 35-*ter* del medesimo decreto. Allo stesso richiedente è rilasciato l'attestato nominativo di cui all'articolo 4, comma 2.».

Art. 14. *Ritiro implicito della domanda di protezione internazionale.* – 1. Al decreto legislativo 28 gennaio 2008, n. 25, sono apportate le seguenti modificazioni:

a) all'articolo 2, comma 1, la lettera b-*bis*) è sostituita dalla seguente:

«b-*bis*) ***((“domanda reiterata”))***: un'ulteriore domanda di protezione internazionale presentata dopo che è stata adottata una decisione definitiva su una domanda precedente, anche nel caso in cui il richiedente abbia esplicitamente ritirato la domanda ai sensi dell'articolo 23 o dopo l'estinzione del procedimento ai sensi dell'articolo 23-*bis*, commi 2 e 3;»;

b) all'articolo 12, i commi 4 e 5 sono abrogati;

c) l'articolo 23-*bis* è sostituito dal seguente:

«Art. 23-*bis* (Procedura in caso di ritiro implicito della domanda). - 1. La domanda si intende implicitamente ritirata nei casi in cui:

a) il richiedente, fatto salvo quanto previsto dall'articolo 6, comma 3-*bis*, prima di essere convocato per il colloquio di cui all'articolo 12 si allontana senza giustificato motivo dalle strutture di accoglienza ovvero si sottrae alla misura del trattenimento nelle strutture di cui all'articolo 10-*ter* del decreto legislativo 25 luglio 1998, n. 286, ovvero nei centri di cui all'articolo 14 del medesimo decreto legislativo;

b) il richiedente non si presenta al colloquio personale disposto dalla Commissione ***((territoriale))*** ai sensi dell'articolo 12 e la notificazione della convocazione è effettuata ai sensi dell'articolo 11, commi 3 o 3-*bis*, ovvero si intende eseguita ai sensi del comma 3-*ter* del medesimo articolo.

2. Nei casi di cui al comma 1, la Commissione territoriale rigetta la domanda se la ritiene infondata in base ad un adeguato esame del merito, ***((ai sensi dell'articolo))*** 3 del decreto legislativo 19 novembre 2007, n. 251, ovvero ne sospende l'esame quando dalla domanda non sono ricavabili elementi di valutazione della stessa.

3. Il richiedente può chiedere per una sola volta la riapertura del procedimento sospeso ai sensi del comma 2, entro nove mesi dalla sospensione. Trascorso tale termine, il procedimento è estinto.

4. Quando la domanda è esaminata nel contesto della procedura di cui all'articolo 28-*bis*, comma 2, lettere b-*bis*) e c), e comma 2-*bis*, e il richiedente proviene da un Paese di origine sicuro, fatta salva la possibilità di decidere in base ad un adeguato esame del merito, ai sensi dell'articolo 3 del decreto legislativo 19 novembre 2007, n. 251, la ricorrenza delle ipotesi di cui al comma 1 determina il mancato assolvimento, da parte del richiedente, dell'onere di dimostrare la sussistenza di gravi motivi per ritenere il Paese non sicuro in relazione alla sua situazione particolare, di cui all'articolo 9, comma 2-*bis*, e si applica l'articolo 32, commi 4 e 4-*bis*.

5. La domanda presentata dal richiedente successivamente alla decisione di rigetto adottata ai sensi del comma 2 e all'estinzione del procedimento ***((di cui al comma 3 è))*** sottoposta ad esame preliminare ai sensi dell'articolo 29, comma 1-*bis*. In sede di esame preliminare sono valutati i motivi addotti a sostegno dell'ammissibilità della domanda, comprese le ragioni ***((dell'allontanamento o della mancata presentazione al colloquio, di cui rispettivamente alle lettere a) e b) del comma 1 del presente articolo.»)).***

Art. 15. Revoca della protezione speciale. – 1. Al decreto legislativo 28 gennaio 2008, n. 25, sono apportate le seguenti modificazioni:

a) all'articolo 5, dopo il comma 1-*ter*, è inserito il seguente:

«1-*quater*. La Commissione nazionale è altresì competente per la revoca della protezione speciale riconosciuta ai sensi dell'articolo 32, comma 3, ***((anche nel caso di cui all'articolo 33, comma 3))***, qualora sussistano fondati motivi per ritenere che il cittadino straniero costituisca un pericolo per la sicurezza dello Stato, fatti salvi i divieti di espulsione e respingimento per i rischi di persecuzione, tortura o trattamenti inumani o degradanti di cui all'articolo 19, commi 1 e ***((1.1,))*** del decreto legislativo 25 luglio 1998, n. 286.»;

b) all'articolo 33, dopo il comma 3-*bis*, è aggiunto il seguente:

«3-*ter*. Le disposizioni del presente articolo si applicano, in quanto compatibili, ai procedimenti di revoca della protezione speciale di cui all'articolo 5, comma 1-*quater*.».

((Art. 15-bis. Mezzi e materiali destinati al controllo delle frontiere e dei flussi migratori e alle attività di ricerca e soccorso in mare. – 1. In considerazione delle speciali misure di sicurezza necessarie nell'esecuzione dei relativi contratti, l'affidamento degli appalti pubblici di forniture e servizi relativi a mezzi e materiali ceduti, destinati alla cessione o in uso a Paesi terzi per il rafforzamento delle capacità di gestione e controllo delle frontiere e dei flussi migratori nel territorio nazionale e per le attività di ricerca e soccorso in mare, è effettuato ai sensi dell'articolo 139, comma 1, lettera b), del codice dei contratti pubblici, di cui al decreto legislativo 31 marzo 2023, n. 36.

2. In relazione agli appalti di cui al comma 1 del presente articolo non si applica l'articolo 139, comma 2, secondo periodo, del codice di cui al decreto legislativo 31 marzo 2023, n. 36.

3. Per i contratti di cui al presente articolo al cui oggetto, atti o modalità di esecuzione è

attribuita una classifica di segretezza, resta ferma la disciplina prevista dall'articolo 139 del codice di cui al decreto legislativo 31 marzo 2023, n. 36, per i contratti di cui alla lettera a) del comma 1 del medesimo articolo 139 e dalle altre disposizioni normative in materia di tutela delle informazioni classificate.))

((Art. 15-ter. Modifiche all'articolo 14-ter del testo unico di cui al decreto legislativo 25 luglio 1998, n. 286, in materia di rimpatrio volontario e assistito. 1. All'articolo 14-ter del testo unico delle disposizioni concernenti la disciplina dell'immigrazione e norme sulla condizione dello straniero, di cui al decreto legislativo 25 luglio 1998, n. 286, sono apportate le seguenti modificazioni:

a) al comma 2, dopo le parole: «comma 2-bis,» sono inserite le seguenti: «e della provenienza da Stati o territori con i quali non sono in vigore accordi di riammissione»;

b) al comma 5, la lettera b) è sostituita dalla seguente:

«b) si trovano nelle condizioni di cui all'articolo 13, comma 4, lettere a) e f), ovvero non hanno ottemperato a uno dei provvedimenti emessi dalla competente autorità in applicazione del medesimo articolo 13, comma 13».))

((Art. 15-quater. Modifica all'articolo 4 del testo unico di cui al decreto legislativo 25 luglio 1998, n. 286, in materia di interoperabilità dei sistemi informativi per le frontiere, l'immigrazione e la sicurezza. – 1. All'articolo 4, comma 2-bis, del testo unico delle disposizioni concernenti la disciplina dell'immigrazione e norme sulla condizione dello straniero, di cui al decreto legislativo 25 luglio 1998, n. 286, dopo il secondo periodo sono inseriti i seguenti: «La comunicazione relativa al rilascio, al rifiuto, all'annullamento o alla revoca dell'autorizzazione è effettuata, secondo le modalità previste dagli articoli 38 e 42 del predetto regolamento (UE) 2018/1240, esclusivamente tramite il servizio di posta elettronica ed è inviata all'indirizzo di posta elettronica di cui all'articolo 17, paragrafo 2, lettera g), del medesimo regolamento, fornito dal richiedente nel modulo di domanda. La notificazione si intende perfezionata nel momento dell'avvenuto invio del messaggio di posta elettronica».))

((Art. 15-quinquies. Disposizioni relative alle procedure per il riconoscimento della protezione internazionale e all'accoglienza dei richiedenti. – 1. All'articolo 28-bis, comma 2, del decreto legislativo 28 gennaio 2008, n. 25, dopo la lettera e) è aggiunta la seguente:

«e-bis) richiedente che è entrato o si è trattenuto irregolarmente in Italia e ha presentato domanda di protezione internazionale, senza giustificato motivo, oltre il termine di novanta giorni dal suo ingresso in Italia».

2. Al decreto legislativo 18 agosto 2015, n. 142, sono apportate le seguenti modificazioni:

a) all'articolo 1, dopo il comma 2 è inserito il seguente:

«2-bis. Nel rispetto dell'articolo 20 della direttiva 2013/33/UE del Parlamento europeo e del Consiglio, del 26 giugno 2013, non è ammesso alle misure di accoglienza il richiedente che, senza giustificato motivo, ha presentato domanda di protezione internazionale oltre il termine di cui all'articolo 28-bis, comma 2, lettera e-bis), del decreto legislativo 28 gennaio 2008, n. 25. La decisione sull'ammissione è adottata, in forma scritta e motivata, dal prefetto competente per territorio in ragione del luogo ove è presentata la domanda di protezione internazionale e tiene conto della vulnerabilità del richiedente»;

a) all'articolo 8, dopo il comma 2 è inserito il seguente:

«2-bis. Fermo restando quanto stabilito dall'articolo 1, commi

2 e 3, l'accoglienza nei centri e nelle strutture di cui agli articoli 9 e 11 è assicurata con priorità a coloro che sono giunti nel territorio nazionale a seguito di operazioni di

salvataggio in mare, in ragione delle preminenti esigenze di soccorso e assistenza a esse connesse».))

((Art. 15-sexies. Disposizioni in materia di personale per le esigenze della Commissione nazionale per il diritto di asilo e delle Commissioni territoriali per il riconoscimento della protezione internazionale. – 1. Al decreto legislativo 28 gennaio 2008, n. 25, sono apportate le seguenti modificazioni:

a) all'articolo 4:

1) al comma 1-bis, dopo le parole: «a cura dell'Amministrazione medesima» sono inserite le seguenti: «, che può anche avvalersi del Centro Alti Studi del Ministero dell'interno,»;

2) al comma 3:

2.1.) al primo periodo, dopo le parole: «ai sensi del comma 1-bis,» sono inserite le seguenti: «nonché, in via temporanea, da prestatori di lavoro con contratto di lavoro a tempo determinato in possesso di adeguata professionalità e da personale dell'Agenzia dell'Unione europea per l'asilo, appositamente formati in materia di protezione internazionale a cura dell'Amministrazione dell'interno,»;

2.2.) il settimo e l'ottavo periodo sono sostituiti dai seguenti: «Alle sedute della Commissione partecipano il funzionario prefettizio con funzioni di presidente, l'esperto designato dall'UNHCR e due dei componenti con compiti istruttori assegnati alla medesima Commissione ai sensi del comma 1-bis e del primo periodo del presente comma, tra cui il componente che ha svolto il colloquio ai sensi dell'articolo 12, comma 1-bis. Il presidente della Commissione fissa i criteri per l'assegnazione delle istanze ai componenti con compiti istruttori e per la loro partecipazione alle sedute della Commissione stessa»;

2.3.) al decimo periodo, le parole: «da non oltre due anni» sono soppresse;

b) all'articolo 5:

1) al comma 2, sesto periodo, la parola: «partecipa» è sostituita dalla seguente: «partecipano» e dopo le parole: «dell'UNHCR» sono aggiunte le seguenti: «e i funzionari amministrativi di cui al comma 2-bis»;

2) dopo il comma 2 è inserito il seguente:

«2-bis. Le attività istruttorie per i procedimenti amministrativi di competenza, tra cui l'audizione dell'interessato, sono svolte dai componenti della Commissione nazionale o dai funzionari amministrativi con compiti istruttori ad essa assegnati. Il presidente della Commissione fissa i criteri per l'assegnazione dei procedimenti e per la partecipazione dei funzionari amministrativi alle sedute della Commissione stessa. Si applicano le disposizioni dell'articolo 4, comma 3, undicesimo e dodicesimo periodo»;

c) all'articolo 12, comma 1-bis, il primo e il secondo periodo sono sostituiti dai seguenti: «Il colloquio si svolge di norma alla presenza del componente con compiti istruttori della domanda di protezione, ove possibile dello stesso sesso del richiedente. Il componente con compiti istruttori sottopone la proposta di deliberazione alla Commissione, che decide ai sensi dell'articolo 4, comma 4».

2. All'articolo 5, comma 2, lettera e-bis), del regolamento di cui al decreto del Presidente del Consiglio dei ministri 11 giugno 2019, n. 78, le parole: «della Commissione nazionale per il diritto di asilo e » sono soppresse. Con regolamento adottato ai sensi dell'articolo 17, comma 4-bis, della legge 23 agosto 1988, n. 400, sono apportate, in relazione al primo periodo, le necessarie modifiche al predetto regolamento di cui al decreto del Presidente del Consiglio dei ministri n. 78 del 2019. Il medesimo regolamento prevede, con effetto dalla data della sua entrata in vigore, l'abrogazione delle disposizioni di cui allo stesso primo periodo.

3. Al fine di semplificare e di accelerare la riorganizzazione del Ministero dell'interno, anche per quanto concerne l'adeguamento alle modifiche della dotazione organica intervenute con la legge 30 dicembre 2023, n. 213, dalla data di entrata in vigore della legge di conversione del presente decreto fino al 31 dicembre 2025 le modifiche al regolamento di cui al decreto del Presidente del Consiglio dei ministri 11 giugno 2019, n. 78, sono adottate con decreto del Presidente del Consiglio dei ministri, su proposta del Ministro dell'interno, di concerto con il Ministro per la pubblica amministrazione e con il Ministro dell'economia e delle finanze, previo parere del Consiglio di Stato e previa deliberazione del Consiglio dei ministri».))

Capo IV

DISPOSIZIONI PROCESSUALI

Art. 16. ***((Modifica all'articolo 3 e introduzione dell'articolo 5-bis del decreto-legge 17febbraio2017,n.13,convertito,con modificazioni, dalla legge 13 aprile 2017, n. 46. – 1. Al capo I del decreto-legge 17 febbraio 2017, n. 13, convertito, con modificazioni, dalla legge 13 aprile 2017, n. 46, sono apportate le seguenti modificazioni:***

a) all'articolo 3, comma 1, la lettera c) è sostituita dalla seguente:

«c) per le controversie aventi ad oggetto l'impugnazione dei provvedimenti previsti dall'articolo 35 del decreto legislativo 28 gennaio 2008, n. 25, anche relative al mancato riconoscimento dei presupposti per la protezione speciale a norma dell'articolo 32, comma 3, del medesimo decreto legislativo»;

b) dopo l'articolo 5 è aggiunto il seguente:

«Art. 5-bis (Competenza della corte d'appello). - 1. Per i procedimenti aventi ad oggetto la convalida del provvedimento con il quale il questore dispone il trattenimento o la proroga del trattenimento del richiedente protezione internazionale, adottato a norma degli articoli 6, 6-bis e 6-ter del decreto legislativo 18 agosto 2015, n. 142, e dell'articolo 10-ter, comma 3, quarto periodo, del testo unico delle disposizioni concernenti la disciplina dell'immigrazione e norme sulla condizione dello straniero, di cui al decreto legislativo 25 luglio 1998, n. 286, nonché per la convalida delle misure adottate ai sensi dell'articolo 14, comma 6, del decreto legislativo n. 142 del 2015 è competente la corte d'appello di cui all'articolo 5, comma 2, della legge 22 aprile 2005, n. 69, nel cui distretto ha sede il questore che ha adottato il provvedimento oggetto di convalida.

2. Nei procedimenti di cui al comma 1, la corte d'appello giudica in composizione monocratica»)).

Art. 17. *Modifiche al decreto legislativo 28 gennaio 2008, n. 25.* – 1. Al decreto legislativo 28 gennaio 2008, n. 25, sono apportate le seguenti modificazioni:

a) all'articolo 3:

1) ***(((soppresso)))***

2) al comma 3-octies, le parole: «ai precedenti commi» sono sostituite dalle seguenti: «al comma 3-*bis*»;

b) all'articolo 35-*bis*:

1) al comma 2, le parole: «Il ricorso è proposto» sono sostituite dalle seguenti: «Salvo quanto previsto dai commi 2-*bis* e 2-*ter*, il ricorso è proposto» e l'ultimo periodo è soppresso;

2) dopo il comma 2, sono inseriti i seguenti:

«2-*bis*. ***((Nei casi di cui all'articolo 28-bis, commi 1 e 2, lettere a), d) ed))*** e), e nei casi in cui nei confronti del ricorrente è stato adottato un provvedimento di trattenimento, i termini previsti dal comma 2 sono ridotti della metà, fatto salvo quanto previsto dal ***((comma 2-ter.))***»;

2-*ter*. ***((Nei casi di cui all'articolo 28-bis, comma 2, lettere b), b-bis) e c), del presente decreto, anche se il ricorrente si trova in stato di trattenimento ovvero è sottoposto a misure alternative al trattenimento ai sensi dell'articolo 6-bis del decreto legislativo 18 agosto 2015, n. 142,))*** il termine per il deposito del ricorso è di sette giorni, ***((decorrenti dalla data di notificazione))*** della decisione della Commissione territoriale.»;

((2-bis) il comma 4 è sostituito dai seguenti:

«4. Nei casi previsti dal comma 3, l'efficacia esecutiva del provvedimento impugnato può essere sospesa, su istanza di parte, con decreto motivato, quando ricorrono gravi e circostanziate ragioni. L'istanza di sospensione deve essere proposta, a pena di inammissibilità, con il ricorso introduttivo. Il ricorso è notificato, a cura della cancelleria, ai soggetti e con le modalità di cui al comma 6. Il Ministero dell'interno può depositare note difensive entro tre giorni dalla notificazione. Se il Ministero dell'interno deposita note difensive la parte ricorrente può depositare note di replica entro i successivi tre giorni. Il giudice decide sull'istanza di sospensione entro i successivi cinque giorni. Se il Ministero dell'interno non si avvale della facoltà di depositare note difensive, prevista dal quarto periodo, il termine per la decisione decorre dalla scadenza del termine ivi stabilito per il loro deposito. Nei casi previsti dalle lettere b), c) e d) del comma 3, quando l'istanza di sospensione è accolta, al ricorrente è rilasciato un permesso di soggiorno per richiesta di asilo.

4-bis. Avverso il decreto di cui al comma 4 è ammesso reclamo alla corte d'appello nel termine di cinque giorni, decorrente dalla comunicazione del decreto a cura della cancelleria, da effettuare anche nei confronti della parte non costituita. Si applicano gli articoli 737 e 738 del codice di procedura civile. Il reclamo è comunicato, a cura della cancelleria, alla controparte. La proposizione del reclamo non sospende l'efficacia esecutiva del provvedimento reclamato. La corte d'appello, sentite le parti, decide con decreto immediatamente esecutivo, entro dieci giorni dalla presentazione del reclamo. Il decreto è comunicato alle parti a cura della cancelleria. La sospensione dei termini processuali nel periodo feriale non opera nei procedimenti di cui al presente comma»;))

3) ***(((soppresso)))***

c) ***(((soppressa)))***

d) all'articolo 35-*ter*:

1) il comma 1 è sostituito dal seguente:

«1. ((Nei casi di cui all'articolo 28-bis, comma 2, lettere b), b-bis) e c), del presente decreto, anche se il ricorrente si trova in stato di trattenimento ovvero è sottoposto a misure alternative al trattenimento ai sensi dell'articolo 6-bis del decreto legislativo 18 agosto 2015, n. 142, contro la decisione della Commissione territoriale è ammesso ricorso nel termine indicato dall'articolo 35-bis, comma 2-ter, del presente decreto. La proposizione del ricorso o dell'istanza di sospensione non sospende l'efficacia esecutiva del provvedimento impugnato. L'istanza di sospensione dell'efficacia esecutiva del provvedimento impugnato è proposta, a pena di inammissibilità, con il ricorso introduttivo.»;

1-bis) al comma 2, terzo periodo, le parole: «non impugnabile» sono soppresse;

1-ter) dopo il comma 2 è inserito il seguente:

«2-bis. Avverso il decreto adottato ai sensi del comma 2 è ammesso reclamo alla corte d'appello; si applicano le disposizioni dell'articolo 35-bis, comma 4-bis»)).

2) ***(((soppresso))).***

Art. 18. ***((Modifiche al decreto legislativo 18 agosto 2015, n. 142. – 1. Al decreto legislativo 18 agosto 2015, n. 142, sono apportate le seguenti modificazioni:***

a) all'articolo 6:

1) al comma 5:

1.1) il primo periodo è sostituito dai seguenti: «Il provvedimento con il quale il questore dispone il trattenimento o la proroga del trattenimento è adottato per iscritto, è corredato di motivazione e reca l'indicazione che il richiedente ha facoltà di presentare memorie o deduzioni personalmente o a mezzo di difensore. Il provvedimento è trasmesso, senza ritardo e comunque entro quarantotto ore dalla sua adozione, alla corte d'appello di cui all'articolo 5-bis del decreto-legge 17 febbraio 2017, n. 13, convertito, con modificazioni, dalla legge 13 aprile 2017, n. 46»;

1.2) all'ultimo periodo, le parole: «al tribunale sede della sezione specializzata in materia di immigrazione protezione internazionale e libera circolazione dei cittadini dell'Unione europea» sono sostituite dalle seguenti: «alla corte d'appello competente»;

2) dopo il comma 5 è inserito il seguente:

«5-bis. Contro i provvedimenti adottati ai sensi del comma 5 è ammesso ricorso per cassazione ai sensi dell'articolo 14, comma 6, del decreto legislativo 25 luglio 1998, n. 286»;

3) al comma 8, le parole: «del tribunale in composizione monocratica» sono sostituite dalle seguenti: «della corte d'appello»;

b) all'articolo 14, comma 6, ultimo periodo, le parole: «il tribunale sede della sezione specializzata in materia di immigrazione protezione internazionale e libera circolazione dei cittadini dell'Unione europea» sono sostituite dalle seguenti: «la corte d'appello»)).

((Art. 18-bis. Modifiche agli articoli 10-ter e 14 del testo unico di cui al decreto legislativo 25 luglio 1998, n. 286. – 1. Al testo unico delle disposizioni concernenti la disciplina dell'immigrazione e norme sulla condizione dello straniero, di cui al decreto legislativo 25 luglio 1998, n. 286, sono apportate le seguenti modificazioni:

a) all'articolo 10-ter, comma 3, quarto periodo, le parole: «il Tribunale sede della sezione specializzata in materia di immigrazione, protezione internazionale e libera circolazione dei cittadini dell'Unione europea» sono sostituite dalle seguenti: «la corte d'appello»;

b) all'articolo 14, comma 6:

1) al primo periodo sono aggiunte, in fine, le seguenti parole:

«, entro cinque giorni dalla comunicazione, solo per i motivi di cui alle lettere a), b) e c) del comma 1 dell'articolo 606 del codice di procedura penale»;

2) dopo il secondo periodo è aggiunto il seguente: «Si osservano, in quanto compatibili, le disposizioni dell'articolo 22, comma 5-bis, secondo e quarto periodo, della legge 22 aprile 2005, n. 69».))

((Art. 18-ter. Modifica all'articolo 4 della legge 21 febbraio 2024, n. 14. – 1. All'articolo 4, comma 1, secondo periodo, della legge 21 febbraio 2024, n. 14, dopo le parole: «in via esclusiva,» sono inserite le seguenti: «la corte d'appello,».))

Capo V

Disposizioni transitorie e finali

Art. 19. *Disposizioni transitorie.* – 1. Le disposizioni del capo IV si applicano decorsi trenta giorni dalla data di entrata in vigore della legge di conversione del presente decreto.

Art. 20. *Disposizioni finanziarie.* – 1. Dall'attuazione del presente decreto, ad eccezione degli articoli 4 e 6, non devono derivare nuovi o maggiori oneri a carico della finanza pubblica.

2. Le amministrazioni interessate provvedono ai relativi adempimenti nell'ambito delle risorse umane, strumentali e finanziarie disponibili a legislazione vigente.

Art. 21. *Entrata in vigore.* – 1. Il presente decreto entra in vigore il giorno stesso della sua pubblicazione nella Gazzetta Ufficiale della Repubblica italiana e sarà presentato alle Camere per la conversione in legge.

Testo coordinato del decreto-legge 10 marzo 2023, n. 20

Testo del decreto-legge 10 marzo 2023, n. 20 (in Gazzetta Ufficiale – Serie generale – n. 59 del 10 marzo 2023), coordinato con la legge di conversione 5 maggio 2023, n. 50 (in questa stessa Gazzetta Ufficiale, alla pag. 7), recante: «Disposizioni urgenti in materia di flussi di ingresso legale dei lavoratori stranieri e di prevenzione e contrasto all'immigrazione irregolare.». (23A02665)
(GU n. 104 del 5 maggio 2023)
Vigente al: 5 maggio 2023

Capo I

DISPOSIZIONI IN MATERIA DI FLUSSI DI INGRESSO LEGALE E PERMANENZA DEI LAVORATORI STRANIERI

Avvertenza:

Il testo coordinato qui pubblicato è stato redatto dal Ministero della giustizia ai sensi dell'art. 11, comma 1, del testo unico delle disposizioni sulla promulgazione delle leggi, sull'emanazione dei decreti del Presidente della Repubblica e sulle pubblicazioni ufficiali della Repubblica italiana, approvato con D.P.R. 28 dicembre 1985, n. 1092, nonché dell'art. 10, commi 2 e 3, del medesimo testo unico, al solo fine di facilitare la lettura sia delle disposizioni del decreto-legge, integrate con le modifiche apportate dalla legge di conversione, che di quelle modificate o richiamate nel decreto, trascritte nelle note. Restano invariati il valore e l'efficacia degli atti legislativi qui riportati.

A norma dell'art. 15, comma 5, della legge 23 agosto 1988, n. 400 (Disciplina dell'attività di Governo e ordinamento della Presidenza del Consiglio dei ministri), le modifiche apportate dalla legge di conversione hanno efficacia dal giorno successivo a quello della sua pubblicazione.

Nella Gazzetta Ufficiale del 18 maggio 2023 si procederà alla ripubblicazione del presente testo coordinato, corredato delle relative note.

Art. 1. *Misure per laprogrammazionedei flussi di ingresso legale dei lavoratori stranieri.* – 1. Per il triennio 2023-2025, le quote massime di stranieri da ammettere nel territorio dello Stato per lavoro subordinato, anche per esigenze di carattere stagionale, e per lavoro autonomo, sono definite, in deroga alle disposizioni dell'articolo 3 del testo unico delle disposizioni concernenti la disciplina dell'immigrazione e norme sulla condizione dello straniero, di cui al decreto legislativo 25 luglio 1998, n. 286, con decreto del Presidente del Consiglio dei ministri.

2. Ai fini della predisposizione dello schema di decreto di cui al comma 1, la Presidenza del Consiglio dei ministri sente i Ministri competenti per materia, gli iscritti al registro di cui all'articolo 42, comma 2, del testo unico di cui al decreto legislativo 25 luglio 1998, n. 286, nonché il Consiglio nazionale dell'economia e del lavoro. Il predetto decreto è adottato, pre-

via deliberazione del Consiglio dei ministri, sentita la Conferenza unificata di cui all'articolo 8 del decreto legislativo 28 agosto 1997, n. 281, e acquisito il parere delle competenti Commissioni parlamentari, che si esprimono entro trenta giorni dal ricevimento della richiesta. Decorso tale termine il decreto è comunque adottato.

3. Il decreto di cui al comma 1 indica i criteri generali per la definizione dei flussi di ingresso che devono tenere conto dell'analisi del fabbisogno del mercatodellavoroeffettuatadal Ministero del lavoro e delle politiche sociali, previo confronto con le organizzazioni dei lavoratori e dei datori di lavoro maggiormente rappresentative sul piano nazionale. Il medesimo decreto indica inoltre le quote massime di ingresso di lavoratori stranieri, per le causali stabilite dal testo unico di cui al decreto legislativo 25 luglio 1998, n. 286, per ciascuno degli anni del triennio di riferimento.

4. Qualora se ne ravvisi l'opportunità, ulteriori decreti possono essere adottati durante il triennio 2023-2025, secondo la procedura di cui ai commi 2 e 3. Le istanze di cui agli articoli 22, 24 e 26 del testo unico di cui al decreto legislativo 25 luglio 1998, n. 286, eccedenti i limiti del decreto di cui al comma 1 possono essere esaminate nell'ambito delle quote che si rendono successivamente disponibili con gli ulteriori decreti di cui al presente comma. Il rinnovo della domanda non deve essere accompagnato dalla documentazione richiesta, se la stessa è già stata regolarmente presentata in sede di prima istanza.

5. Al fine di prevenire l'immigrazione irregolare, con i decreti di cui al presente articolo sono assegnate, in via preferenziale, quote riservate ai lavoratori di Stati che, anche in collaborazione con lo Stato italiano, promuovono per i propri cittadini campagne mediatiche aventi ad oggetto i rischi per l'incolumità personale derivanti dall'inserimento in traffici migratori irregolari.

5-bis. Con i decreti di cui al presente articolo possono essere assegnate quote dedicate ad apolidi e a rifugiati riconosciuti dall'Alto Commissariato delle Nazioni Unite per i rifugiati o dalle autorità competenti nei Paesi di primo asilo o di transito.

5-ter. Per le medesime finalità di cui al comma 5, all'articolo 21 del testo unico di cui al decreto legislativo 25 luglio 1998, n. 286, dopo il comma 1 è inserito il seguente:

«1-bis. Al di fuori delle quote di cui all'articolo 3, comma 4, e secondo le procedure di cui agli articoli 22 e 24, in quanto compatibili, possono essere autorizzati l'ingresso e il soggiorno per lavoro subordinato, anche a carattere stagionale, di stranieri cittadini di Paesi con i quali l'Italia ha sottoscritto intese o accordi in materia di rimpatrio».

Art. 2. *Misure per la semplificazione e accelerazione delle proceduredi rilascio del nulla osta al lavoro.* – 1. Al testo unico di cui al decreto legislativo 25 luglio 1998, n. 286, sono apportate le seguenti modifiche:

a) all'articolo 22:

1) al comma 2, dopo la lettera d) è inserita la seguente:

«d-bis) asseverazione di cui all'articolo 24-bis, comma 2.»;

2) al comma 5, le parole: «sentito il questore» sono sostituite dalle seguenti: «acquisite le informazioni dalla questura competente»;

3) dopo il comma 5 è inserito il seguente: «5.01 Il nulla osta è rilasciato in ogni caso qualora, nel termine indicato al comma 5, non sono state acquisite dalla questura le informazioni relative agli elementi ostativi di cui al presente articolo»;

4) dopo il comma 5-ter è inserito il seguente:

«5-quater. Al sopravvenuto accertamento degli elementi ostativi di cui al presente articolo, anche a seguito dei controlli effettuati ai sensi dell'articolo 24-bis, comma 4, conseguono la revoca del nulla osta e del visto, la risoluzione di diritto del contratto di soggiorno, nonché la revoca del permesso di soggiorno»;

5) dopo il comma 6 è inserito il seguente:

«6-bis. Nelle more della sottoscrizione del contratto di soggiorno il nulla osta consente lo svolgimento dell'attività lavorativa nel territorio nazionale»;

b) all'articolo 24, comma 2, è aggiunto, in fine, il seguente periodo: «Si applica quanto previsto dall'articolo 22, commi 5.01, 5-quater e 6-bis»;

c) dopo l'articolo 24, è inserito il seguente:

«Art. 24-bis (Verifiche). – 1. In relazione agli ingressi previsti dai decreti di cui all'articolo 3, comma 4, la verifica dei requisiti concernenti l'osservanza delle prescrizioni del contratto collettivo di lavoro e la congruità del numero delle richieste presentate di cui all'articolo 30-bis, comma 8, del regolamento di cui al decreto del Presidente della Repubblica 31 agosto 1999, n. 394, è demandata, fatto salvo quanto previsto al comma 4 del presente articolo, ai professionisti di cui all'articolo 1 della legge 11 gennaio 1979, n. 12, e alle organizzazioni dei datori di lavoro comparativamente più rappresentative sul piano nazionale ai quali il datore di lavoro aderisce o conferisce mandato.

2. Le verifiche di congruità di cui al comma 1 tengono anche conto della capacità patrimoniale, dell'equilibrio economico-finanziario, del fatturato, del numero dei dipendenti, ivi compresi quelli già richiesti ai sensi del presente testo unico, e del tipo di attività svolta dall'impresa. In caso di esito positivo delle verifiche è rilasciata apposita asseverazione che il datore di lavoro produce unitamente alla richiesta di assunzione del lavoratore straniero.

3. L'asseverazione di cui al comma 2 non è comunque richiesta con riferimento alle istanze presentate dalle organizzazioni dei datori di lavoro comparativamente più rappresentative sul piano nazionale che hanno sottoscritto con il Ministero del lavoro e delle politiche sociali un apposito protocollo di intesa con il quale si impegnano a garantire il rispetto, da parte dei propri associati, dei requisiti di cui al comma 1. In tali ipotesi trovano applicazione le disposizioni di cui all'articolo 27, comma 1-ter, secondo i termini e le modalità di cui all'articolo 22, commi 5.01 e 6-bis.

4. Resta ferma la possibilità, da parte dell'Ispettorato nazionale del lavoro, in collaborazione con l'Agenzia delle entrate, di effettuare controlli a campione sul rispetto dei requisiti e delle procedure di cui ai commi 1, 2 e 3.».

Art. 3. *Ingresso e soggiorno al di fuori delle quote.* – 1. All'articolo 23 del testo unico di cui al decreto legislativo 25 luglio 1998, n. 286, sono apportate le seguenti modificazioni:

a) la rubrica: «Titoli di prelazione» è sostituita dalla seguente: «Corsi di istruzione e formazione professionale nei Paesi di origine»;

b) al comma 1, le parole: «e dal Ministero dell'istruzione,» sono sostituite dalle seguenti: «, dal Ministero dell'istruzione e del merito o dal Ministero» e, dopo le parole: «formazione professionale», sono aggiunte le seguenti: «e civico-linguistica»;

c) dopo il comma 2 è inserito il seguente:

«2-bis. È consentito, al di fuori delle quote di cui all'articolo 3, comma 4, con le procedure di cui all'articolo 22, l'ingresso e il soggiorno per lavoro subordinato allo straniero residente all'estero, all'apolide e al rifugiato riconosciuto dall'Alto Commissariato delle Nazioni Unite per i rifugiati o dalle autorità competenti nei Paesi di primo asilo o di transito che completa le attività di istruzione e formazione di cui al comma 1, organizzate sulla base dei fabbisogni manifestati al Ministero del lavoro e delle politiche sociali dalle associazioni di categoria del settore produttivo interessato. Il nulla osta è rilasciato senza il rispetto dei limiti numerici, quantitativi e qualitativi previsti ai commi 5 e 5.1 dell'articolo 22. La domanda di visto di ingresso è presentata, a pena di decadenza, entro sei mesi dalla conclusione del corso ed è corredata della conferma della disponibilità ad assumere da parte del datore di lavoro. Al sopravvenuto accertamento degli elementi ostativi di cui all'articolo 22, anche a seguito dei controlli effettuati ai sensi dell'articolo 24-bis, comma 4, conseguono la revoca del nulla osta e del visto, la risoluzione di diritto del contratto di soggiorno, nonché la revoca del permesso di soggiorno. Il Ministero del lavoro e delle politiche sociali adotta linee guida con le quali sono fissatele modalità di predisposizione dei programmi di formazione professionale e civico-linguistica e individuati i criteri per la loro valutazione. Il Ministero del lavoro e delle politiche sociali comunica, entro sette giorni dall'inizio dei corsi, al Ministero dell'interno e al Ministero degli affari esteri e della cooperazione internazionale le generalità dei partecipanti, per consentire l'espletamento dei controlli, da effettuarsi nel termine indicato dall'articolo 22, comma 5, e per verificare l'assenza degli elementi ostativi di cui all'articolo 22.»;

d) al comma 3, le parole: «Gli stranieri», sono sostituite dalle seguenti: «Salvo quanto previsto al comma 2-bis, gli stranieri»;

e) dopo il comma 4 sono inseriti i seguenti:

«4-bis. Per gli obiettivi di cui al comma 1, il Ministero del lavoro e delle politiche sociali, anche con il concorso di proprie agenzie strumentali e società in house, può promuovere la stipula di accordi di collaborazione e intese tecniche con organizzazioni internazionali o con soggetti pubblici e privati operanti nel campo della formazione e dei servizi per il lavoro nei Paesi terzi nei confronti dei quali sussiste l'interesse a promuovere percorsi di qualificazione professionale e la selezione dei lavoratori direttamente nei Paesi di origine, che potranno fare ingresso in Italia con le procedure di cui al comma 2-bis.

4-ter. In via transitoria, per gli anni 2023 e 2024, è consentito alle organizzazioni nazionali dei datori di lavoro presenti nel Consiglio nazionale dell'economia e del lavoro e alle loro articolazioni territoriali o di categoria di concordare con gli organismi formativi o con gli operatori dei servizi per il lavoro, accreditati a livello nazionale o regionale, ovvero con gli enti e le associazioni operanti nel settore dell'immigrazione iscritti al registro delle associazioni e degli enti che svolgono attività a favore degli immigrati, di cui all'articolo 52 del regolamento di cui al decreto del Presidente della Repubblica 31 agosto 1999, n. 394, programmi di formazione professionale e civico-linguistica per la selezione e la formazione di lavoratori direttamente nei Paesi di origine. A completamento del corso di formazione, previa verifica e attestazione da parte dei predetti enti, i lavoratori possono fare ingresso in Italia con le procedure previste per gli ingressi per lavoro per casi particolari, ai sensi dell'articolo 27, entro tre mesi dalla conclusione del corso».

2. All'articolo 6, comma 1, secondo periodo, del testo unico di cui al decreto legislativo 25 luglio 1998, n. 286, dopo le parole: «può essere convertito,» sono aggiunte le seguenti: «al di fuori delle quote di cui all'articolo 3, comma 4,».

Art. 4. *Disposizioni in materia di durata del permesso lavoro di soggiorno per lavoro a tempo indeterminato, per lavoro autonomo e per ricongiungimento familiare.* – 1. All'articolo 5 del testo unico di cui al decreto legislativo 25 luglio 1998, n. 286, sono apportate le seguenti modificazioni:

a) al comma 3-bis, lettera c), è aggiunto, in fine, il seguente periodo: «Ciascun rinnovo non può superare la durata di tre anni.»;

b) al comma 3-quater, è aggiunto, in fine, il seguente periodo: «Ciascun rinnovo non può superare la durata di tre anni.»;

c) al comma 3-sexies, è aggiunto, in fine, il seguente periodo: «Ciascun rinnovo non può superare la durata di tre anni.»

Art. 4 *bis*. *Disposizioni in materia di conversione dei permessi di soggiorno per i minori* *stranieri non accompagnati.* – 1. All'articolo 32 del testo unico di cui al decreto legislativo 25 luglio 1998, n. 286, il comma 1-bis è sostituito dal seguente:

«1-bis. Il permesso di soggiorno di cui al comma 1 può essere rilasciato, per il periodo massimo di un anno, per motivi di studio, di accesso al lavoro ovvero di lavoro subordinato o autonomo previo accertamento dell'effettiva sussistenza dei presupposti e requisiti previsti dalla normativa vigente, al compimento della maggiore età, ai minori stranieri non accompagnati, affidati ai sensi dell'articolo 2 della legge 4 maggio 1983, n. 184, ovvero sottoposti a tutela, previo parere positivo del Comitato per i minori stranieri di cui all'articolo 33 del presente testo unico, ovvero ai minori stranieri non accompagnati che siano stati ammessi per un periodo non inferiore a due anni in un progetto di integrazione sociale e civile gestito da un ente pubblico o privato che abbia rappresentanza nazionale e che comunque sia iscritto nel registro istituito presso la Presidenza del Consiglio dei ministri ai sensi dell'articolo 52 del regolamento di cui al decreto del Presidente della Repubblica 31 agosto 1999, n. 394».

Art. 5. *Ingresso dei lavoratori del settore agricolo e contrasto alle agromafie.* – 1. I datori di lavoro che, ai sensi degli articoli 6, 7 e 9 del decreto del Presidente del Consiglio dei ministri 29 dicembre 2022, pubblicato nella Gazzetta Ufficiale 26 gennaio 2023, n. 21, hanno presentato regolare domanda per l'assegnazione di lavoratori agricoli e che non sono risultati assegnatari di tutta o di parte della manodopera oggetto della domanda, possono ottenere, sulla base di quanto previsto dai successivi decreti sui flussi emanati nel corso del triennio 2023-2025 ai sensi dell'articolo 1, comma 4, del presente decreto, l'assegnazione dei lavoratori richiesti con priorità rispetto ai nuovi richiedenti, nei limiti della quota assegnata al settore agricolo. 2. Il comma 4-quater dell'articolo 1 del decreto-legge 28 febbraio 2005, n. 22, convertito, con modificazioni, dalla legge 29 aprile 2005, n. 71, è sostituito dal seguente:

«4-quater. Allo scopo di dotare l'Ispettorato centrale della tutela della qualità e repressione frodi dei prodotti agroalimentari di adeguate professionalità per proteggere il mercato nazionale dalle attività internazionali di contraffazione e criminalità agroalimentare, anche connesse ai flussi migratori irregolari, fatto salvo il personale da inquadrare nella famiglia professionale ad esaurimento nell'ambito dell'area Assistenti del contratto collettivo nazionale integrativo del personale del Ministero dell'agricoltura, della sovranità alimentare e delle foreste che hanno qualifica di ufficiale di polizia giudiziaria, in attuazione del nuovo sistema di classificazione del personale previsto dal contratto collettivo nazionale di lavoro del personale del comparto Funzioni centrali per il triennio 2019-2021, il personale dirigenziale e non dirigenziale inquadrato nell'area delle Elevate professionalità e nell'area Funzionari, in servizio presso il Dipartimento dell'Ispettorato predetto, ha qualifica di ufficiale di polizia giudiziaria nei limiti del servizio cui è destinato e secondo le attribuzioni ad esso conferite dalla legge e dai regolamenti. Il restante personale inquadrato nell'area Assistenti e nell'area Operatori ha qualifica di agente di polizia giudiziaria.».

Art. 5 *bis*. *Misure per il potenziamento tecnico-logistico del sistema di prima accoglienza e dei controlli di frontiera.* – 1. Per la realizzazione dei punti di crisi e delle strutture di cui all'articolo 10-ter del testo unico di cui al decreto legislativo 25 luglio 1998, n. 286, e dei centri di cui all'articolo 9 del decreto legislativo 18 agosto 2015, n. 142, si applicano, fino al 31 dicembre 2025, le facoltà di deroga di cui al comma 3-bis dell'articolo 19 del decreto-legge 17 febbraio 2017, n. 13, convertito, con modificazioni, dalla legge 13 aprile 2017, n. 46, introdotto dall'articolo 10 del presente decreto. Per le finalità di cui al presente comma, limitatamente ai punti di crisi e alle strutture di cui al citato articolo 10-ter, il Ministero dell'interno è autorizzato ad avvalersi delle risorse previste dall'articolo 1, comma 679, della legge 29 dicembre 2022, n. 197.

2. Fino al 31 dicembre 2025, al fine di assicurare adeguati livelli di accoglienza nel punto di crisi di Lampedusa in relazione a situazioni di particolare affollamento, il Ministero dell'interno può avvalersi, per la gestione del predetto punto di crisi, della Croce Rossa italiana, con le facoltà di deroga richiamate al comma 1. Sono assicurate le prestazioni previste, per tale tipologia di struttura, dallo schema di capitolato di gara di cui all'articolo 12 del decreto legislativo 18 agosto 2015, n. 142.

3. All'articolo 10-ter del testo unico di cui al decreto legislativo 25 luglio 1998, n. 286, dopo il comma 1 è inserito il seguente:

«1-bis. Per l'ottimale svolgimento degli adempimenti di cui al presente articolo, gli stranieri ospitati presso i punti di crisi di cui al comma 1 possono essere trasferiti in strutture analoghe sul territorio nazionale, per l'espletamento delle attività di cui al medesimo comma. Al fine di assicurare la coordinata attuazione degli adempimenti di rispettiva competenza, l'individuazione delle strutture di cui al presente comma destinate alle procedure di frontiera con trattenimento e della loro capienza è effettuata d'intesa con il Ministero della giustizia».

4. All'articolo 11 del decreto legislativo 18 agosto 2015, n. 142, dopo il comma 2 è inserito il seguente:

«2-bis. Nelle more dell'individuazione di disponibilità di posti nei centri governativi di cui all'articolo 9 o nelle strutture di cui al presente articolo, l'accoglienza può essere disposta dal prefetto, per il tempo strettamente necessario, in strutture di accoglienza provvisoria individuate con le modalità di cui al comma 2. In tali strutture sono assicurate le prestazioni concernenti il vitto, l'alloggio, il vestiario, l'assistenza sanitaria e la mediazione linguistico-culturale, secondo le disposizioni contenute nello schema di capitolato di gara di cui all'articolo 12».

5. Al fine di assicurare adeguati livelli di accoglienza nei punti di crisi di cui all'articolo 10-ter del testo unico di cui al decreto legislativo 25 luglio 1998, n. 286, il Ministero dell'interno è autorizzato a stipulare, con le facoltà di deroga richiamate al comma 1 del presente articolo, uno o più contratti per l'affidamento del servizio di trasporto marittimo dei migranti ivi presenti, nel limite massimo complessivo di euro 8.820.000 per l'anno 2023. Alle attività istruttorie di natura tecnico-amministrativa e alle procedure di affidamento del servizio di cui al presente comma il Ministero dell'interno può provvedere per il tramite dei competenti uffici del Ministero delle infrastrutture e dei trasporti. All'onere di cui al presente comma, pari ad euro 8.820.000 per l'anno 2023, si provvede mediante corrispondente riduzione dello stanziamento del fondo speciale di parte corrente iscritto, ai fini del bilancio triennale 2023-2025, nell'ambito del programma «Fondi di riserva e speciali» della missione «Fondi da ripartire» dello stato di previsione del Ministero dell'economia e delle finanze per l'anno 2023, allo scopo parzialmente utilizzando, quanto a euro 2.800.000, l'accantonamento relativo al medesimo Ministero e, quanto a euro 6.020.000, l'accantonamento relativo al Ministero dell'interno.

Art. 5 *ter*. *Modifiche al sistema di accoglienza.* – 1. All'articolo 1-sexies del decreto-legge 30 dicembre 1989, n. 416, convertito, con modificazioni, dalla legge 28 febbraio 1990, n. 39, sono apportate le seguenti modificazioni:

a) al comma 1, alinea, le parole: «anche i richiedenti protezione internazionale e,» sono soppresse;

b) al comma 1-bis sono aggiunte, in fine, le seguenti parole: «, nonché i richiedenti protezione internazionale che hanno fatto ingresso nel territorio nazionale a seguito di protocolli per la realizzazione di corridoi umanitari ovvero evacuazioni o programmi di reinsediamento nel territorio nazionale che prevedono l'individuazione dei beneficiari nei Paesi di origine o di transito in collaborazione con l'Alto Commissariato delle Nazioni Unite per i rifugiati (UNHCR)»;

c) dopo il comma 1-ter è inserito il seguente:

«1-quater. I titolari di protezione internazionale e i titolari dei permessi di soggiorno di cui alle lettere a), a-bis), b), c), d), e), f) e g) del comma 1 che, salvi casi di forza maggiore, non si presentano presso la struttura di destinazione individuata dal servizio centrale di cui al comma 4 entro sette giorni dalla relativa comunicazione decadono dalle misure di accoglienza di cui al presente articolo, salvo che ricorrano obiettive e motivate ragioni di ritardo, secondo la valutazione del prefetto della provincia di provenienza del beneficiario»;

d) al comma 2-bis, lettera a), dopo le parole: «i richiedenti protezione internazionale» sono inserite le seguenti: «di cui al comma 1-bis del presente articolo e all'articolo 9, comma 1-bis, del decreto legislativo 18 agosto 2015, n. 142».

2. Al decreto legislativo 18 agosto 2015, n. 142, sono apportate le seguenti modificazioni:

a) all'articolo 8:

1) al comma 2, le parole: «Le funzioni di prima assistenza sono assicurate» sono sostituite dalle seguenti: «Fatto salvo quanto previsto dal comma 1-bis dell'articolo 9 del presente decreto e dall'articolo 1-sexies, comma 1-bis, del decreto-legge 30 dicembre 1989, n. 416, convertito, con modificazioni, dalla legge 28 febbraio 1990, n. 39, l'accoglienza dei richiedenti protezione internazionale è assicurata»;

2) il comma 3 è abrogato;

b) all'articolo 9:

1) le parole: «di prima accoglienza», ovunque ricorrono, sono sostituite dalle seguenti: «di accoglienza»;

2) dopo il comma 1 è inserito il seguente:

«1-bis. Il richiedente che si trova in una delle specifiche situazioni di cui all'articolo 17, comma 1, del presente decreto può essere accolto, sulla base delle specifiche esigenze e nel limite dei posti disponibili, nell'ambito del sistema di accoglienza di cui all'articolo 1-sexies del decreto-legge 30 dicembre 1989, n. 416, convertito, con modificazioni, dalla legge 28 febbraio 1990, n. 39»;

3) al comma 4, il secondo periodo è soppresso;

4) il comma 4-bis è abrogato;

5) al comma 4-ter, le parole: «del trasferimento prioritario del richiedente di cui al comma 4-bis» sono sostituite dalle seguenti: «del trasferimento del richiedente di cui al comma 1-bis»;

c) all'articolo 11, il comma 3 è abrogato.

3. Le disposizioni di cui al presente articolo non si applicano ai richiedenti protezione internazionale presenti, alla data di entrata in vigore della legge di conversione del presente decreto, nel sistema di accoglienza di cui all'articolo 1-sexies del decreto-legge 30 dicembre 1989, n. 416, convertito, con modificazioni, dalla legge 28 febbraio 1990, n. 39.

4. I cittadini afghani richiedenti protezione internazionale che, a seguito della grave crisi determinatasi in Afghanistan, fanno ingresso nel territorio nazionale in attuazione delle operazioni di evacuazione effettuate dalle autorità italiane, anche in ragione del servizio prestato al precedente governo afghano e alla comunità internazionale che lo coadiuvava, possono essere accolti anche nell'ambito del sistema di accoglienza di cui all'articolo 1-sexies del decreto-legge 30 dicembre 1989, n. 416, convertito, con modificazioni, dalla legge 28 febbraio 1990, n. 39, come modificato dal comma 1 del presente articolo.

5. Resta fermo quanto previsto dal decreto-legge 2 marzo 2023, n. 16, dalle ordinanze di protezione civile e dalle ulteriori disposizioni normative adottate in relazione all'esigenza di

assicurare soccorso e assistenza alla popolazione ucraina in conseguenza della grave crisi internazionale in atto.

6. Dall'attuazione delle disposizioni di cui al presente articolo non devono derivare nuovi o maggiori oneri a carico della finanza pubblica.

Art. 5 *quater*. *Riduzione o revoca delle condizioni di accoglienza.* – 1. All'articolo 23 del decreto legislativo 18 agosto 2015, n. 142, sono apportate le seguenti modificazioni:

a) al comma 1, la lettera e) è abrogata;

b) il comma 2 è sostituito dal seguente:

«2. Nei casi di violazione grave o ripetuta, da parte del richiedente protezione internazionale, delle regole della struttura in cui è accolto, ivi compreso il danneggiamento doloso di beni mobili o immobili, ovvero in caso di comportamenti gravemente violenti, anche tenuti al di fuori della struttura di accoglienza, il prefetto, fatta salva la facoltà di disporre il trasferimento del richiedente in altra struttura, adotta una o più delle seguenti misure:

a) esclusione temporanea dalla partecipazione ad attività organizzate dal gestore del centro;

b) esclusione temporanea dall'accesso a uno o più dei servizi di cui all'articolo 10, comma 1, secondo periodo, ad eccezione dell'accoglienza materiale;

c) sospensione, per un periodo non inferiore a trenta giorni e non superiore a sei mesi, o revoca dei benefici economici accessori previsti nel capitolato di gara d'appalto di cui all'articolo 12»;

c) dopo il comma 2 è inserito il seguente:

«2-bis. Le misure di cui al presente articolo sono adottate in modo individuale, secondo il principio di proporzionalità e tenuto conto della situazione del richiedente, con particolare riferimento alle condizioni di cui all'articolo 17, e sono motivate. I provvedimenti adottati dal prefetto nei confronti del richiedente sono comunicati alla Commissione territoriale competente all'esame della domanda di protezione internazionale»;

d) il comma 4 è sostituito dal seguente:

«4. Nei casi di violazione delle regole del centro, il gestore richiama formalmente il richiedente e, quando ricorrano i presupposti per l'applicazione delle misure di cui al comma 2, trasmette tempestivamente alla prefettura una relazione sui fatti»;

e) al comma 5:

1) al primo periodo, dopo le parole: «Il provvedimento di» sono inserite le seguenti: «riduzione o»;

2) al terzo periodo, le parole: «di revoca» sono soppresse;

f) la rubrica è sostituita dalla seguente: «Riduzione o revoca delle condizioni di accoglienza».

Art. 6. *Misure straordinarie in materia di gestione dei centri per migranti.* – 1. Al di fuori dei casi previsti dall'articolo 32 del decreto-legge 24 giugno 2014, n. 90, convertito, con modificazioni, dalla legge 11 agosto 2014, n. 114, per i contratti di fornitura di beni e servizi relativi alla gestione e al funzionamento dei centri di cui agli articoli 9 e 11 del decreto legislativo 18 agosto 2015, n. 142, nonché dei centri di cui agli articoli 10-ter e 14 del testo unico di cui al decreto legislativo 25 luglio 1998, n. 286, qualora ricorra un grave inadempimento degli obblighi previsti dallo schema di capitolato di gara adottato con decreto del Ministro dell'interno per ciascuna tipologia di centro e l'immediata cessazione dell'esecuzione del contratto possa compromettere la continuità dei servizi indifferibili per la tutela dei diritti fondamentali, nonché la salvaguardia dei livelli occupazionali, il prefetto, con proprio decreto, nomina uno o più commissari per la straordinaria e temporanea gestione dell'impresa, limitatamente all'esecuzione del contratto di appalto, scelti tra funzionari della prefettura o di altre amministrazioni pubbliche, in possesso di qualificate e comprovate professionalità. Si applicano, in quanto compatibili, i commi 3 e 4 dell'articolo 32 del decreto-legge n. 90 del 2014.

2. Nel periodo di applicazione della misura di straordinaria e temporanea gestione di cui al comma 1, i pagamenti all'impresa sono versati al netto del compenso da corrispondere ai commissari di cui al comma 1, quantificato con il decreto di nomina secondo parametri stabiliti con decreto adottato dal Ministero dell'interno, di concerto con il Ministero dell'economia e delle finanze, tenendo conto della capienza del centro e della durata della gestione. A tal fine, l'utile d'impresa derivante dalla conclusione del contratto, determinato anche in via presuntiva dai commissari, è accantonato in apposito fondo e non può essere distribuito, né essere soggetto a pignoramento, a garanzia del risarcimento del danno per inadempimento.

3. Contestualmente all'adozione della misura di cui al comma 1, il prefetto avvia le procedure per l'affidamento diretto di un nuovo appalto per la fornitura di beni e servizi, ai sensi dell'articolo 63, comma 2, lettera c), del codice dei contratti pubblici, di cui al decreto legislativo 18 aprile 2016, n. 50.

4. All'atto del subentro del nuovo aggiudicatario, il prefetto dichiara la risoluzione per inadempimento del contratto di cui al comma 1, che opera di diritto, e i commissari nominati ai sensi del comma 1 cessano dalle proprie funzioni.

Art. 6 *bis*. *Attivazione di una postazione medicalizzata del 118 presso l'isola di Lampedusa.* – 1. In considerazione del fenomeno dei flussi migratori e delle particolari condizioni geografiche del territorio, nell'ambito del sistema di soccorso della Regione siciliana è attivata, entro sei mesi dalla data di entrata in vigore della legge di conversione del presente decreto, una postazione medicalizzata del 118 presso l'isola di Lampedusa, al fine di garantire tempestività ed efficienza negli interventi di emergenza-urgenza, per tutelare la salute degli abitanti dell'isola e dei migranti.

2. Entro lo stesso termine di cui al comma 1, l'Istituto nazionale per la promozione della salute delle popolazioni migranti ed il contrasto delle malattie della povertà (INMP), sentito il Ministero della salute, stipula un protocollo d'intesa con il Ministero dell'interno, la Regione siciliana, il comune di Lampedusa e la Capitaneria di porto-Guardia costiera, finalizzato a garantire alla postazione medicalizzata di cui al comma 1 l'apporto di adeguate professionalità, la strumentazione tecnica necessaria nonché i protocolli di presa in carico e assistenza della popolazione migrante.

3. L'attivazione della postazione di cui al comma 1 avviene nell'ambito del servizio sanitario regionale della Regione siciliana con le risorse umane, finanziarie e strumentali disponibili a legislazione vigente e nel rispetto delle disposizioni di cui all'articolo 11, comma 1, del decreto-legge 30 aprile 2019, n. 35, convertito, con modificazioni, dalla legge 25 giugno 2019, n. 60. All'attuazione delle disposizioni di cui al comma 2 si provvede con le risorse umane, strumentali e finanziarie già a disposizione dell'INMP a legislazione vigente.

Art. 6 *ter*. *Modifiche alla disciplina sulle modalità di accoglienza.* – 1. All'articolo 10, comma 1, secondo periodo, del decreto legislativo 18 agosto 2015, n. 142, le parole: «l'assistenza sanitaria, l'assistenza sociale e psicologica, la mediazione linguistico-culturale, la somministrazione di corsi di lingua italiana e i servizi di orientamento legale e al territorio» sono sostituite dalle seguenti: «l'assistenza sanitaria, l'assistenza sociale e la mediazione linguistico-culturale».

Art. 7. *Protezione speciale, vittime del reato di costrizione o induzione al matrimonio, cure mediche e calamità naturali.* – 1. Al testo unico di cui al decreto legislativo 25 luglio 1998, n. 286, sono apportate le seguenti modificazioni:

a) all'articolo 6, comma 1-bis, le lettere a), b) e h-bis) sono abrogate;

b) all'articolo 18-bis, comma 1, dopo le parole: «per taluno dei delitti previsti dagli articoli» è inserita la seguente: «558-bis,»;

c) all'articolo 19:

1) al comma 1.1, il terzo e il quarto periodo sono soppressi;

2) al comma 1.2:

2.1) al primo periodo, dopo le parole: «la Commissione territoriale trasmette» sono inserite le seguenti: «, ai sensi dell'articolo 32, comma 3, del decreto legislativo 28 gennaio 2008, n. 25,»;

2.2) il secondo periodo è soppresso;

3) al comma 2, lettera d-bis):

3.1) le parole: «gravi condizioni psicofisiche o derivanti da gravi patologie» sono sostituite dalle seguenti: «condizioni di salute derivanti da patologie di particolare gravità, non adeguatamente curabili nel Paese di origine»;

3.2) le parole: «e convertibile in permesso di soggiorno per motivi di lavoro» sono soppresse;

d) all'articolo 20-bis:

1) al comma 1, la parola: «grave» è sostituita dalle seguenti: «contingente ed eccezionale»;

2) al comma 2:

2.1) dopo la parola: «rinnovabile» sono inserite le seguenti: «per un periodo ulteriore di sei mesi»;

2.2) la parola: «grave» è sostituita dalla seguente: «eccezionale»;

2.3) sono aggiunte, in fine, le seguenti parole: «, ma non può essere convertito in permesso di soggiorno per motivi di lavoro».

2. Per le istanze presentate fino alla data di entrata in vigore del presente decreto, ovvero nei casi in cui lo straniero abbia già ricevuto l'invito alla presentazione dell'istanza da parte della Questura competente, continua ad applicarsi la disciplina previgente.

2-bis. Ai procedimenti di competenza della Commissione nazionale per il diritto di asilo pendenti alla data di entrata in vigore del presente decreto continua ad applicarsi la disciplina previgente.

3. I permessi di soggiorno già rilasciati ai sensi del citato articolo 19, comma 1.1, terzo periodo, in corso di validità, sono rinnovati per una sola volta e con durata annuale, a decorrere dalla data di scadenza. Resta ferma la facoltà di conversione del titolo di soggiorno in permesso di soggiorno per motivi di lavoro, se ne ricorrono i requisiti di legge.

Art. 7 *bis*. *Disposizioni urgenti in materia di procedure accelerate in frontiera.* – 1. Al decreto legislativo 28 gennaio 2008, n. 25, sono apportate le seguenti modificazioni:

a) all'articolo 4, comma 1-bis, sono aggiunte, in fine, le seguenti parole: «ovvero nell'ambito del personale dell'area dei funzionari o delle elevate professionalità dell'Amministrazione civile dell'interno, appositamente formato in materia di protezione internazionale a cura dell'Amministrazione medesima successivamente all'ingresso in ruolo»;

b) all'articolo 28-bis:

1) al comma 2:

1.1) alla lettera b), l'ultimo periodo è soppresso;

1.2) dopo la lettera b) è inserita la seguente:

«b-bis) domanda di protezione internazionale presentata direttamente alla frontiera o nelle zone di transito di cui al comma 4 da un richiedente proveniente da un Paese designato di origine sicuro ai sensi dell'articolo 2-bis»;

1.3) alla lettera c), dopo le parole: «ai sensi dell'articolo 2-bis» sono aggiunte le seguenti: «, fatto salvo quanto previsto alla lettera b-bis)»;

2) dopo il comma 2 è inserito il seguente:

«2-bis. Nei casi di cui alle lettere b) e b-bis) del comma 2 la procedura può essere svolta direttamente alla frontiera o nelle zone di transito di cui al comma 4 e la Commissione territoriale decide nel termine di sette giorni dalla ricezione della domanda»;

c) all'articolo 29:

1) al comma 1, la lettera b) è sostituita dalla seguente:

«b) il richiedente ha reiterato identica domanda, dopo che sia stata presa una decisione da parte della Commissione stessa, senza addurre nuovi elementi o nuove prove, in merito alle sue condizioni personali o alla situazione del suo Paese di origine, che rendano significativamente più probabile che la persona possa beneficiare della protezione internazionale, salvo che il richiedente alleghi fondatamente di essere stato, non per sua colpa, impossibilitato a presentare tali elementi o prove in occasione della sua precedente domanda o del successivo ricorso giurisdizionale»;

2) il comma 1-bis è sostituito dal seguente:

«1-bis. Nei casi di cui al comma 1, la domanda è sottoposta a esame preliminare da parte del presidente della Commissione territoriale, diretto ad accertare se emergono o sono stati addotti, da parte del richiedente, nuovi elementi o nuove prove rilevanti ai fini del riconoscimento della protezione internazionale e che il ritardo nella presentazione di tali nuovi elementi o prove non è imputabile a colpa del ricorrente, su cui grava l'onere di allegazione specifica. Nell'ipotesi di cui al comma 1, lettera a), il presidente della Commissione procede anche all'audizione del richiedente sui motivi addotti a sostegno dell'ammissibilità della domanda nel suo caso specifico»;

d) all'articolo 35-bis:

1) al comma 3, la lettera d) è sostituita dalla seguente:

«d) avverso il provvedimento adottato nei confronti dei soggetti di cui all'articolo 28-bis, comma 2, lettere b), b-bis), c) ed e)»;

2) il comma 5 è sostituito dal seguente:

«5. La proposizione del ricorso o dell'istanza cautelare ai sensi del comma 4 non sospende l'efficacia esecutiva del provvedimento che respinge o dichiara inammissibile un'altra domanda reiterata a seguito di una decisione definitiva che respinge o dichiara inammissibile una prima domanda reiterata, ovvero dichiara inammissibile la domanda di riconoscimento della protezione internazionale, ai sensi dell'articolo 29-bis»;

e) dopo l'articolo 35-bis è inserito il seguente:

«Art. 35-ter (Sospensione della decisione in materia di riconoscimento della protezione internazionale nella procedura in frontiera). – 1. Quando il richiedente è trattenuto ai sensi dell'articolo 6-bis del decreto legislativo 18 agosto 2015, n. 142, contro la decisione della Commissione territoriale è ammesso ricorso nel termine di quattordici giorni dalla notifica del provvedimento e si applica l'articolo 35-bis, comma 3, del presente decreto. L'istanza di sospensione dell'efficacia esecutiva del provvedimento impugnato è proposta, a pena di inammissibilità, con il ricorso introduttivo.

2. Il ricorso è immediatamente notificato a cura della cancelleria al Ministero dell'interno presso la Commissione territoriale o la sezione che ha adottato l'atto impugnato e al pubblico ministero, che nei successivi due giorni possono depositare note difensive. Entro lo stesso termine, la Commissione che ha adottato l'atto impugnato è tenuta a rendere disponibili il

verbale di audizione o, ove possibile, il verbale di trascrizione della videoregistrazione, nonché copia della domanda di protezione internazionale e di tutta la documentazione acquisita nel corso della procedura di esame. Alla scadenza del predetto termine il giudice in composizione monocratica provvede allo stato degli atti entro cinque giorni con decreto motivato non impugnabile.

3. Dal momento della proposizione dell'istanza e fino all'adozione del provvedimento previsto dal comma 2, ultimo periodo, il ricorrente non può essere espulso o allontanato dal luogo nel quale è trattenuto.

4. Quando l'istanza di sospensione è accolta il ricorrente è ammesso nel territorio nazionale e gli è rilasciato un permesso di soggiorno per richiesta di asilo. La sospensione degli effetti del provvedimento impugnato, disposta ai sensi del comma 3, perde efficacia se il ricorso è rigettato, con decreto anche non definitivo.

5. Alla scadenza del termine di cui al comma 2, ultimo periodo, il giudice, in composizione collegiale, procede ai sensi dell'articolo 35-bis, commi 7 e seguenti, in quanto compatibili».

2. Al decreto legislativo 18 agosto 2015, n. 142, sono apportate le seguenti modificazioni:

a) all'articolo 6:

1) al comma 2:

1.1) all'alinea, dopo le parole: «n. 286» sono inserite le seguenti: «, nei limiti dei posti disponibili»;

1.2) la lettera d) è sostituita dalla seguente:

«d) è necessario determinare gli elementi su cui si basa la domanda di protezione internazionale che non potrebbero essere acquisiti senza il trattenimento e sussiste rischio di fuga, ai sensi dell'articolo 13, comma 4-bis, lettere a), c), d) ed e), del decreto legislativo 25 luglio 1998, n. 286. La valutazione sulla sussistenza del rischio di fuga è effettuata caso per caso»;

2) al comma 3-bis, dopo le parole: «per la determinazione o la verifica dell'identità o della cittadinanza» sono inserite le seguenti: «, anche mediante il ricorso alle operazioni di rilevamento fotodattiloscopico e la verifica delle banche dati»;

b) dopo l'articolo 6 sono inseriti i seguenti:

«Art. 6-bis (Trattenimento dello straniero durante lo svolgimento della procedura in frontiera di cui all'articolo 28-bis del decreto legislativo 28 gennaio 2008, n. 25). – 1. Fuori dei casi di cui all'articolo 6, commi 2 e 3-bis, del presente decreto e nel rispetto dei criteri definiti all'articolo 14, comma 1.1, del decreto legislativo 25 luglio 1998, n. 286, il richiedente può essere trattenuto durante lo svolgimento della procedura in frontiera di cui all'articolo 28-bis, comma 2, lettere b) e b-bis), del decreto legislativo 28 gennaio 2008, n. 25, e fino alla decisione dell'istanza di sospensione di cui all'articolo 35-bis, comma 4, del medesimo decreto legislativo n. 25 del 2008, al solo scopo di accertare il diritto ad entrare nel territorio dello Stato.

2. Il trattenimento di cui al comma 1 può essere disposto qualora il richiedente non abbia consegnato il passaporto o altro documento equipollente in corso di validità, ovvero non presti idonea garanzia finanziaria. Entro novanta giorni dalla data di entrata in vigore della presente disposizione, con decreto del Ministero dell'interno, di concerto con i Ministeri della giustizia e dell'economia e delle finanze, sono individuati l'importo e le modalità di prestazione della predetta garanzia finanziaria.

3. Il trattenimento non può protrarsi oltre il tempo strettamente necessario per lo svolgimento della procedura in frontiera ai sensi dell'articolo 28-bis del decreto legislativo 28 gennaio 2008, n. 25. La convalida comporta il trattenimento nel centro per un periodo massimo, non prorogabile, di quattro settimane.

4. Nei casi di cui al comma 1, il richiedente è trattenuto in appositi locali presso le struttu-

re di cui all'articolo 10-ter, comma 1, del decreto legislativo 25 luglio 1998, n. 286, ovvero, in caso di arrivi consistenti e ravvicinati, nei centri di cui all'articolo 14 del medesimo decreto legislativo 25 luglio 1998, n. 286, situati in prossimità della frontiera o della zona di transito, per il tempo strettamente necessario all'accertamento del diritto ad entrare nel territorio dello Stato. Si applica in quanto compatibile l'articolo 6, comma 5.

Art. 6-ter. (Trattenimento del richiedente sottoposto alla procedura Dublino di cui al regolamento (UE) n. 604/2013). – 1. In attesa del trasferimento previsto dal regolamento (UE) n. 604/2013 del Parlamento europeo e del Consiglio, del 26 giugno 2013, lo straniero può essere trattenuto nei centri di cui all'articolo 14 del decreto legislativo 25 luglio 1998, n. 286, ove sussista un notevole rischio di fuga e sempre che non possano disporsi le misure di cui al medesimo articolo 14, comma 1-bis. La valutazione sul notevole rischio di fuga è effettuata caso per caso.

2. Il notevole rischio di fuga sussiste quando il richiedente si sia sottratto a un primo tentativo di trasferimento, ovvero qualora ricorrano almeno due delle seguenti circostanze:

a) mancanza di un documento di viaggio;

b) mancanza di un indirizzo affidabile;

c) inadempimento all'obbligo di presentarsi alle autorità competenti;

d) mancanza di risorse finanziarie;

e) il richiedente ha fatto ricorso sistematicamente a dichiarazioni o attestazioni false sulle proprie generalità anche al solo fine di evitare l'adozione o l'esecuzione di un provvedimento di espulsione.

3. Il trattenimento non può protrarsi oltre il tempo strettamente necessario per l'esecuzione del trasferimento. La convalida comporta il trattenimento nel centro per un periodo complessivo di sei settimane. In presenza di gravi difficoltà relative all'esecuzione del trasferimento il giudice, su richiesta del questore, può prorogare il trattenimento per ulteriori trenta giorni, fino a un termine massimo di ulteriori sei settimane. Anche prima della scadenza di tale termine, il questore esegue il trasferimento dandone comunicazione senza ritardo al giudice. Si applica in quanto compatibile l'articolo 6, comma 5».

Art. 7 *ter*. *Disposizioni in materia di decisioni sul riconoscimento della protezione internazionale*. – 1. Al decreto legislativo 28 gennaio 2008, n. 25, sono apportate le seguenti modificazioni:

a) all'articolo 27, dopo il comma 2 è inserito il seguente: «2-bis. La Commissione territoriale, nel caso in cui ritenga che non sussistano i presupposti per il riconoscimento della protezione internazionale e non ricorrano le condizioni per la trasmissione degli atti al questore ai fini del rilascio di un permesso di soggiorno per protezione speciale o per cure mediche, acquisisce dal questore elementi informativi circa la non sussistenza di una delle cause impeditive di cui all'articolo 19, commi 1-bis e 2, del decreto legislativo 25 luglio 1998, n. 286»;

b) all'articolo 32, il comma 4 è sostituito dal seguente:

«4. La decisione di cui al comma 1, lettere b), b-bis) e b-ter), del presente articolo e il verificarsi delle ipotesi previste dagli articoli 23, 29 e 29-bis comportano, alla scadenza del termine per l'impugnazione, l'obbligo per il richiedente di lasciare il territorio nazionale, salvo che gli sia stato rilasciato un permesso di soggiorno ad altro titolo e salvo che la Commissione territoriale rilevi la sussistenza di una delle condizioni di cui ai commi 3.2 e 3-bis del presente articolo o di una delle cause impeditive di cui all'articolo 19, commi 1-bis e 2, del decreto legislativo 25 luglio 1998, n. 286. Nei casi di cui al periodo precedente, la decisione reca anche l'attestazione dell'obbligo di rimpatrio e del divieto di reingresso di cui all'articolo 13, commi 13 e 14, del decreto legislativo 25 luglio 1998, n. 286. L'attestazione tiene luogo e produce gli effetti del provvedimento di espulsione amministrativa di cui all'articolo 13 del decreto legislativo 25 luglio 1998, n. 286, e il questore procede ai sensi del medesimo articolo 13, commi 4 e 5, salvi gli effetti di cui all'articolo 35-bis, commi 3 e 4, del presente decreto. Il provvedimento recante l'attestazione dell'obbligo di rimpatrio in conformità al presente comma è impugnabile con ricorso unitario ai sensi dell'articolo 35, comma 1, del presente decreto»;

c) all'articolo 33, comma 3, le parole: «all'articolo 32, comma 3» sono sostituite dalle seguenti: «all'articolo 27, comma 2-bis, e all'articolo 32, commi 3 e 4»;

d) all'articolo 35, il comma 1 è sostituito dal seguente:

«1. Avverso i provvedimenti della Commissione territoriale di cui all'articolo 32 e avverso i provvedimenti della Commissione nazionale di cui all'articolo 33 è ammesso ricorso all'autorità giudiziaria ordinaria. Il ricorso è ammesso anche nel caso in cui l'interessato abbia richiesto il riconoscimento dello status di rifugiato e sia stata riconosciuta esclusivamente la protezione sussidiaria o la protezione speciale e nel caso di cui all'articolo 32, comma 3.1»;

e) all'articolo 35-bis, il comma 8 è sostituito dal seguente:

«8. La Commissione che ha adottato il provvedimento di diniego, successivamente alla sua notifica all'interessato, rende disponibile la videoregistrazione di cui all'articolo 14, comma 1, al suo difensore munito di procura dopo la verifica della procura effettuata a cura della cancelleria del giudice competente per l'impugnazione, con le modalità previste dalle specifiche tecniche di cui al comma 16. Entro venti giorni dalla notificazione del ricorso, la Commissione mette a disposizione del giudice mediante gli strumenti del processo civile telematico il verbale di trascrizione della videoregistrazione redatto a norma del medesimo articolo 14, comma 1, copia della domanda di protezione internazionale e di tutta la documentazione acquisita nel corso della procedura di esame di cui al capo III, nonché l'indicazione delle informazioni di cui all'articolo 8, comma 3, utilizzate ai fini della decisione. Entro il medesimo termine la Commissione mette a disposizione del giudice la videoregistrazione con le modalità previste dalle specifiche tecniche di cui al comma 16».

Art. 7 *quater*. *Disposizioni in materia di convalida dei provvedimenti di accompagnamento immediato alla frontiera e di trattenimento.* – 1. Al testo unico di cui al decreto legislativo 25 luglio 1998, n. 286, sono apportate le seguenti modificazioni:

a) all'articolo 13, dopo il comma 5-bis è inserito il seguente:

«5-bis.1. La partecipazione del destinatario del provvedimento all'udienza per la convalida avviene, ove possibile, a distanza mediante collegamento audiovisivo tra l'aula di udienza e il centro di cui all'articolo 14 del presente testo unico nel quale lo straniero è trattenuto, in conformità alle specifiche tecniche stabilite con decreto direttoriale adottato ai sensi dell'articolo 6, comma 5, del decreto legislativo 18 agosto 2015, n. 142, e nel rispetto dei periodi dal quinto al decimo del comma 5 del predetto articolo 6»;

b) all'articolo 14, dopo il comma 4 è inserito il seguente:

«4-bis. La partecipazione del destinatario del provvedimento all'udienza per la convalida avviene, ove possibile, a distanza mediante collegamento audiovisivo tra l'aula di udienza e il centro di cui al comma 1 nel quale lo straniero è trattenuto, in conformità alle specifiche tecniche stabilite con decreto direttoriale adottato ai sensi dell'articolo 6, comma 5, del decreto legislativo 18 agosto 2015, n. 142, e nel rispetto dei periodi dal quinto al decimo del comma 5 del predetto articolo 6».

Art. 7 *quinquies*. *Procedura decisoria semplificata dei ricorsi depositati entro il 31 dicembre 2021 ai sensi dell'articolo 35-bis del decreto legislativo 28 gennaio 2008, n. 25.* – 1. Nei procedimenti pendenti alla data di entrata in vigore della legge di conversione del presente decreto nei quali il ricorso di cui all'articolo 35-bis del decreto legislativo 28 gennaio 2008, n. 25, è stato depositato entro il 31 dicembre 2021 il difensore, munito di procura speciale contenente i poteri di cui al comma 2, può, fino al momento in cui il giudice ha rimesso la decisione al collegio, depositare istanza di esame in via principale della domanda di protezione speciale e in via subordinata della domanda di protezione internazionale.

2. Per la presentazione dell'istanza di cui al comma 1 il difensore deve essere munito di procura speciale contenente il potere di chiedere al giudice l'esame in via principale della domanda di protezione speciale e in via subordinata l'esame della domanda di protezione internazionale.

3. L'istanza di cui al comma 1, a pena di inammissibilità, è motivata e corredata di tutta la documentazione ritenuta idonea a dimostrare la sussistenza, alla data di entrata in vigore della legge di conversione del presente decreto, dei presupposti per l'accoglimento della domanda di riconoscimento della protezione speciale ed è immediatamente comunicata, a cura della cancelleria, alla Commissione territoriale che ha adottato l'atto impugnato e al pubblico ministero, che entro quindici giorni dalla comunicazione hanno facoltà di depositare sintetiche controdeduzioni.

4. L'istanza priva della documentazione di cui al comma 3 è dichiarata inammissibile dal giudice designato, con ordinanza non impugnabile.

5. Il giudice designato, in composizione monocratica, alla scadenza del termine di cui al comma 3, se non provvede ai sensi del comma 4, esamina in via preliminare la domanda di protezione speciale. Quando ne ricorrono i presupposti, la accoglie allo stato degli atti con decreto non reclamabile e dichiara l'estinzione della domanda proposta in via subordinata, provvedendo sulle spese.

6. Il giudice designato, quando non ricorrono i presupposti per procedere ai sensi del comma 5, rimette la decisione al collegio.

7. Quando la parte ricorrente è ammessa al patrocinio a spese dello Stato, con il provvedimento adottato ai sensi del comma 5 il giudice procede alla liquidazione in conformità all'articolo 82 del testo unico delle disposizioni legislative e regolamentari in materia di spese di giustizia, di cui al decreto del Presidente della Repubblica 30 maggio 2002, n. 115.

8. Contro il decreto adottato ai sensi del comma 5 può essere proposto ricorso in cassazione e si applica l'articolo 35-bis, comma 13, quinto e sesto periodo, del decreto legislativo 28 gennaio 2008, n. 25.

9. L'esame dell'istanza presentata ai sensi del presente articolo è trattato, compatibilmente con l'organizzazione della sezione specializzata, in via prioritaria.

Capo II

DISPOSIZIONI IN MATERIA DI PREVENZIONE E CONTRASTO ALL'IMMIGRAZIONE IRREGOLARE

Art. 8. *Disposizioni penali.* – 1. Al testo unico di cui al decreto legislativo 25 luglio 1998, n. 286, sono apportate le seguenti modificazioni:

a) all'articolo 12, al comma 1, le parole: «da uno a cinque anni» sono sostituite dalle seguenti: «da due a sei anni» e, al comma 3, alinea, le parole: «da cinque a quindici anni» sono sostituite dalle seguenti: «da sei a sedici anni»;

b) dopo l'articolo 12, è inserito il seguente:

«Art. 12-bis (Morte o lesioni come conseguenza di delitti in materia di immigrazione clandestina). – 1. Chiunque, in violazione delle disposizioni del presente testo unico, promuove, dirige, organizza, finanzia o in qualunque modo effettua il trasporto di stranieri nel territorio dello Stato ovvero compie altri atti diretti a procurarne illegalmente l'ingresso nel territorio dello Stato, ovvero di altro Stato del quale la persona non è cittadina o non ha titolo di residenza permanente, quando il trasporto o l'ingresso sono attuati con modalità tali da esporre le persone a pericolo per la loro vita o per la loro incolumità o sottoponendole a trattamento inumano o degradante, è punito con la reclusione da venti a trenta anni se dal fatto deriva, quale conseguenza non voluta, la morte di più persone. La stessa pena si applica se dal fatto derivano la morte di una o più persone e lesioni gravi o gravissime a una o più persone.

2. Se dal fatto deriva la morte di una sola persona, si applica la pena della reclusione da quindici a ventiquattro anni. Se derivano lesioni gravi o gravissime a una o più persone, si applica la pena della reclusione da dieci a venti anni.

3. Nei casi di cui ai commi 1 e 2, la pena è aumentata quando ricorre taluna delle ipotesi di cui all'articolo 12, comma 3, lettere a), d) ed e). La pena è aumentata da un terzo alla metà quando concorrono almeno due delle ipotesi di cui al primo periodo, nonché nei casi previsti dall'articolo 12, comma 3-ter.

4. Le circostanze attenuanti, diverse da quelle previste dagli articoli 98 e 114 del codice penale, concorrenti con le aggravanti di cui al comma 3, non possono essere ritenute equivalenti o prevalenti rispetto a queste e le diminuzioni di pena si operano sulla quantità di pena risultante dall'aumento conseguente alle predette aggravanti.

5. Si applicano le disposizioni previste dai commi 3-quinquies, 4, 4-bis e 4-ter dell'articolo 12.

6. Fermo quanto disposto dall'articolo 6 del codice penale, se la condotta è diretta a procurare l'ingresso illegale nel territorio dello Stato, il reato è punito secondo la legge italiana anche quando la morte o le lesioni si verificano al di fuori di tale territorio.».

2. All'articolo 4-bis, commi 1 e 1-bis, della legge 26 luglio 1975, n. 354, le parole: «all'articolo 12, commi 1 e 3,» sono sostituite dalle seguenti: «agli articoli 12, commi 1 e 3, e 12-bis».

3. All'articolo 51, comma 3-bis, del codice di procedura penale, le parole «all'articolo 12, commi 1, 3 e 3-ter,» sono sostituite dalle seguenti: «agli articoli 12, commi 1, 3 e 3-ter, e 12-bis».

4. All'articolo 407, comma 2, lettera a), numero 7-bis), del codice di procedura penale, le parole «dall'articolo 12, comma 3,» sono sostituite dalle seguenti: «dagli articoli 12, comma 3, e 12-bis».

Art. 9. *Disposizioni in materia di espulsione e ricorsi sul riconoscimento della protezione internazionale.* – 1. All'articolo 35-bis, comma 2, primo periodo, del decreto legislativo 28 gennaio 2008, n. 25, le parole: «risiede all'estero» sono sostituite dalle seguenti: «si trova in un Paese terzo al momento della proposizione del ricorso».

2. All'articolo 13, comma 5-bis, del testo unico di cui al decreto legislativo 25 luglio 1998, n. 286, dopo le parole: «casi previsti al comma 4», sono inserite le seguenti: «, ad eccezione della lettera f),»

3. All'articolo 12 del regolamento di cui al decreto del Presidente della Repubblica 31 agosto 1999, n. 394, il comma 2 è abrogato.

Art. 9 *bis*. *Disposizioni in materia di delitti commessi nei centri o nelle strutture per richiedenti protezione internazionale.* – 1. All'articolo 14, comma 7-bis, del testo unico di cui al decreto legislativo 25 luglio 1998, n. 286, dopo le parole: «all'articolo 10-ter» sono inserite le seguenti: «o in uno dei centri di cui agli articoli 9 e 11 del decreto legislativo 18 agosto 2015, n. 142, ovvero in una delle strutture di cui all'articolo 1-sexies del decreto-legge 30 dicembre 1989, n. 416, convertito, con modificazioni, dalla legge 28 febbraio 1990, n. 39».

Art. 9 *ter*. *Disposizioni in materia di cessazione della protezione internazionale.* – Al decreto legislativo 19 novembre 2007, n. 251, sono apportate le seguenti modificazioni:

a) all'articolo 9, il comma 2-ter è sostituito dal seguente: «2-ter. Per l'applicazione del comma 1, lettera d), è rilevante ogni rientro, anche di breve durata, nel Paese di origine, ove non giustificato da gravi e comprovati motivi e per il periodo strettamente necessario»;

b) all'articolo 15, il comma 2-ter è sostituito dal seguente: «2-ter. Ai fini di cui al comma 2, è rilevante ogni rientro, anche di breve durata, nel Paese di origine, ove non giustificato da gravi e comprovati motivi e per il periodo strettamente necessario».

Art. 10. *Disposizioni per il potenziamento dei centri di permanenza per i rimpatri.* – 1. All'articolo 19 del decreto-legge 17 febbraio 2017, n. 13, convertito, con modificazioni, dalla legge 13 aprile 2017, n. 46, dopo il comma 3 è inserito il seguente:

«3-bis. La realizzazione dei centri di cui al comma 3 è effettuata, fino al 31 dicembre 2025, anche in deroga ad ogni disposizione di legge diversa da quella penale, fatto salvo il rispetto delle disposizioni del codice delle leggi antimafia e delle misure di prevenzione, di cui al decreto legislativo 6 settembre 2011, n. 159, nonché dei vincoli inderogabili derivanti dall'appartenenza all'Unione europea. Nell'ambito delle procedure per l'ampliamento della rete dei centri di permanenza per i rimpatri di cui all'articolo 14, comma 1, del testo unico di cui al decreto legislativo 25 luglio 1998, n. 286, l'Autorità nazionale anticorruzione (ANAC) assicura, ove richiesto, l'attività di vigilanza collaborativa ai sensi dell'articolo 213, comma 3, lettera h), del codice dei contratti pubblici, di cui al decreto legislativo 18 aprile 2016, n. 50.».

Art. 10 *bis*. *Estensione della durata massima del trattenimento dello straniero nei centri di permanenza per il rimpatrio.* – 1. All'articolo 14, comma 5, del testo unico di cui al decreto legislativo 25 luglio 1998, n. 286, sono apportate le seguenti modificazioni:

a) al quinto periodo, le parole: «prorogabile per altri trenta giorni» sono sostituite dalle seguenti: «prorogabile per altri quarantacinque giorni»;

b) al sesto periodo, le parole: «prorogabile per altri trenta giorni» sono sostituite dalle seguenti: «prorogabile per altri quarantacinque giorni».

Art. 11. *Clausola di invarianza finanziaria.* – 1. Dalle disposizioni del presente decreto non devono derivare nuovi o maggiori oneri a carico della finanza pubblica.

2. Le amministrazioni interessate provvedono agli adempimenti previsti dal presente decreto con le risorse umane, strumentali e finanziarie disponibili a legislazione vigente.

Art. 12. *Entrata in vigore.* – 1. Il presente decreto entra in vigore il giorno successivo a quello della sua pubblicazione nella Gazzetta Ufficiale della Repubblica italiana e sara' presentato alle Camere per la conversione in legge.

Decreto-legge 10 maggio 2023, n. 51

Disposizioni urgenti in materia di amministrazione di enti pubblici, di termini legislativi e di iniziative di solidarietà sociale.
(23G00059)
(GU n. 108 del 10 maggio 2023)

Capo III

DISPOSIZIONI URGENTI IN MATERIA DI INIZIATIVE DI SOLIDARIETÀ SOCIALE

Estratto

Art. 12. *Disposizioni in materia di impugnazioni delle decisioni di riconoscimento e revoca dello status di rifugiato o di persona cui è accordata la protezione sussidiaria.* – 1. All'articolo 35, comma 1, primo periodo, del decreto legislativo 28 gennaio 2008, n. 25, la parola: «della» è sostituita dalle seguenti: «adottati dalla» e le parole: «di cui all'articolo 32» sono soppresse.

Decreto Legislativo 28 gennaio 2008, n. 25

Attuazione della direttiva 2005/85/CE recante norme minime per le procedure applicate negli Stati membri ai fini del riconoscimento e della revoca dello status di rifugiato.
Vigente al: 31 maggio 2023

Capo I

DISPOSIZIONI GENERALI

IL PRESIDENTE DELLA REPUBBLICA
Visti gli articoli 76 e 87 della Costituzione;
Vista la direttiva 2005/85/CE del Consiglio, del 1° dicembre 2005, recante norme minime per le procedure applicate negli Stati membri ai fini del riconoscimento dello status di rifugiato;
Vista la legge 6 febbraio 2007, n. 13, recante disposizioni per l'adempimento di obblighi derivanti dall'appartenenza dell'Italia alla Comunità europea – legge comunitaria 2006, ed in particolare l'articolo 12 relativo all'attuazione della direttiva 2005/85/CE;
Visto il decreto legislativo 19 novembre 2007, n. 251, concernente l'attuazione della direttiva 2004/83/CE recante norme minime sull'attribuzione, a cittadini di Paesi terzi o apolidi, della qualifica del rifugiato o di persona altrimenti bisognosa di protezione internazionale, nonché norme minime sul contenuto della protezione riconosciuta;
Visto il decreto-legge 30 dicembre 1989, n. 416, convertito, con modificazioni, dalla legge 28 febbraio 1990, n. 39, recante norme urgenti in materia di asilo politico, di ingresso e soggiorno dei cittadini extracomunitari e di regolarizzazione dei cittadini extracomunitari ed apolidi già presenti nel territorio dello Stato;
Vista la legge 23 agosto 1988, n. 400, recante disciplina dell'attività di Governo e ordinamento della Presidenza del Consiglio dei Ministri;
Visto il decreto del Presidente della Repubblica 16 settembre 2004, n. 303, recante il regolamento relativo alle procedure per il riconoscimento dello status di rifugiato;
Vista la preliminare deliberazione del Consiglio dei Ministri, adottata nella riunione del 27 luglio 2007;
Acquisiti i pareri delle competenti Commissioni della Camera dei deputati;
Considerato che le competenti Commissioni del Senato della Repubblica non hanno espresso il proprio parere nei termini previsti;
Vista la deliberazione del Consiglio dei Ministri, adottata nella riunione del 9 novembre 2007;
Sulla proposta del Ministro per le politiche europee e del Ministro dell'interno, di concerto con i Ministri degli affari esteri, della giustizia, dell'economia e delle finanze e per i diritti e le pari opportunità;
E m a n a
il seguente decreto legislativo:

Art. 1. *Finalità.* – 1. Il presente decreto stabilisce le procedure per l'esame delle domande di protezione internazionale presentate nel territorio nazionale ((comprese le frontiere, e le relative zone di transito, nonché le acque territoriali)) da cittadini di Paesi non appartenenti alla Unione europea o da apolidi, di seguito denominati: «stranieri», e le procedure per la revoca e la cessazione degli status riconosciuti.

Art. 2. *Definizioni.* – 1. Ai fini del presente decreto s'intende per: a) «Convenzione di Ginevra»: la Convenzione relativa allo status dei rifugiati, firmata a Ginevra il 28 luglio 1951, ratificata con legge 24 luglio 1954, n. 722, e modificata dal protocollo di New York del 31 gennaio 1967, ratificato con legge 14 febbraio 1970, n. 95;

b) «domanda di protezione internazionale o domanda di asilo o domanda»: la domanda presentata secondo le procedure previste dal presente decreto, diretta ad ottenere lo status di rifugiato o lo status di protezione sussidiaria;

((b-bis) 'domanda reiterata': un'ulteriore domanda di protezione internazionale presentata dopo che è stata adottata una decisione definitiva su una domanda precedente, anche nel caso in cui il richiedente abbia esplicitamente ritirato la domanda ai sensi dell'articolo 23 e nel caso in cui la Commissione territoriale abbia adottato una decisione di estinzione del procedimento o di rigetto della domanda ai sensi dell'articolo 23-bis, comma 2));

c) «richiedente»: il cittadino straniero che ha presentato la domanda di protezione internazionale sulla quale non è stata ancora adottata una decisione definitiva;

d) «rifugiato»: cittadino di un Paese non appartenente all'Unione europea il quale, per il timore fondato di essere perseguitato per motivi di razza, religione, nazionalità, appartenenza ad un determinato gruppo sociale o opinione politica, si trova fuori dal territorio del Paese di cui ha la cittadinanza e non può o, a causa di tale timore, non vuole avvalersi della protezione di tale Paese, oppure se apolide si trova fuori dal territorio nel quale aveva precedentemente la dimora abituale e per lo stesso timore sopra indicato non può o, a causa di siffatto timore, non vuole farvi ritorno, ferme le cause di esclusione previste dall'articolo 10 del decreto legislativo 19 novembre 2007, n. 251;

e) «status di rifugiato»: il riconoscimento da parte dello Stato di un cittadino straniero quale rifugiato, a seguito dell'accoglimento della domanda di protezione internazionale, secondo le procedure definite dal presente decreto;

f) «persona ammissibile alla protezione sussidiaria»: cittadino di un Paese non appartenente all'Unione europea o apolide che non possiede i requisiti per essere riconosciuto come rifugiato, ma nei cui confronti sussistono fondati motivi di ritenere che, se ritornasse nel Paese di origine, o, nel caso di un apolide, se ritornasse nel Paese nel quale aveva precedentemente la dimora abituale, correrebbe un rischio effettivo di subire un grave danno come definito dall'articolo 14 del decreto legislativo 19 novembre 2007, n. 251, e il quale non può o, a causa di tale rischio, non vuole avvalersi della protezione di detto Paese;

g) «status di protezione sussidiaria»: il riconoscimento da parte dello Stato di un cittadino straniero quale persona ammessa alla protezione sussidiaria, a seguito dell'accoglimento della domanda di protezione internazionale, secondo le procedure definite dal presente decreto;

h) «minore non accompagnato»: il cittadino straniero di età inferiore agli anni diciotto che si trova, per qualsiasi causa, nel territorio nazionale, privo di assistenza e di rappresentanza legale;

h-bis) «persone vulnerabili»: minori; minori non accompagnati; disabili, anziani, donne in stato di gravidanza, genitori singoli con figli minori, vittime della tratta di esseri umani, persone affette da gravi malattie o da disturbi mentali; persone per le quali è accertato che hanno subito torture, stupri o altre forme gravi di violenza psicologica, fisica o sessuale, vittime di mutilazioni genitali;

i) UNHC: l'Alto Commissariato delle Nazioni Unite per i rifugiati;

i-bis) «EASO»: european asylum support office/ufficio europeo di sostegno per l'asilo, istituito dal regolamento (UE) n. 439/2010 del Parlamento europeo e del Consiglio, del 19 maggio 2010.

m) LETTERA SOPPRESSA DAL D.LGS. 18 AGOSTO 2015, N. 142.

Art. 2-*bis*. (((*Paesi di origine sicuri*).)). – ((1. Con decreto del Ministro degli affari esteri e della cooperazione internazionale, di concerto con i Ministri dell'interno e della giustizia, è adottato l'elenco dei Paesi di origine sicuri sulla base dei criteri di cui al comma 2. L'elenco dei Paesi di origine sicuri è aggiornato periodicamente ed è notificato alla Commissione europea.

2. Uno Stato non appartenente all'Unione europea può essere considerato Paese di origine sicuro se, sulla base del suo ordinamento giuridico, dell'applicazione della legge all'interno di un sistema democratico e della situazione politica generale, si può dimostrare che, in via generale e costante, non sussistono atti di persecuzione quali definiti dall'articolo 7 del decreto legislativo 19 novembre 2007, n. 251, ne' tortura o altre forme di pena o trattamento inumano o degradante, ne' pericolo a causa di violenza indiscriminata in situazioni di conflitto armato interno o internazionale. La designazione di un Paese di origine sicuro può essere fatta con l'eccezione di parti del territorio o di categorie di persone.

3. Ai fini della valutazione di cui al comma 2 si tiene conto, tra l'altro, della misura in cui è offerta protezione contro le persecuzioni ed i maltrattamenti mediante:

a) le pertinenti disposizioni legislative e regolamentari del Paese ed il modo in cui sono applicate;

b) il rispetto dei diritti e delle libertà stabiliti nella Convenzione europea per la salvaguardia dei diritti dell'uomo e delle libertà fondamentali del 4 novembre 1950, ratificata ai sensi della legge 4 agosto 1955, n. 848, nel Patto internazionale relativo ai diritti civili e politici, aperto alla firma il 19 dicembre 1966, ratificato ai sensi della legge 25 ottobre 1977, n. 881, e nella Convenzione delle Nazioni Unite contro la tortura del 10 dicembre 1984, in particolare dei diritti ai quali non si può derogare a norma dell'articolo 15, paragrafo 2, della predetta Convenzione europea;

c) il rispetto del principio di cui all'articolo 33 della Convenzione di Ginevra;

d) un sistema di ricorsi effettivi contro le violazioni di tali diritti e libertà.

4. La valutazione volta ad accertare che uno Stato non appartenente all'Unione europea è un Paese di origine sicuro si basa sulle informazioni fornite dalla Commissione nazionale per il diritto di asilo, che si avvale anche delle notizie elaborate dal centro di documentazione di cui all'articolo 5, comma 1, nonché su altre fonti di informazione, comprese in particolare quelle fornite da altri Stati membri dell'Unione europea, dall'EASO, dall'UNHCR, dal Consiglio d'Europa e da altre organizzazioni internazionali competenti.

5. Un Paese designato di origine sicuro ai sensi del presente articolo può essere considerato Paese di origine sicuro per il richiedente solo se questi ha la cittadinanza di quel Paese o è un apolide che in precedenza soggiornava abitualmente in quel Paese e non ha invocato gravi motivi per ritenere che quel Paese non è sicuro per la situazione particolare in cui lo stesso richiedente si trova)).

Art. 3. *Autorità competenti*. – 1. Le autorità competenti all'esame delle domande di protezione internazionale sono le commissioni territoriali per il riconoscimento della protezione internazionale, di cui all'articolo 4.

2. L'ufficio di polizia di frontiera e la questura sono competenti a ricevere la domanda, secondo quanto previsto dall'articolo 26.

3. L'autorità preposta alla determinazione dello Stato competente all'esame della domanda di protezione internazionale in applicazione del regolamento (UE) n. 604//2013 del Parla-

mento europeo e del Consiglio, del 26 giugno 2013 è l'Unità Dublino, operante presso il Dipartimento per le libertà civili e l'immigrazione ((del Ministero dell'interno e le sue articolazioni territoriali operanti presso le prefetture individuate, fino ad un numero massimo di tre, con decreto del Ministro dell'interno, che provvedono nel limite delle risorse umane, strumentali e finanziarie disponibili a legislazione vigente)).

3-bis. Contro le decisioni di trasferimento adottate dall'autorità di cui al comma 3 è ammesso ricorso al tribunale sede della sezione specializzata in materia di immigrazione, protezione internazionale e libera circolazione dei cittadini dell'Unione europea e si applicano gli articoli 737 e seguenti del codice di procedura civile, ove non diversamente disposto dai commi seguenti. (8)

3-ter. Il ricorso è proposto, a pena di inammissibilità, entro trenta giorni dalla notificazione della decisione di trasferimento. (8)

3-quater. L'efficacia esecutiva del provvedimento impugnato può essere sospesa, su istanza di parte, quando ricorrono gravi e circostanziate ragioni, con decreto motivato, assunte, ove occorra, sommarie informazioni. Il decreto è pronunciato entro cinque giorni dalla presentazione dell'istanza di sospensione e senza la preventiva convocazione dell'autorità di cui al comma 3. L'istanza di sospensione deve essere proposta, a pena di inammissibilità, con il ricorso introduttivo. Il decreto con il quale è concessa o negata la sospensione del provvedimento impugnato è notificato a cura della cancelleria. Entro cinque giorni dalla notificazione le parti possono depositare note difensive. Entro i cinque giorni successivi alla scadenza del termine di cui al periodo precedente possono essere depositate note di replica. Qualora siano state depositate note ai sensi del quinto e sesto periodo del presente comma, il giudice, con nuovo decreto, da emettere entro i successivi cinque giorni, conferma, modifica o revoca i provvedimenti già emanati. Il decreto emesso a norma del presente comma non è impugnabile. (8)

3-quinquies. Il ricorso è notificato all'autorità che ha adottato il provvedimento a cura della cancelleria. L'autorità può stare in giudizio avvalendosi direttamente di propri dipendenti e può depositare, entro quindici giorni dalla notificazione del ricorso, una nota difensiva. Entro lo stesso termine l'autorità deve depositare i documenti da cui risultino gli elementi di prova e le circostanze indiziarie posti a fondamento della decisione di trasferimento. (8)

3-sexies. Il ricorrente può depositare una nota difensiva entro i dieci giorni successivi alla scadenza del termine di cui al comma 3-quinquies, secondo periodo. (8)

3-septies. Il procedimento è trattato in camera di consiglio. L'udienza per la comparizione delle parti è fissata esclusivamente quando il giudice lo ritenga necessario ai fini della decisione. Il procedimento è definito, con decreto non reclamabile, entro sessanta giorni dalla presentazione del ricorso. Il termine per proporre ricorso per cassazione è di trenta giorni e decorre dalla comunicazione del decreto, da effettuare a cura della cancelleria anche nei confronti della parte non costituita. La procura alle liti per la proposizione del ricorso per cassazione deve essere conferita, a pena di inammissibilità del ricorso, in data successiva alla comunicazione del decreto impugnato; a tal fine il difensore certifica la data di rilascio in suo favore della procura medesima. In caso di rigetto, la Corte di cassazione decide sull'impugnazione entro due mesi dal deposito del ricorso. (8)

3-octies. Quando con il ricorso di cui ai precedenti commi è proposta istanza di sospensione degli effetti della decisione di trasferimento, il trasferimento è sospeso automaticamente e il termine per il trasferimento del ricorrente previsto dall'articolo 29 del regolamento (UE) n. 604/2013 del Parlamento europeo e del Consiglio, del 26 giugno 2013, decorre dalla comunicazione del provvedimento di rigetto della medesima istanza di sospensione ovvero, in caso di accoglimento, dalla comunicazione del decreto con cui il ricorso è rigettato. (8)

3-novies. La sospensione dei termini processuali nel periodo feriale non opera nel procedimento di cui ai commi precedenti. (8)

3-decies. La controversia è trattata in ogni grado in via di urgenza. (8)

3-undecies. A decorrere dal trentesimo giorno successivo alla pubblicazione nella Gazzetta Ufficiale del provvedimento con cui il responsabile dei sistemi informativi automatizzati del Ministero della giustizia attesta la piena funzionalità dei sistemi con riguardo ai procedimenti di cui ai commi precedenti, il deposito dei provvedimenti, degli atti di parte e dei documenti relativi ai medesimi procedimenti ha luogo esclusivamente con modalità telematiche, nel rispetto della normativa anche regolamentare concernente la sottoscrizione, la trasmissione e la ricezione dei documenti informatici. In ogni caso, il giudice può autorizzare il deposito con modalità non telematiche quando i sistemi informatici del dominio giustizia non sono funzionanti e sussiste una indifferibile urgenza. (8)

AGGIORNAMENTO (8)

Il D.L. 17 febbraio 2017, n. 13, convertito con modificazioni dalla L. 13 aprile 2017, n. 46, ha disposto (con l'art. 21, comma 1) che le presenti modifiche si applicano alle cause e ai procedimenti giudiziari sorti dopo il centottantesimo giorno dalla data di entrata in vigore del suindicato decreto. Alle cause e ai procedimenti giudiziari introdotti anteriormente alla scadenza del termine di cui al periodo precedente si continuano ad applicare le disposizioni vigenti prima dell'entrata in vigore del medesimo decreto.

Art. 4. *Commissioni territoriali per il riconoscimento della protezione internazionale.* – 1. Le Commissioni territoriali per il riconoscimento della protezione internazionale, di seguito Commissioni territoriali, sono insediate presso le prefetture – uffici territoriali del Governo che forniscono il necessario supporto organizzativo e logistico, con il coordinamento del Dipartimento per le libertà civili e l'immigrazione del Ministero dell'interno.

1-bis. A ciascuna Commissione territoriale è assegnato un numero di funzionari amministrativi con compiti istruttori non inferiore a quattro individuati nell'ambito del contingente di personale altamente qualificato per l'esercizio di funzioni di carattere specialistico di cui all'articolo 12 del decreto-legge 17 febbraio 2017, n. 13, convertito, con modificazioni, dalla legge 13 aprile 2017, n. 46 ((ovvero nell'ambito del personale dell'area dei funzionari o delle elevate professionalità dell'Amministrazione civile dell'interno, appositamente formato in materia di protezione internazionale a cura dell'Amministrazione medesima successivamente all'ingresso in ruolo)).

2. Le Commissioni territoriali sono fissate nel numero massimo di venti. Con decreto del Ministro dell'interno, sentita la Commissione nazionale per il diritto di asilo, sono individuate le sedi e le circoscrizioni territoriali in cui operano le Commissioni, in modo da assicurarne la distribuzione sull'intero territorio nazionale.

2-bis. Con decreto del Ministro dell'interno, presso ciascuna Commissione territoriale possono essere istituite, al verificarsi di un eccezionale incremento delle domande di asilo connesso all'andamento dei flussi migratori e per il tempo strettamente necessario da determinare nello stesso decreto, una o più sezioni fino a un numero massimo complessivo di trenta per l'intero territorio nazionale. Alle sezioni si applicano le disposizioni concernenti le Commissioni territoriali.

3. Le Commissioni territoriali sono composte, nel rispetto del principio di equilibrio di genere, da un funzionario della carriera prefettizia, con funzioni di presidente, nominato con decreto del Ministro dell'interno, sentita la Commissione nazionale, da un esperto in materia di protezione internazionale e di tutela dei diritti umani designato dall'UNHCR e dai funzio-

nari amministrativi con compiti istruttori assegnati alla medesima Commissione ai sensi del comma 1-bis, nominati con provvedimento del Capo Dipartimento per le libertà civili e l'immigrazione del Ministero dell'interno, sentita la Commissione nazionale. Il presidente della Commissione svolge l'incarico in via esclusiva. Il decreto di nomina può prevedere che la funzione di presidente delle sezioni o di alcune di esse sia svolta in via esclusiva. Il provvedimento di nomina dei componenti della Commissione territoriale è adottato previa valutazione dell'insussistenza di motivi di incompatibilità derivanti da situazioni di conflitto di interesse, diretto o indiretto, anche potenziale. Per ciascun componente con funzioni di presidente e per il componente designato dall'UNHCR sono nominati uno o più componenti supplenti. L'incarico ha durata triennale ed è rinnovabile. Alle sedute della Commissione partecipano il funzionario prefettizio con funzioni di presidente, l'esperto designato dall'UNHCR e due dei funzionari amministrativi con compiti istruttori assegnati alla medesima Commissione ai sensi del comma 1-bis, tra cui il funzionario che ha svolto il colloquio ai sensi dell'articolo 12, comma 1-bis. Il presidente della Commissione fissa i criteri per l'assegnazione delle istanze ai funzionari amministrativi con compiti istruttori e per la partecipazione dei medesimi funzionari alle sedute della Commissione. Le Commissioni territoriali possono essere integrate, su richiesta del presidente della Commissione nazionale per il diritto di asilo, da un funzionario del Ministero degli affari esteri e della cooperazione internazionale come componente a tutti gli effetti, quando, in relazione a particolari afflussi di richiedenti protezione internazionale, sia necessario acquisire specifiche valutazioni di competenza del predetto Ministero in merito alla situazione dei Paesi di provenienza. Ove necessario, le Commissioni possono essere presiedute anche da funzionari della carriera prefettizia in posizione di collocamento a riposo da non oltre due anni. Al presidente ed ai componenti effettivi o supplenti è corrisposto, per la partecipazione alle sedute della Commissione, un gettone giornaliero di presenza. L'ammontare del gettone di presenza è determinato con decreto del Ministro dell'interno, di concerto con il Ministro dell'economia e delle finanze.

3-bis. Ogni Commissione territoriale e ognuna delle sue sezioni opera con indipendenza di giudizio e di valutazione. 3-ter. La Commissione nazionale per il diritto di asilo cura la predisposizione di corsi di formazione per componente delle Commissioni territoriali, anche mediante convenzioni stipulate dal Ministero dell'interno con le Università degli studi. I componenti che hanno partecipato ai corsi di cui al presente comma non partecipano ai corsi di formazione iniziale di cui all'articolo 15, comma 1.

4. Le Commissioni territoriali sono validamente costituite con la presenza della maggioranza dei componenti di cui al comma 3, settimo periodo, e deliberano con il voto favorevole di almeno tre componenti. In caso di parità prevale il voto del presidente. Le medesime disposizioni si applicano nel caso di integrazione delle Commissioni territoriali ai sensi del comma 3, nono periodo.

5. La competenza delle Commissioni territoriali è determinata sulla base della circoscrizione territoriale in cui è presentata la domanda ai sensi dell'articolo 26, comma 1. Nel caso di richiedenti presenti in una struttura di accoglienza ovvero trattenuti in un centro di cui all'articolo 14 del decreto legislativo 25 luglio 1998, n. 286, la competenza è determinata in base alla circoscrizione territoriale in cui sono collocati la struttura di accoglienza o il centro. Nel caso in cui nel corso della procedura si rende necessario il trasferimento del richiedente, la competenza all'esame della domanda è assunta dalla Commissione nella cui circoscrizione territoriale sono collocati la struttura ovvero il centro di nuova destinazione. Se prima del trasferimento il richiedente ha sostenuto il colloquio, la competenza rimane in capo alla commissione territoriale innanzi alla quale si è svolto il colloquio.

5-bis. Fermo restando in ogni caso la competenza della commissione territoriale innanzi alla quale si è svolto il colloquio, la competenza all'esame delle domande di protezione internazionale può essere individuata, con provvedimento del Presidente della Commissione nazionale per il diritto di asilo in deroga al comma 5, tenendo conto del numero dei procedimenti assegnati a ciascuna Commissione nonché dei mutamenti di residenza o domicilio comunicati dall'interessato ai sensi dell'articolo 11, comma 2.

6. Le attività di supporto delle commissioni sono svolte dal personale in servizio appartenente ai ruoli dell'Amministrazione civile dell'interno. (10)

AGGIORNAMENTO (10)

Il D.Lgs. 22 dicembre 2017, n. 220, ha disposto (con l'art. 4, comma 1) che "Fino alla nomina dei componenti di cui al contingente di personale altamente qualificato per l'esercizio di funzioni di carattere specialistico di cui all'articolo 12 del decreto-legge 17 febbraio 2017, n. 13, convertito, con modificazioni, dalla legge 13 aprile 2017, n. 46, le Commissioni territoriali per il riconoscimento della protezione internazionale di cui all'articolo 4 del decreto legislativo 28 gennaio 2008, n. 25, continuano ad operare nella composizione e con le modalità vigenti alla data di entrata in vigore del presente decreto".

Art. 5. *Commissione nazionale per il diritto di asilo.* – 1. La Commissione nazionale per il diritto di asilo ha competenza in materia di revoca e cessazione degli status di protezione internazionale riconosciuti, nelle ipotesi previste dal decreto legislativo 19 novembre 2007, n. 251, oltre che compiti di indirizzo e coordinamento delle Commissioni territoriali, di formazione e aggiornamento dei componenti delle medesime Commissioni, ((di monitoraggio della qualità delle procedure e dell'attività delle Commissioni,)) di costituzione e aggiornamento di una banca dati informatica contenente le informazioni utili al monitoraggio delle richieste di asilo, di costituzione e aggiornamento di un centro di documentazione sulla situazione socio-politico-economica dei Paesi di origine dei richiedenti, di monitoraggio dei flussi di richiedenti asilo, anche al fine di proporre l'istituzione di nuove Commissioni territoriali e di fornire, ove necessario, informazioni al Presidente del Consiglio dei Ministri per l'adozione del provvedimento di cui all'articolo 20 del decreto legislativo 25 luglio 1988, n. 286. La Commissione mantiene rapporti di collaborazione con il Ministero degli affari esteri ed i collegamenti di carattere internazionale relativi all'attività svolta. La Commissione costituisce punto nazionale di contatto per lo scambio di informazioni con la Commissione europea e con le competenti autorità degli altri Stati membri.

1-bis. Nell'esercizio dei compiti di indirizzo e coordinamento di cui al comma 1, la Commissione nazionale può individuare periodicamente i Paesi di provenienza dei richiedenti o parte di tali Paesi ai fini dell'articolo 12, commi 2 e 2-bis.

1-ter. La Commissione nazionale adotta un codice di condotta per i componenti delle Commissioni territoriali, per gli interpreti e per il personale di supporto delle medesime Commissioni e pubblica annualmente un rapporto sulle attività svolte dalla medesima Commissione e dalle Commissioni territoriali.

2. La Commissione nazionale è nominata, nel rispetto del principio di equilibrio di genere, con decreto del Presidente del Consiglio dei Ministri, su proposta congiunta dei Ministri dell'interno e degli affari esteri. La Commissione è presieduta da un prefetto ed è composta da un dirigente in servizio presso la Presidenza del Consiglio dei Ministri, da un funzionario della carriera diplomatica, da un funzionario della carriera prefettizia in servizio presso il Dipartimento per le libertà civili e l'immigrazione e da un dirigente del Dipartimento della pubblica sicurezza del Ministero dell'interno. Ciascuna amministrazione designa un supplente. L'incarico ha durata triennale ed è rinnovabile. La Commissione è validamente costituita con la presenza della maggioranza dei componenti e delibera con il voto favorevole di almeno tre com-

ponenti. Alle riunioni partecipa senza diritto di voto un rappresentante del delegato in Italia dell'UNHCR. La Commissione nazionale si avvale del supporto organizzativo e logistico del Dipartimento per le libertà civili e l'immigrazione del Ministero dell'interno.

3. Con decreto del Presidente del Consiglio dei Ministri, su proposta dei Ministri dell'interno e degli affari esteri, possono essere istituite una o più sezioni della Commissione nazionale. I componenti di ciascuna sezione sono individuati e nominati secondo quanto previsto al comma 2. Le sezioni della Commissione nazionale sono validamente costituite e deliberano con le medesime modalità previste per la Commissione nazionale.

Capo II

Principi fondamentali e garanzie

Art. 6. *Accesso alla procedura.* – 1. La domanda di protezione internazionale è presentata personalmente dal richiedente presso l'ufficio di polizia di frontiera all'atto dell'ingresso nel territorio nazionale o presso l'ufficio della questura competente in base al luogo di dimora del richiedente.

2. La domanda presentata da un genitore si intende estesa anche ai figli minori non coniugati presenti sul territorio nazionale con il genitore all'atto della presentazione della stessa. ((La domanda può essere presentata direttamente dal minore, tramite il genitore.))

3. La domanda può essere presentata direttamente dal minore non accompagnato ai sensi dell'articolo 19. ((La domanda del minore non accompagnato può essere altresì presentata direttamente dal tutore sulla base di una valutazione individuale della situazione personale del minore.))

Art. 7. *Diritto di rimanere nel territorio dello Stato durante l'esame della domanda.* – 1. Il richiedente è autorizzato a rimanere nel territorio dello Stato fino alla decisione della Commissione territoriale ai sensi dell'articolo 32.

((2. La previsione di cui al comma 1 non si applica a coloro che:

a) debbono essere estradati verso un altro Stato in virtu' degli obblighi previsti da un mandato di arresto europeo;

b) debbono essere consegnati ad una Corte o ad un Tribunale penale internazionale;

c) debbano essere avviati verso un altro Stato dell'Unione competente per l'esame dell'istanza di protezione internazionale;

d) hanno presentato una prima domanda reiterata al solo scopo di ritardare o impedire l'esecuzione di una decisione che ne comporterebbe l'imminente allontanamento dal territorio nazionale;

e) manifestano la volontà di presentare un'altra domanda reiterata a seguito di una decisione definitiva che considera inammissibile una prima domanda reiterata ai sensi dell'articolo 29, comma 1, o dopo una decisione definitiva che respinge la prima domanda reiterata ai sensi dell'articolo 32, comma 1, lettere b) e b-bis).))

Art. 8. *Criteri applicabili all'esame delle domande.* – 1. Le domande di protezione internazionale non possono essere respinte, né escluse dall'esame per il solo fatto di non essere state presentate tempestivamente.

2. La decisione su ogni singola domanda deve essere assunta in modo individuale, obiettivo ed imparziale e sulla base di un congruo esame della domanda effettuato ai sensi del decreto legislativo 19 novembre 2007, n. 251. ((La Commissione territoriale accerta in primo luogo se sussistono le condizioni per il riconoscimento dello status di rifugiato ai sensi dell'articolo

11 del decreto legislativo 19 novembre 2007, n. 251, e successivamente se sussistono le condizioni per il riconoscimento dello status di protezione sussidiaria ai sensi dell'articolo 17 del medesimo decreto legislativo.))

3. Ciascuna domanda è esaminata alla luce di informazioni precise e aggiornate circa la situazione generale esistente nel Paese di origine dei richiedenti asilo e, ove occorra, dei Paesi in cui questi sono transitati, elaborate dalla Commissione nazionale sulla base dei dati forniti dall'((UNHCR)) ((dall'EASO,)), dal Ministero degli affari esteri anche con la collaborazione di altre agenzie ed enti di tutela dei diritti umani operanti a livello internazionale, o comunque acquisite dalla Commissione stessa. La Commissione nazionale assicura che tali informazioni, costantemente aggiornate, siano messe a disposizione delle Commissioni territoriali, secondo le modalità indicate dal regolamento da emanare ai sensi dell'articolo 38 e siano altresì fornite agli organi giurisdizionali chiamati a pronunciarsi su impugnazioni di decisioni negative.

((3-bis. Ove necessario ai fini dell'esame della domanda, la Commissione territoriale può consultare esperti su aspetti particolari come quelli di ordine sanitario, culturale, religioso, di genere o inerenti ai minori. La Commissione, sulla base degli elementi forniti dal richiedente, può altresì disporre, previo consenso del richiedente, visite mediche dirette ad accertare gli esiti di persecuzioni o danni gravi subiti effettuate secondo le linee guida di cui all'articolo 27, comma 1-bis, del decreto legislativo 19 novembre 2007, n. 251, e successive modificazioni. Se la Commissione non dispone una visita medica, il richiedente può effettuare la visita medica a proprie spese e sottoporne i risultati alla Commissione medesima ai fini dell'esame della domanda.))

Art. 9. *Criteri applicabili alle decisioni dell'autorità accertante.* – 1. Le decisioni sulle domande di protezione internazionale sono comunicate per iscritto.

2. La decisione con cui viene respinta una domanda è corredata da motivazione di fatto e di diritto e deve recare le indicazioni sui mezzi di impugnazione ammissibili.

((2-bis. La decisione con cui è rigettata la domanda presentata dal richiedente di cui all'articolo 2-bis, comma 5, è motivata dando atto esclusivamente che il richiedente non ha dimostrato la sussistenza di gravi motivi per ritenere non sicuro il Paese designato di origine sicuro in relazione alla situazione particolare del richiedente stesso)).

Art. 10. *Garanzie per i richiedenti asilo.* – 1. All'atto della presentazione della domanda l'ufficio di polizia competente a riceverla informa il richiedente della procedura da seguire, dei suoi diritti e doveri durante il procedimento e dei tempi e mezzi a sua disposizione per corredare la domanda degli elementi utili all'esame; a tale fine consegna al richiedente l'opuscolo informativo di cui al comma 2. ((L'ufficio di polizia informa il richiedente che, ove proveniente da un Paese designato di origine sicuro ai sensi dell'articolo 2-bis, la domanda può essere rigettata ai sensi dell'articolo 9, comma 2-bis)).

1-bis. Il personale dell'ufficio di polizia di cui al comma 1 riceve una formazione adeguata ai propri compiti e responsabilità.

2. La Commissione nazionale redige, secondo le modalità definite nel regolamento da adottare ai sensi dell'articolo 38 un opuscolo informativo che illustra:

a) le fasi della procedura per il riconoscimento della protezione internazionale, comprese le conseguenze dell'allontanamento ingiustificato dai centri;

b) i principali diritti e doveri del richiedente durante la sua permanenza in Italia;

c) le prestazioni sanitarie e di accoglienza e le modalità per riceverle;

d) l'indirizzo ed il recapito telefonico dell'UNHCR e delle principali organizzazioni di tutela dei richiedenti protezione internazionale, nonché informazioni sul servizio di cui al comma 2-bis.

((d-bis) l'elenco dei Paesi designati di origine sicuri ai sensi dell'articolo 2-bis)).

2-bis. Al fine di garantire al richiedente un servizio gratuito di informazione sulla procedura di esame della domanda da parte delle Commissioni territoriali, nonché sulle procedure di revoca e sulle modalità di impugnazione delle decisioni in sede giurisdizionale, il Ministero dell'interno stipula apposite convenzioni con l'UNHCR o con enti di tutela dei titolari di protezione internazionale con esperienza consolidata nel settore, anche ad integrazione dei servizi di informazione assicurati dal gestore nelle strutture di accoglienza previste dal presente decreto.

3. Al richiedente è garantita, in ogni fase della procedura, la possibilità di contattare l'UNHCR o altra organizzazione di sua fiducia competente in materia di asilo.

4. Il richiedente è tempestivamente informato della decisione. Tutte le comunicazioni concernenti il procedimento per il riconoscimento della protezione internazionale sono rese al richiedente nella prima lingua da lui indicata, o, se ciò non è possibile, in lingua inglese, francese, spagnola o araba, secondo la preferenza indicata dall'interessato. In tutte le fasi del procedimento connesse alla presentazione ed all'esame della domanda, al richiedente è garantita, se necessario, l'assistenza di un interprete della sua lingua o di altra lingua a lui comprensibile. Ove necessario, si provvede alla traduzione della documentazione prodotta dal richiedente in ogni fase della procedura.

5. In caso di impugnazione della decisione in sede giurisdizionale, allo straniero, durante lo svolgimento del relativo giudizio, sono assicurate le stesse garanzie di cui al presente articolo.

Art. 10-*bis*. (((*Informazione e servizi di accoglienza ai valichi di frontiera*).)). – ((1. Le informazioni di cui all'articolo 10, comma 1, sono fornite allo straniero che manifesta la volontà di chiedere protezione internazionale ai valichi di frontiera e nelle relative zone di transito nell'ambito dei servizi di accoglienza previsti dall'articolo 11, comma 6, del decreto legislativo 25 luglio 1998, n. 286.

2. È assicurato l'accesso ai valichi di frontiera dei rappresentanti dell'UNHCR e degli enti di tutela dei titolari di protezione internazionale con esperienza consolidata nel settore. Per motivi di sicurezza, ordine pubblico o comunque per ragioni connesse alla gestione amministrativa, l'accesso può essere limitato, purché non impedito completamente.))

Art. 11 Obblighi del richiedente asilo. – 1. Il richiedente asilo ha l'obbligo, se convocato, di comparire personalmente davanti alla Commissione territoriale. Ha altresì l'obbligo di consegnare i documenti in suo possesso pertinenti ai fini della domanda, incluso il passaporto.

2. Il richiedente è tenuto ad informare l'autorità competente in ordine ad ogni suo mutamento di residenza o domicilio.

((3. Le notificazioni degli atti e dei provvedimenti del procedimento per il riconoscimento della protezione internazionale sono validamente effettuate presso il centro o la struttura in cui il richiedente è accolto o trattenuto ai sensi dell'articolo 5, comma 2, del decreto legislativo 18 agosto 2015, n. 142. La notificazione avviene in forma di documento informatico sottoscritto con firma digitale o di copia informatica per immagine del documento cartaceo, mediante posta elettronica certificata all'indirizzo del responsabile del centro o della struttura, il quale ne cura la consegna al destinatario, facendone sottoscrivere ricevuta. Dell'avvenuta notificazione il responsabile del centro o della struttura dà immediata comunicazione alla Commissione territoriale mediante messaggio di posta elettronica certificata contenente la data e l'ora della notificazione medesima. Ove il richiedente rifiuti di ricevere l'atto o di sottoscrivere la ricevuta il responsabile del centro o della struttura ne dà immediata comunicazione alla Commissione territoriale mediante posta elettronica certificata. La notificazione si intende eseguita nel momento in cui il messaggio di posta elettronica certificata di cui al periodo precedente diviene disponibile nella casella di posta elettronica certificata della Commissione territoriale.)) ((8))

((3-bis. Quando il richiedente non è accolto o trattenuto presso i centri o le strutture di cui all'articolo 5, comma 2, del decreto legislativo 18 agosto 2015, n. 142, le notificazioni degli atti e dei provvedimenti del procedimento per il riconoscimento della protezione internazionale sono effettuate presso l'ultimo domicilio comunicato dal richiedente ai sensi del comma 2 e dell'articolo 5, comma 1, del decreto legislativo 18 agosto 2015, n. 142. In tal caso le notificazioni sono effettuate da parte della Commissione territoriale a mezzo del servizio postale secondo le disposizioni della legge 20 novembre 1982, n. 890, e successive modificazioni.)) ((8))

((3-ter. Nei casi in cui la consegna di copia dell'atto al richiedente da parte del responsabile del centro o della struttura di cui al comma 3 sia impossibile per irreperibilità del richiedente e nei casi in cui alla Commissione territoriale pervenga l'avviso di ricevimento da cui risulta l'impossibilità della notificazione effettuata ai sensi del comma 3-bis per inidoneità del domicilio dichiarato o comunicato ai sensi dell'articolo 5, comma 1, del decreto legislativo 18 agosto 2015, n. 142, l'atto è reso disponibile al richiedente presso la questura del luogo in cui ha sede la Commissione territoriale. Decorsi venti giorni dalla trasmissione dell'atto alla questura da parte della Commissione territoriale, mediante messaggio di posta elettronica certificata, la notificazione si intende eseguita.)) ((8))

((3-quater. Quando la notificazione è eseguita ai sensi del comma 3-ter, copia dell'atto notificato è resa disponibile al richiedente presso la Commissione territoriale.)) ((8))

((3-quinquies. Ai fini di cui al presente articolo, il richiedente è informato, a cura della questura, al momento della dichiarazione di domicilio ai sensi dell'articolo 5, comma 1, del decreto legislativo 18 agosto 2015, n. 142, che in caso di inidoneità del domicilio dichiarato o comunicato le notificazioni saranno eseguite secondo quanto disposto dal presente articolo. Al momento dell'ingresso nei centri o nelle strutture di cui all'articolo 5, comma 2, del decreto legislativo 18 agosto 2015, n. 142, il richiedente è informato, a cura del responsabile del centro o della struttura, che le notificazioni saranno effettuate presso il centro o la struttura e che, in caso di allontanamento ingiustificato o di sottrazione alla misura del trattenimento, le notificazioni saranno eseguite secondo quanto disposto dal presente articolo.)) ((8))

((3-sexies. Nello svolgimento delle operazioni di notificazione di cui al comma 3, il responsabile del centro o della struttura è considerato pubblico ufficiale ad ogni effetto di legge)). ((8))

4. In tutte le fasi della procedura, il richiedente è tenuto ad agevolare il compimento degli accertamenti previsti dalla legislazione in materia di pubblica sicurezza.

AGGIORNAMENTO (8)

Il D.L. 17 febbraio 2017, n. 13, convertito con modificazioni dalla L. 13 aprile 2017, n. 46, ha disposto (con l'art. 21, comma 3) che ai fini dell'adeguamento delle specifiche tecniche connesse all'attuazione delle presenti modifiche, le notificazioni degli atti e dei provvedimenti del procedimento per il riconoscimento della protezione internazionale effettuate fino al centottantesimo giorno successivo alla data di entrata in vigore del suindicato D.L. sono effettuate con le modalità in vigore prima della predetta data.

Art. 12. *Colloquio personale.* – 1. Le Commissioni territoriali dispongono l'audizione dell'interessato ((, ove possibile, utilizzando le risorse umane, strumentali e finanziarie disponibili a legislazione vigente, anche mediante collegamenti audiovisivi a distanza, nel rispetto delle esigenze di riservatezza dei dati che riguardano l'identità e le dichiarazioni del richiedente, fermo restando quanto previsto dagli articoli 13 e 14,)) tramite comunicazione effettuata con le modalità di cui all'articolo 11. (8)

1-bis. Il colloquio si svolge di norma alla presenza del componente funzionario amministrativo con compiti istruttori della domanda di protezione, ove possibile dello stesso sesso del richiedente. Il funzionario istruttore sottopone la proposta di deliberazione alla Commissione che decide ai sensi dell'articolo 4, comma 4. Su determinazione del Presidente, o su richiesta dell'interessato, preventivamente informato, il colloquio si svolge innanzi alla Commissione ovvero è condotto dal Presidente.

2. La Commissione territoriale può omettere l'audizione del richiedente quando ritiene di avere sufficienti motivi per accogliere la domanda di riconoscimento dello status di rifugiato in relazione agli elementi forniti dal richiedente ai sensi dell'articolo 3 del decreto legislativo 19 novembre 2007, n. 251, ed in tutti i casi in cui risulti certificata dalla struttura sanitaria pubblica o da un medico convenzionato con il Servizio sanitario nazionale l'incapacità o l'impossibilità di sostenere un colloquio personale.

2-bis. Fuori dei casi previsti dal comma 2, la Commissione territoriale può omettere l'audizione del richiedente proveniente da uno dei Paesi individuati ai sensi dell'articolo 5, comma 1-bis, quando ritiene di avere sufficienti motivi per riconoscere lo status di protezione sussidiaria sulla base degli elementi in suo possesso. In tal caso, la Commissione prima di adottare la decisione formale comunica all'interessato che ha facoltà di chiedere, entro tre giorni dalla comunicazione, di essere ammesso al colloquio e che in mancanza di tale richiesta la Commissione adotta la decisione.

3. Il colloquio può essere rinviato qualora le condizioni di salute del cittadino straniero, certificate ai sensi del comma 2, non lo rendano possibile, ovvero qualora l'interessato richieda ed ottenga il rinvio per gravi motivi.

4. Se il cittadino straniero benché regolarmente convocato non si presenta al colloquio senza aver chiesto il rinvio, l'autorità decidente decide sulla base della documentazione disponibile.

5. Nel caso la convocazione non sia stata portata a conoscenza del richiedente asilo non ospitato nelle strutture di accoglienza o di trattenimento e non sia già stata emessa nei suoi confronti decisione di accoglimento della relativa istanza, la Commissione territoriale competente o la Commissione nazionale dispone, per una sola volta ed entro dieci giorni dalla cessazione della causa che non ha consentito lo svolgimento del colloquio, una nuova convocazione dell'interessato, secondo le modalità di cui al comma 1, al fine della riattivazione della procedura.

AGGIORNAMENTO (8)

Il D.L. 17 febbraio 2017, n. 13, convertito con modificazioni dalla L. 13 aprile 2017, n. 46, ha disposto (con l'art. 21, comma 3) che ai fini dell'adeguamento delle specifiche tecniche connesse all'attuazione della presente modifica, le notificazioni degli atti e dei provvedimenti del procedimento per il riconoscimento della protezione internazionale effettuate fino al centottantesimo giorno successivo alla data di entrata in vigore del suindicato D.L. sono effettuate con le modalità in vigore prima della predetta data.

Art. 13. *Criteri applicabili al colloquio personale.* – 1. Il colloquio personale si svolge in seduta non pubblica, senza la presenza dei familiari, a meno che l'autorità decidente non ritenga che un esame adeguato comporti anche la presenza di altri familiari.

1-bis. Nel corso del colloquio, al richiedente è assicurata la possibilità di esporre in maniera esauriente gli elementi addotti a fondamento della domanda ai sensi dell'articolo 3 del decreto legislativo 19 novembre 2007, n. 251.

2. In presenza di un cittadino straniero portatore delle particolari esigenze ((di cui all'articolo 17 del decreto legislativo 18 agosto 2015, n. 142,)) al colloquio può essere ammesso personale di sostegno per prestare la necessaria assistenza.

3. Il colloquio del minore si svolge innanzi ad un componente della Commissione con specifica formazione, alla presenza del genitore che esercita la responsabilità genitoriale o del tutore, nonché del personale di cui al comma 2. In presenza di giustificati motivi, la Commissione territoriale può procedere nuovamente all'ascolto del minore anche senza la presenza del genitore o del tutore, fermo restando la presenza del personale di cui al comma 2, se lo ritiene necessario in relazione alla situazione personale del minore e al suo grado di maturità e di sviluppo, nell'esclusivo interesse del minore. In ogni caso si applicano le disposizioni dell'articolo 18, comma 2, del decreto legislativo 18 agosto 2015, n. 142.

4. Se il cittadino straniero è assistito da un avvocato ai sensi dell'articolo 16, questi è ammesso ad assistere al colloquio e può chiedere di prendere visione del verbale e di acquisirne copia.

Art. 14. (((*Verbale del colloquio personale*).)). – ((1. Il colloquio è videoregistrato con mezzi audiovisivi e trascritto in lingua italiana con l'ausilio di sistemi automatici di riconoscimento vocale. Della trascrizione del colloquio è data lettura al richiedente in una lingua a lui comprensibile e in ogni caso tramite interprete. Il componente della Commissione territoriale che ha condotto il colloquio, subito dopo la lettura e in cooperazione con il richiedente e l'interprete, verifica la correttezza della trascrizione e vi apporta le correzioni necessarie. In calce al verbale è in ogni caso dato atto di tutte le osservazioni del richiedente e dell'interprete, anche relative alla sussistenza di eventuali errori di trascrizione o traduzione, che non siano state direttamente recepite a correzione del testo della trascrizione.

2. Il verbale della trascrizione è sottoscritto dal presidente o dal componente della Commissione territoriale che ha condotto il colloquio e dall'interprete. Il richiedente sottoscrive eventuali osservazioni riportate in calce ai sensi del comma 1.

3. Copia informatica del file contenente la videoregistrazione e del verbale della trascrizione sono conservati, per almeno tre anni, in un apposito archivio informatico del Ministero dell'interno, con modalità che ne garantiscono l'integrità, la non modificabilità e la certezza temporale del momento in cui sono stati formati.

4. Il richiedente riceve copia della trascrizione in lingua italiana.

5. In sede di ricorso giurisdizionale avverso la decisione della Commissione territoriale, la videoregistrazione e il verbale di trascrizione sono resi disponibili all'autorità giudiziaria in conformità alle specifiche tecniche di cui al comma 8 ed è consentito al richiedente l'accesso alla videoregistrazione.

6. La commissione territoriale adotta idonee misure per garantire la riservatezza dei dati che riguardano l'identità e le dichiarazioni dei richiedenti.

6-bis. In sede di colloquio il richiedente può formulare istanza motivata di non avvalersi del supporto della videoregistrazione. Sull'istanza decide la Commissione territoriale con provvedimento non impugnabile.

7. Quando il colloquio non può essere videoregistrato, per motivi tecnici o nei casi di cui al comma 6-bis, dell'audizione è redatto verbale sottoscritto dal richiedente e si applicano, in quanto compatibili, le disposizioni del presente articolo. Del motivo per cui il colloquio non

può essere videoregistrato è dato atto nel verbale. Il rifiuto di sottoscrivere il contenuto del verbale e le motivazioni di tale rifiuto sono registrati nel verbale stesso e non ostano a che l'autorità decidente adotti una decisione.

8. Le specifiche tecniche di cui al comma 5 sono stabilite d'intesa tra i Ministeri della giustizia e dell'interno, con decreto direttoriale, da adottarsi entro centottanta giorni dalla data di entrata in vigore del presente articolo, pubblicato nella Gazzetta Ufficiale della Repubblica italiana e sui siti internet dei medesimi Ministeri. Il provvedimento è adottato sentito, limitatamente ai profili inerenti alla protezione dei dati personali, il Garante per la protezione dei dati personali.)) ((8))

AGGIORNAMENTO (8)

Il D.L. 17 febbraio 2017, n. 13, convertito con modificazioni dalla L. 13 aprile 2017, n. 46, ha disposto (con l'art. 21, comma 2) che la presente modifica si applica relativamente alle domande di protezione internazionale presentate dopo il centottantesimo giorno dalla data di entrata in vigore del suindicato D.L. Per le domande di protezione internazionale presentate anteriormente alla scadenza del termine di cui al periodo precedente si continuano ad applicare le disposizioni vigenti prima della data di entrata in vigore del medesimo D.L.

Art. 15. *Formazione delle commissioni territoriali e del personale.* – 01. I componenti effettivi e supplenti delle Commissioni territoriali partecipano a un corso di formazione iniziale e a periodici corsi di aggiornamento organizzati dalla Commissione nazionale ai sensi dei commi 1 e 1-bis.

1. La Commissione nazionale cura la formazione ed il periodico aggiornamento dei propri componenti e di quelli delle Commissioni territoriali, anche al fine di garantire che abbiano la competenza necessaria perché il colloquio si svolga con la dovuta attenzione al contesto personale o generale in cui nasce la domanda, compresa l'origine culturale o la vulnerabilità del richiedente. La Commissione nazionale cura altresì la formazione degli interpreti di cui si avvalgono le Commissioni, per assicurare una comunicazione adeguata in sede di colloquio e la formazione del personale di supporto delle Commissioni.

1-bis. La formazione di cui al comma 1 è effettuata anche in collaborazione con l'((UNHCR)) e con l'Ufficio europeo di sostegno per l'asilo di cui al regolamento (UE) n. 439/2010 del Parlamento europeo e del Consiglio, del 19 maggio 2010.

Art. 16. *Diritto all'assistenza e alla rappresentanza legali.* – 1. Il cittadino straniero può farsi assistere, a proprie spese, da un avvocato. ((Per i minori stranieri non accompagnati si applicano le disposizioni dell'articolo 76, comma 4-quater, del testo unico di cui al decreto del Presidente della Repubblica 30 maggio 2002, n. 115)).

2. Nel caso di impugnazione delle decisioni in sede giurisdizionale, il cittadino straniero è assistito da un avvocato ed è ammesso al gratuito patrocinio ove ricorrano le condizioni previste dal decreto del Presidente della Repubblica 30 maggio 2002, n. 115. In ogni caso per l'attestazione dei redditi prodotti all'estero si applica l'articolo 94 del medesimo decreto.

Art. 17. *Ambito di applicazione dell'assistenza e della rappresentanza legali.* – 1. Al cittadino straniero o al suo legale rappresentante, nonché all'avvocato che eventualmente lo assiste, è garantito l'accesso a tutte le informazioni relative alla procedura ((, alle fonti di prova utilizzate e agli elementi di valutazione adottati,)) che potrebbero formare oggetto di giudizio in sede di ricorso avverso la decisione della Commissione territoriale o della Commissione nazionale, con le modalità di cui all'articolo 18.

Art. 18. *Applicazione della legge 7 agosto 1990, n. 241.* – 1. Ai procedimenti per l'esame delle domande di protezione internazionale si applicano le disposizioni in materia di procedimento amministrativo e di accesso agli atti amministrativi, di cui ai capi I, ad esclusione dell'articolo 2, comma 2, II, IV-bis e V, nonché agli articoli 7, 8 e 10 del capo III della legge 7 agosto 1990, n. 241.

Art. 19. *Garanzie per i minori non accompagnati.* – 1. Al minore non accompagnato che ha espresso la volontà di chiedere la protezione internazionale è fornita la necessaria assistenza per la presentazione della domanda. Allo stesso è garantita l'assistenza del tutore in ogni fase della procedura per l'esame della domanda, secondo quanto previsto dall'articolo 26, comma 5.

2. Se sussistono dubbi in ordine all'età, il minore non accompagnato può, in ogni fase della procedura, essere sottoposto, previo consenso del minore stesso o del suo rappresentante legale, ad accertamenti medico-sanitari non invasivi al fine di accertarne l'età. Se gli accertamenti effettuati non consentono l'esatta determinazione dell'età si applicano le disposizioni del presente articolo.

3. Il minore deve essere informato della possibilità che la sua età può essere determinata attraverso visita medica, sul tipo di visita e sulle conseguenze della visita ai fini dell'esame della domanda. Il rifiuto, da parte del minore, di sottoporsi alla visita medica, non costituisce motivo di impedimento all'accoglimento della domanda, né all'adozione della decisione.

4. Il minore partecipa al colloquio personale secondo quanto previsto dall'articolo 13, comma 3, ed allo stesso è garantita adeguata informazione sul significato e le eventuali conseguenze del colloquio personale.

Art. 20. – ((ARTICOLO ABROGATO DAL D.LGS. 18 AGOSTO 2015, N. 142))

Art. 21. – ((ARTICOLO ABROGATO DAL D.LGS. 18 AGOSTO 2015, N. 142))

Art. 22. ((ARTICOLO ABROGATO DAL D.LGS. 18 AGOSTO 2015, N. 142))

Art. 23. *Ritiro della domanda.* – 1. Nel caso in cui il richiedente decida di ritirare la domanda prima dell'audizione presso la competente Commissione territoriale, il ritiro è formalizzato per iscritto e comunicato alla Commissione territoriale che dichiara l'estinzione del procedimento.

Art. 23-*bis*. (*Allontanamento ingiustificato*). – 1. Nel caso in cui il richiedente si allontana senza giustificato motivo dalle strutture di accoglienza ovvero si sottrae alla misura del trattenimento ((nelle strutture di cui all'articolo 10-ter del decreto legislativo 25 luglio 1998, n. 286, ovvero)) nei centri di cui all'articolo 14 del decreto legislativo 25 luglio 1998, n. 286, senza aver sostenuto il colloquio di cui all'articolo 12, la Commissione territoriale sospende l'esame della domanda.

2. Il richiedente può chiedere per una sola volta la riapertura del procedimento sospeso ai sensi del comma 1, entro dodici mesi dalla sospensione. Trascorso tale termine, la Commissione territoriale dichiara l'estinzione del procedimento. La domanda presentata dal richiedente successivamente alla dichiarazione di estinzione del procedimento è sottoposta ad esame preliminare ai sensi dell'articolo 29, comma 1-bis. In sede di esame preliminare sono valutati

i motivi addotti a sostegno dell'ammissibilità della domanda comprese le ragioni dell'allontanamento.

Art. 24. *Ruolo dell'((UNHCR)).* – 1. Oltre a quanto previsto dagli articoli 4, comma 3, 5, comma 2, 8, comma 3, 10, comma 3, i rappresentanti dell'((UNHCR)) sono in ogni caso ammessi nelle strutture di cui all'articolo 20 secondo le modalità previste dal regolamento di cui all'articolo 38.

2. L'((UNHCR)) svolge in relazione ai propri compiti istituzionali attività di consulenza e di supporto a favore del Dipartimento per le libertà civili e l'immigrazione del Ministero dell'interno e delle Commissioni territoriali e nazionale, su richiesta del Ministero dell'interno.

Art. 25. *Raccolta di informazioni su singoli casi.* – 1. Ai fini dello svolgimento della procedura in nessun caso possono essere acquisite informazioni dai presunti responsabili della persecuzione ai danni del richiedente.

2. Le Commissioni territoriali e la Commissione nazionale in nessun caso forniscono informazioni circa la domanda di protezione internazionale presentata dal richiedente ovvero altre informazioni che possano nuocere all'incolumità del richiedente e delle persone a suo carico, ovvero alla libertà e alla sicurezza dei suoi familiari che ancora risiedono nel Paese di origine.

Capo III

Procedure di primo grado

Art. 26. *Istruttoria della domanda di protezione internazionale.* – 1. La domanda di asilo è presentata all'ufficio di polizia di frontiera ovvero alla questura competente per il luogo di dimora. Nel caso di presentazione della domanda all'ufficio di frontiera è disposto l'invio del richiedente presso la questura competente per territorio, per l'adozione dei provvedimenti di cui al comma 2. Nei casi in cui il richiedente è una donna, alle operazioni partecipa personale femminile.

2. La questura, ricevuta la domanda di protezione internazionale, redige il verbale delle dichiarazioni del richiedente su appositi modelli predisposti dalla Commissione nazionale, a cui è allegata la documentazione prevista dall'articolo 3 del decreto legislativo 19 novembre 2007, n. 251. Il verbale è approvato e sottoscritto dal richiedente cui ne è rilasciata copia, unitamente alla copia della documentazione allegata.

2-bis. Il verbale di cui al comma 2 è redatto entro tre giorni lavorativi dalla manifestazione della volontà di chiedere la protezione ovvero entro sei giorni lavorativi nel caso in cui la volontà è manifestata all'Ufficio di polizia di frontiera. I termini sono prorogati di dieci giorni lavorativi in presenza di un elevato numero di domande in conseguenza di arrivi consistenti e ravvicinati di richiedenti.

3. Salvo quanto previsto dall'articolo 28, comma 3, nei casi soggetti alla procedura di cui al regolamento (UE) n. 604//2013 del Parlamento europeo e del Consiglio, del 26 giugno 2013 la questura avvia le procedure per la determinazione dello Stato competente per l'esame della domanda, secondo quanto previsto dall'articolo 3, comma 3.

4. COMMA ABROGATO DAL D.LGS. 18 AGOSTO 2015, N. 142.

5. Quando la domanda è presentata da un minore non accompagnato, l'autorità che la riceve sospende il procedimento, dà immediata comunicazione al tribunale dei minorenni ((...)) per l'apertura della tutela e per la nomina del tutore a norma degli articoli 343, e seguenti, del

codice civile ((, in quanto compatibili)). Il ((tribunale per i minorenni)) nelle quarantottore successive alla comunicazione della questura provvede alla nomina del tutore. Il tutore, ovvero il responsabile della struttura di accoglienza ai sensi dell'articolo 3, comma 1, della legge 4 maggio 1983, n. 184, e successive modificazioni, prende immediato contatto con il minore per informarlo della propria nomina e con la questura per la conferma della domanda ai fini dell'ulteriore corso del procedimento di esame della domanda. presso il Ministero della solidarietà sociale. Il giudice tutelare nelle quarantotto ore successive alla comunicazione del questore provvede alla nomina del tutore. Il tutore, ovvero il responsabile della struttura di accoglienza ai sensi dell'articolo 3, comma 1, della legge 4 maggio 1983, n. 184, e successive modificazioni, prende immediato contatto con la questura per la conferma della domanda, ai fini dell'ulteriore corso del procedimento e l'adozione dei provvedimenti relativi all'accoglienza del minore. ((10))

6. L'autorità che riceve la domanda ai sensi del comma 5 informa immediatamente il Servizio centrale del sistema di protezione per richiedenti asilo e rifugiati di cui all'articolo 1-sexies del decreto-legge 30 dicembre 1989, n. 416, convertito, con modificazioni, dalla legge 28 febbraio 1990, n. 39, per l'inserimento del minore in una delle strutture operanti nell'ambito del Sistema di protezione stesso e ne dà comunicazione al tribunale dei minori ((...)). Nel caso in cui non sia possibile l'immediato inserimento del minore in una di tali strutture, l'assistenza e l'accoglienza del minore sono temporaneamente assicurate dalla pubblica autorità del comune dove si trova il minore. PERIODO SOPPRESSO DAL D.LGS. 18 AGOSTO 2015, N. 142. ((10))

AGGIORNAMENTO (10)

Il D.Lgs. 22 dicembre 2017, n. 220, ha disposto (con l'art. 4, comma 2) che "Le disposizioni di cui all'articolo 2, comma 1, lettera b), e comma 2, si applicano in relazione alle comunicazioni effettuate dopo il trentesimo giorno dalla data di entrata in vigore del presente decreto; le disposizioni di cui all'articolo 2, comma 1, lettera c), numero 2), si applicano in relazione agli esami socio-sanitari disposti dopo la data di entrata in vigore del presente decreto".

Art. 27. *Procedure di esame.* – 1. L'esame della domanda di protezione internazionale è svolto dalle Commissioni territoriali secondo i principi fondamentali e le garanzie di cui al capo II.

1-bis. La Commissione territoriale, ovvero il giudice in caso di impugnazione, acquisisce, anche d'ufficio, le informazioni, relative alla situazione del Paese di origine e alla specifica condizione del richiedente, che ritiene necessarie a integrazione del quadro probatorio prospettato dal richiedente.

2. La Commissione territoriale provvede al colloquio con il richiedente entro trenta giorni dal ricevimento della domanda e decide entro i tre giorni feriali successivi.

((2-bis. La Commissione territoriale, nel caso in cui ritenga che non sussistano i presupposti per il riconoscimento della protezione internazionale e non ricorrano le condizioni per la trasmissione degli atti al questore ai fini del rilascio di un permesso di soggiorno per protezione speciale o per cure mediche, acquisisce dal questore elementi informativi circa la non sussistenza di una delle cause impeditive di cui all'articolo 19, commi 1-bis e 2, del decreto legislativo 25 luglio 1998, n. 286)).

3. Qualora la Commissione territoriale, per la sopravvenuta esigenza di acquisire nuovi elementi, non abbia potuto adottare la decisione entro i termini di cui al comma 2, informa del

ritardo il richiedente e la questura competente. In tal caso, la procedura di esame della domanda è conclusa entro sei mesi. Il termine è prorogato di ulteriori nove mesi quando:

a) l'esame della domanda richiede la valutazione di questioni complesse in fatto o in diritto;

b) in presenza di un numero elevato di domande presentate simultaneamente;

c) il ritardo è da attribuire all'inosservanza da parte del richiedente degli obblighi di cooperazione di cui all'articolo 11.

3-bis. In casi eccezionali, debitamente motivati, il termine di nove mesi di cui al comma 3 può essere ulteriormente prorogato di tre mesi ove necessario per assicurare un esame adeguato e completo della domanda.

Art. 28. (((*Esame prioritario*).)). – ((1. Il presidente della Commissione territoriale, previo esame preliminare delle domande, determina i casi di trattazione prioritaria, secondo i criteri enumerati al comma 2, e quelli per i quali applicare la procedura accelerata, ai sensi dell'articolo 28-bis. La Commissione territoriale informa tempestivamente il richiedente delle determinazioni procedurali assunte ai sensi del periodo precedente.

2. La domanda è esaminata in via prioritaria, conformemente ai principi fondamentali e alle garanzie di cui al capo II, quando:

a) ad una prima valutazione, è verosimilmente fondata;

b) è presentata da un richiedente appartenente a categorie di persone vulnerabili, in particolare da un minore non accompagnato, ovvero che necessita di garanzie procedurali particolari;

c) è esaminata ai sensi dell'articolo 12, comma 2-bis)). ((12))

AGGIORNAMENTO (12)

Il D.L. 21 ottobre 2020, n. 130, convertito con modificazioni dalla L. 18 dicembre 2020, n. 173, ha disposto (con l'art. 15, comma 2) che "Le disposizioni di cui all'articolo 2, comma 1, lettere a), b, c), d) ed e) si applicano anche ai procedimenti pendenti alla data di entrata in vigore del presente decreto avanti alle commissioni territoriali".

Art. 28-bis. (*Procedure accelerate*). – 1. La Questura provvede senza ritardo alla trasmissione della documentazione necessaria alla Commissione territoriale che adotta la decisione entro cinque giorni nei casi di:

a) domanda reiterata ai sensi dell'articolo 29, comma 1, lettera b);

b) domanda presentata da richiedente sottoposto a procedimento penale per uno dei reati di cui agli articoli 12, comma 1, lettera c), e 16, comma 1, lettera d-bis), del decreto legislativo 19 novembre 2007, n. 251, e quando ricorrono le condizioni di cui all'articolo 6, comma 2, lettere a), b) e c), del decreto legislativo 18 agosto 2015, n. 142, o il richiedente è stato condannato anche con sentenza non definitiva per uno dei predetti reati, previa audizione del richiedente. (12)

2. La Questura provvede senza ritardo alla trasmissione della documentazione necessaria alla Commissione territoriale che, entro sette giorni dalla data di ricezione della documentazione, provvede all'audizione e decide entro i successivi due giorni, nei seguenti casi:

a) richiedente per il quale è stato disposto il trattenimento nelle strutture di cui all'articolo 10-ter del decreto legislativo 25 luglio 1998, n. 286, ovvero nei centri di cui all'articolo 14 del decreto legislativo 25 luglio 1998, n. 286, qualora non ricorrano le condizioni di cui al comma 1, lettera b);

b) domanda di protezione internazionale presentata da un richiedente direttamente alla frontiera o nelle zone di transito di cui al comma 4, dopo essere stato fermato per avere eluso o tentato di eludere i relativi controlli. ((PERIODO SOPPRESSO DAL D.L. 10 MARZO 2023, N. 20, CONVERTITO CON MODIFICAZIONI DALLA L. 5 MAGGIO 2023, N. 50));

((b-bis) domanda di protezione internazionale presentata direttamente alla frontiera o nelle zone di transito di cui al comma 4 da un richiedente proveniente da un Paese designato di origine sicuro ai sensi dell'articolo 2-bis));

c) richiedente proveniente da un Paese designato di origine sicura, ai sensi dell'articolo 2-bis ((, fatto salvo quanto previsto alla lettera b-bis)));

d) domanda manifestamente infondata, ai sensi dell'articolo 28-ter;

e) richiedente che presenti la domanda, dopo essere stato fermato in condizioni di soggiorno irregolare, al solo scopo di ritardare o impedire l'esecuzione di un provvedimento di espulsione o respingimento.

((2-bis. Nei casi di cui alle lettere b) e b-bis) del comma 2 la procedura può essere svolta direttamente alla frontiera o nelle zone di transito di cui al comma 4 e la Commissione territoriale decide nel termine di sette giorni dalla ricezione della domanda)).

3. Lo Stato italiano può dichiararsi competente all'esame delle domande di cui al comma 2, lettera a), ai sensi del regolamento (UE) n. 604/2013 del Parlamento europeo e del Consiglio, del 26 giugno 2013.

4. Ai fini di cui al comma 2, lettera b), le zone di frontiera o di transito sono individuate con decreto del Ministro dell'interno. Con il medesimo decreto possono essere istituite fino a cinque ulteriori sezioni delle Commissioni territoriali di cui all'articolo 4, comma 2, per l'esame delle domande di cui al suddetto comma.

5. I termini di cui al presente articolo possono essere superati ove necessario per assicurare un esame adeguato e completo della domanda, fatti salvi i termini massimi previsti dall'articolo 27, commi 3 e 3-bis. Nei casi di cui al comma 1, lettera b), e al comma 2, lettera a), i termini di cui all'articolo 27, commi 3 e 3-bis, sono ridotti ad un terzo.

6. Le procedure di cui al presente articolo non si applicano ai minori non accompagnati e agli stranieri portatori di esigenze particolari ai sensi dell'articolo 17 del decreto legislativo 18 agosto 2015, n. 142. (12) (12)

AGGIORNAMENTO (12)

Il D.L. 21 ottobre 2020, n. 130, convertito con modificazioni dalla L. 18 dicembre 2020, n. 173, ha disposto (con l'art. 15, comma 2) che "Le disposizioni di cui all'articolo 2, comma 1, lettere a), b, c), d) ed e) si applicano anche ai procedimenti pendenti alla data di entrata in vigore del presente decreto avanti alle commissioni territoriali".

Art. 28-*ter*. (*Domanda manifestamente infondata*). – 1. La domanda è considerata manifestamente infondata, ai sensi dell'articolo 32, comma 1, lettera b-bis), quando ricorra una delle seguenti ipotesi:

a) il richiedente ha sollevato esclusivamente questioni che non hanno alcuna attinenza con i presupposti per il riconoscimento della protezione internazionale ai sensi del decreto legislativo 19 novembre 2007, n. 251;

b) il richiedente proviene da un Paese designato di origine sicuro ai sensi dell'articolo 2-bis;

c) il richiedente ha rilasciato dichiarazioni palesemente incoerenti e contraddittorie o palesemente false, che contraddicono informazioni verificate sul Paese di origine;

d) il richiedente ha indotto in errore le autorità presentando informazioni o documenti falsi o omettendo informazioni o documenti riguardanti la sua identità o cittadinanza che avrebbero potuto influenzare la decisione negativamente, ovvero ha dolosamente distrutto o fatto sparire un documento di identità o di viaggio che avrebbe permesso di accertarne l'identità o la cittadinanza;

e) il richiedente è entrato illegalmente nel territorio nazionale, o vi ha prolungato illegalmente il soggiorno, e senza giustificato motivo non ha presentato la domanda tempestivamente rispetto alle circostanze del suo ingresso;

f) il richiedente ha rifiutato di adempiere all'obbligo del rilievo dattiloscopico a norma del regolamento (UE) n. 603/2013 del Parlamento europeo e del Consiglio, del 26 giugno 2013;

g) il richiedente si trova nelle condizioni di cui all'articolo 6, commi 2, lettere a), b) e c), e 3, del decreto legislativo 18 agosto 2015, n. 142.

((1-bis. Le disposizioni di cui al comma 1 non si applicano ai richiedenti portatori di esigenze particolari indicate nell'articolo 17 del decreto legislativo 18 agosto 2015, n. 142.)) ((12))

AGGIORNAMENTO (12)

Il D.L. 21 ottobre 2020, n. 130 ha disposto (con l'art. 15, comma 2) che "Le disposizioni di cui all'articolo 2, comma 1, lettere a), b, c), d) ed e) si applicano anche ai procedimenti pendenti alla data di entrata in vigore del presente decreto avanti alle commissioni territoriali".

Art. 29. *Casi di inammissibilità della domanda.* – 1. La Commissione territoriale dichiara inammissibile la domanda e non procede all'esame, nei seguenti casi:

a) al richiedente è stato riconosciuto lo status di rifugiato o lo status di protezione sussidiaria da uno Stato firmatario della Convenzione di Ginevra e lo stesso possa ancora avvalersi di tale protezione;

((b) il richiedente ha reiterato identica domanda, dopo che sia stata presa una decisione da parte della Commissione stessa, senza addurre nuovi elementi o nuove prove, in merito alle sue condizioni personali o alla situazione del suo Paese di origine, che rendano significativamente più probabile che la persona possa beneficiare della protezione internazionale, salvo che il richiedente alleghi fondatamente di essere stato, non per sua colpa, impossibilitato a presentare tali elementi o prove in occasione della sua precedente domanda o del successivo ricorso giurisdizionale)). ((1-bis. Nei casi di cui al comma 1, la domanda è sottoposta a esame preliminare da parte del presidente della Commissione territoriale, diretto ad accertare se emergono o sono stati addotti, da parte del richiedente, nuovi elementi o nuove prove rilevanti ai fini del riconoscimento della protezione internazionale e che il ritardo nella presentazione di tali nuovi elementi o prove non è imputabile a colpa del ricorrente, su cui grava l'onere di allegazione specifica. Nell'ipotesi di cui al comma 1, lettera a), il presidente della Commissione procede anche all'audizione del richiedente sui motivi addotti a sostegno dell'ammissibilità della domanda nel suo caso specifico)).

Art. 29-*bis*. (((*Domanda reiterata in fase di esecuzione di un provvedimento di allontanamento*).)). – ((1. Se lo straniero presenta una prima domanda reiterata nella fase di esecuzione di un provvedimento che ne comporterebbe l'imminente allontanamento dal territorio nazionale, la domanda è trasmessa con immediatezza al presidente della Commissione territoriale competente, che procede all'esame preliminare entro tre giorni, valutati anche i rischi di respingimento diretti e indiretti, e contestualmente ne dichiara l'inammissibilità ove non siano stati addotti nuovi elementi, ai sensi dell'articolo 29, comma 1, lettera b))). ((12))

AGGIORNAMENTO (12)

Il D.L. 21 ottobre 2020, n. 130, convertito con modificazioni dalla L. 18 dicembre 2020, n. 173, ha disposto (con l'art. 15, comma 2) che "Le disposizioni di cui all'articolo 2, comma 1, lettere a), b, c), d) ed e) si applicano anche ai procedimenti pendenti alla data di entrata in vigore del presente decreto avanti alle commissioni territoriali".

Art. 30. Casi soggetti alla procedura di cui al regolamento (CE) n. 343/2003 ((7)). – 1. Nei casi soggetti alla procedura di cui al ((regolamento (UE) n. 604//2013 del Parlamento europeo e del Consiglio, del 26 giugno 2013)) la Commissione territoriale sospende l'esame della domanda. Qualora sia stata determinata la competenza territoriale di altro Stato, ai sensi dell'articolo 3, comma 3, la Commissione dichiara l'estinzione del procedimento.

((1-bis. Quando è accertata la competenza dell'Italia all'esame della domanda di cui al comma 1, i termini di cui all'articolo 27 decorrono dal momento in cui è accertata la competenza e il richiedente è preso in carico ai sensi del regolamento UE n. 604/2013.))

AGGIORNAMENTO (7)

Il D.Lgs. 18 agosto 2015, n. 142 ha disposto (con l'art. 26, comma 1) che "Nel decreto legislativo 28 gennaio 2008, n. 25, le parole: 'regolamento (CE) n. 343/2003, del Consiglio, del 18 febbraio 2003,' ovunque presenti, sono sostituite dalle seguenti: 'regolamento (UE) n. 604//2013 del Parlamento europeo e del Consiglio, del 26 giugno 2013'."

Art. 31. *Acquisizione di ulteriori dichiarazioni o di nuovi elementi.* – 1. Il richiedente può inviare alla Commissione territoriale memorie e documentazione in ogni fase del procedimento. Nel caso in cui il richiedente reitera la domanda prima della decisione della Commissione territoriale, gli elementi che sono alla base della nuova domanda sono esaminati nell'ambito della precedente domanda.

Art. 32. *Decisione.* – 1. Fatto salvo quanto previsto dagli articoli 23, 29 e 30 la Commissione territoriale adotta una delle seguenti decisioni:

a) riconosce lo status di rifugiato o la protezione sussidiaria, secondo quanto previsto dagli articoli 11 e 17 del decreto legislativo 19 novembre 2007, n. 251;

b) rigetta la domanda qualora non sussistano i presupposti per il riconoscimento della protezione internazionale fissati dal decreto legislativo 19 novembre 2007, n. 251, o ricorra una delle cause di cessazione o esclusione dalla protezione internazionale previste dal medesimo decreto legislativo;

b-bis) rigetta la domanda per manifesta infondatezza nei casi di cui all'articolo 28-ter;

b-ter) rigetta la domanda se, in una parte del territorio del Paese di origine, il richiedente non ha fondati motivi di temere di essere perseguitato o non corre rischi effettivi di subire danni gravi o ha accesso alla protezione contro persecuzioni o danni gravi, può legalmente e senza pericolo recarvisi ed esservi ammesso e si può ragionevolmente supporre che vi si ristabilisca.

1-bis. COMMA ABROGATO DAL D.L. 21 OTTOBRE 2020, N. 130. (12)

2. COMMA ABROGATO DAL D.LGS. 18 AGOSTO 2015, N. 142.

3. Nei casi in cui non accolga la domanda di protezione internazionale e ricorrano i presupposti di cui all'articolo 19, commi 1 e 1.1, del decreto legislativo 25 luglio 1998, n. 286, la Commissione territoriale trasmette gli atti al questore per il rilascio di un permesso di soggiorno biennale che reca la dicitura "protezione speciale", salvo che possa disporsi l'allontanamento verso uno Stato che provvede ad accordare una protezione analoga. Il permesso di soggiorno di cui al presente comma è rinnovabile, previo parere della Commissione territoriale, e consente di svolgere attività lavorativa, fatto salvo quanto previsto in ordine alla convertibilità dall'articolo 6, comma 1-bis, del decreto legislativo 25 luglio 1998, n. 286. (12)

3.1. Nelle ipotesi di rigetto della domanda di protezione internazionale, ove ricorrano i requisiti di cui all'articolo 19, comma 2, lettera d-bis), del decreto legislativo 25 luglio 1998, n. 286, la Commissione territoriale trasmette gli atti al Questore per il rilascio del permesso di soggiorno ivi previsto. (12)

3.2. Nei casi in cui la domanda di protezione internazionale non è accolta e nel corso del procedimento emergono i presupposti di cui all'articolo 31, comma 3, del decreto legislativo 25 luglio 1998, n. 286, la Commissione territoriale ne informa il Procuratore della Repubblica presso il Tribunale per i minorenni competente, per l'eventuale attivazione delle misure di assistenza in favore del minore. (12)

3-bis. La Commissione territoriale trasmette, altresì, gli atti al Questore per le valutazioni di competenza se nel corso dell'istruttoria sono emersi fondati motivi per ritenere che il richiedente è stato vittima dei delitti di cui agli articoli 600 e 601 del codice penale.

((4. La decisione di cui al comma 1, lettere b), b-bis) e b-ter), del presente articolo e il verificarsi delle ipotesi previste dagli articoli 23, 29 e 29-bis comportano, alla scadenza del termine per l'impugnazione, l'obbligo per il richiedente di lasciare il territorio nazionale, salvo che gli sia stato rilasciato un permesso di soggiorno ad altro titolo e salvo che la Commissione territoriale rilevi la sussistenza di una delle condizioni di cui ai commi 3.2 e 3-bis del presente articolo o di una delle cause impeditive di cui all'articolo 19, commi 1-bis e 2, del decreto legislativo 25 luglio 1998, n. 286. Nei casi di cui al periodo precedente, la decisione reca anche l'attestazione dell'obbligo di rimpatrio e del divieto di reingresso di cui all'articolo 13, commi 13 e 14, del decreto legislativo 25 luglio 1998, n. 286. L'attestazione tiene luogo e produce gli effetti del provvedimento di espulsione amministrativa di cui all'articolo 13 del decreto legislativo 25 luglio 1998, n. 286, e il questore procede ai sensi del medesimo articolo 13, commi 4 e 5, salvi gli effetti di cui all'articolo 35-bis, commi 3 e 4, del presente decreto. Il provvedimento recante l'attestazione dell'obbligo di rimpatrio in conformità al presente comma è impugnabile con ricorso unitario ai sensi dell'articolo 35, comma 1, del presente decreto)).

AGGIORNAMENTO (8)

Il D.L. 17 febbraio 2017, n. 13, convertito con modificazioni dalla L. 13 aprile 2017, n. 46, ha disposto (con l'art. 21, comma 1) che la presente modifica si applica alle cause e ai procedimenti giudiziari sorti dopo il centottantesimo giorno dalla data di entrata in vigore del suindicato decreto. Alle cause e ai procedimenti giudiziari introdotti anteriormente alla scadenza del termine di cui al periodo precedente si continuano ad applicare le disposizioni vigenti prima dell'entrata in vigore del medesimo decreto.

AGGIORNAMENTO (12)

Il D.L. 21 ottobre 2020, n. 130 ha disposto (con l'art. 15, comma 2) che "Le disposizioni di cui all'articolo 2, comma 1, lettere a), b, c), d) ed e) si applicano anche ai procedimenti pendenti alla data di entrata in vigore del presente decreto avanti alle commissioni territoriali".

Capo IV

Revoca, cessazione e rinuncia della protezione internazionale

Art. 33. *Revoca e cessazione della protezione internazionale riconosciuta.* – 1. Nel procedimento di revoca o di cessazione dello status di protezione internazionale, l'interessato deve godere delle seguenti garanzie:

a) essere informato per iscritto che la Commissione nazionale procede al nuovo esame del suo diritto al riconoscimento della protezione internazionale e dei motivi dell'esame;

b) avere la possibilità di esporre in un colloquio personale a norma degli articoli 10, 11 e 12 o in una dichiarazione scritta, i motivi per cui il suo status non dovrebbe essere revocato o cessato.

2. La Commissione nazionale, nell'ambito di tale procedura, applica in quanto compatibili i principi fondamentali e le garanzie di cui al capo II.

3. Nel caso di decisione di revoca o cessazione degli status di protezione internazionale si applicano le disposizioni di cui ((all'articolo 27, comma 2-bis, e all'articolo 32, commi 3 e 4)).

3-bis. La Commissione nazionale provvede alle notificazioni degli atti e dei provvedimenti del procedimento di revoca o cessazione della protezione internazionale con le modalità di cui all'articolo 11. Ove ricorrano motivi di ordine e sicurezza pubblica ovvero di sicurezza nazionale, le notificazioni possono essere eseguite a mezzo delle forze di polizia. (8)

AGGIORNAMENTO (8)

Il D.L. 17 febbraio 2017, n. 13, convertito con modificazioni dalla L. 13 aprile 2017, n. 46, ha disposto (con l'art. 21, comma 3) che ai fini dell'adeguamento delle specifiche tecniche connesse all'attuazione della presente modifica, le notificazioni degli atti e dei provvedimenti del procedimento per il riconoscimento della protezione internazionale effettuate fino al centottantesimo giorno successivo alla data di entrata in vigore del suindicato D.L. sono effettuate con le modalità in vigore prima della predetta data.

Art. 34. *Rinuncia agli status riconosciuti.* – 1. La rinuncia espressa allo status di rifugiato o di soggetto ammesso alla protezione sussidiaria determina la decadenza dal medesimo status.

Capo V

Procedure di impugnazione

Art. 35. *Impugnazione.* – 1. Avverso i provvedimenti ((adottati dalla)) Commissione territoriale ((...)) e avverso i provvedimenti ((adottati dalla)) Commissione nazionale di cui all'articolo 33 è ammesso ricorso all'autorità giudiziaria ordinaria. Il ricorso è ammesso anche nel caso in cui l'interessato abbia richiesto il riconoscimento dello status di rifugiato e sia stata riconosciuta esclusivamente la protezione sussidiaria o la protezione speciale e nel caso di cui all'articolo 32, comma 3.1.

2. Le controversie di cui al comma 1 sono disciplinate dall'articolo 35-bis. (3) (8) 2-bis. I provvedimenti comunicati alla Commissione nazionale ovvero alle Commissioni territoriali ai sensi dell'articolo 35-bis, commi 4 e 13, sono tempestivamente trasmessi dalle medesime Commissioni territoriali o nazionali al questore del luogo di domicilio del ricorrente, risultante agli atti della Commissione, per gli adempimenti conseguenti. (8)

3. COMMA ABROGATO DAL D.LGS. 1 SETTEMBRE 2011, N. 150. (3)
4. COMMA ABROGATO DAL D.LGS. 1 SETTEMBRE 2011, N. 150. (3)
5. COMMA ABROGATO DAL D.LGS. 1 SETTEMBRE 2011, N. 150. (3)
6. COMMA ABROGATO DAL D.LGS. 1 SETTEMBRE 2011, N. 150. (3)
7. COMMA ABROGATO DAL D.LGS. 1 SETTEMBRE 2011, N. 150. (3)
8. COMMA ABROGATO DAL D.LGS. 1 SETTEMBRE 2011, N. 150. (3)
9. COMMA ABROGATO DAL D.LGS. 1 SETTEMBRE 2011, N. 150. (3)
10. COMMA ABROGATO DAL D.LGS. 1 SETTEMBRE 2011, N. 150. (3)
11. COMMA ABROGATO DAL D.LGS. 1 SETTEMBRE 2011, N. 150. (3)
12. COMMA ABROGATO DAL D.LGS. 1 SETTEMBRE 2011, N. 150. (3)
13. COMMA ABROGATO DAL D.LGS. 1 SETTEMBRE 2011, N. 150. (3)
14. COMMA ABROGATO DAL D.LGS. 1 SETTEMBRE 2011, N. 150. (3)

AGGIORNAMENTO (3)

Il D.Lgs. 1 settembre 2011, n. 150 ha disposto (con l'art. 36, comma 1) che "Le norme del presente decreto si applicano ai procedimenti instaurati successivamente alla data di entrata in vigore dello stesso."

Ha inoltre disposto (con l'art. 36, comma 2) che "Le norme abrogate o modificate dal presente decreto continuano ad applicarsi alle controversie pendenti alla data di entrata in vigore dello stesso."

AGGIORNAMENTO (8)

Il D.L. 17 febbraio 2017, n. 13, convertito con modificazioni dalla L. 13 aprile 2017, n. 46, ha disposto (con l'art. 21, comma 1) che le presenti modifiche si applicano alle cause e ai procedimenti giudiziari sorti dopo il centottantesimo giorno dalla data di entrata in vigore del suindicato D.L. Alle cause e ai procedimenti giudiziari introdotti anteriormente alla scadenza del termine di cui al periodo precedente si continuano ad applicare le disposizioni vigenti prima dell'entrata in vigore del medesimo D.L.

Art. 35-*bis*. (*Delle controversie in materia di riconoscimento della protezione internazionale*). – 1. Le controversie aventi ad oggetto l'impugnazione dei provvedimenti previsti dall'articolo 35 anche per mancato riconoscimento dei presupposti per la protezione speciale a norma dell'articolo 32, comma 3, sono regolate dalle disposizioni di cui agli articoli 737 e seguenti del codice di procedura civile, ove non diversamente disposto dal presente articolo.

2. Il ricorso è proposto, a pena di inammissibilità, entro trenta giorni dalla notificazione del provvedimento, ovvero entro sessanta giorni se il ricorrente ((si trova in un Paese terzo)) al momento della proposizione del ricorso, e può essere depositato anche a mezzo del servizio postale ovvero per il tramite di una rappresentanza diplomatica o consolare italiana. In tal caso l'autenticazione della sottoscrizione e l'inoltro all'autorità giudiziaria italiana sono effettuati dai funzionari della rappresentanza e le comunicazioni relative al procedimento sono effettuate presso la medesima rappresentanza. La procura speciale al difensore è rilasciata altresì dinanzi all'autorità consolare. Nei casi di cui all'articolo 28-bis, commi 1 e 2, e nei casi in cui nei confronti del ricorrente è stato adottato un provvedimento di trattenimento ai sensi dell'articolo 6 del decreto legislativo 18 agosto 2015, n. 142, i termini previsti dal presente comma sono ridotti della metà.

3. La proposizione del ricorso sospende l'efficacia esecutiva del provvedimento impugnato, tranne che nelle ipotesi in cui il ricorso viene proposto:

a) da parte di un soggetto nei cui confronti è stato adottato un provvedimento di trattenimento nelle strutture di cui all'articolo 10-ter del decreto legislativo 25 luglio 1998, n. 286, ovvero nei centri di cui all'articolo 14 del medesimo decreto legislativo 25 luglio 1998, n. 286;

b) avverso il provvedimento che dichiara inammissibile la domanda di riconoscimento della protezione internazionale;

c) avverso il provvedimento di rigetto per manifesta infondatezza ai sensi dell'articolo 32, comma 1, lettera b-bis);

((d) avverso il provvedimento adottato nei confronti dei soggetti di cui all'articolo 28-bis, comma 2, lettere b), b-bis), c) ed e)));

d-bis) avverso il provvedimento relativo alla domanda di cui all'articolo 28-bis, comma 1, lettera b).

4. Nei casi previsti dal comma 3, lettere a), b), c), d) e d-bis), l'efficacia esecutiva del provvedimento impugnato può tuttavia essere sospesa, quando ricorrono gravi e circostanziate ragioni e assunte, ove occorra, sommarie informazioni, con decreto motivato, adottato ai sensi dell'articolo 3, comma 4-bis, del decreto-legge 17 febbraio 2017, n. 13, convertito, con modificazioni, dalla legge 13 aprile 2017, n. 46, e pronunciato entro cinque giorni dalla presentazione dell'istanza di sospensione e senza la preventiva convocazione della controparte. Il decreto con il quale è concessa o negata la sospensione del provvedimento impugnato è notificato, a cura della cancelleria e con le modalità di cui al comma 6, unitamente all'istanza di sospensione. Entro cinque giorni dalla notificazione le parti possono depositare note difensive. Entro i cinque giorni successivi alla scadenza del termine di cui al periodo precedente possono essere depositate note di replica. Qualora siano state depositate note ai sensi del terzo e quarto periodo del presente comma, il giudice, con nuovo decreto, da emettersi entro i successivi cinque giorni, conferma, modifica o revoca i provvedimenti già emanati. Il decreto emesso a norma del presente comma non è impugnabile. Nei casi di cui alle lettere b), c) e d), del comma 3 quando l'istanza di sospensione è accolta, al ricorrente è rilasciato un permesso di soggiorno per richiesta asilo.

((5. La proposizione del ricorso o dell'istanza cautelare ai sensi del comma 4 non sospende l'efficacia esecutiva del provvedimento che respinge o dichiara inammissibile un'altra domanda reiterata a seguito di una decisione definitiva che respinge o dichiara inammissibile una prima domanda reiterata, ovvero dichiara inammissibile la domanda di riconoscimento della protezione internazionale, ai sensi dell'articolo 29-bis)).

6. Il ricorso è notificato, a cura della cancelleria, al Ministero dell'interno, presso la commissione o la sezione che ha adottato l'atto impugnato, nonché, limitatamente ai casi di cessazione o revoca della protezione internazionale, alla Commissione nazionale per il diritto di asilo; il ricorso è trasmesso al pubblico ministero, che, entro venti giorni, stende le sue conclusioni, a norma dell'articolo 738, secondo comma, del codice di procedura civile, rilevando l'eventuale sussistenza di cause ostative al riconoscimento dello status di rifugiato e della protezione sussidiaria.

7. Il Ministero dell'interno, limitatamente al giudizio di primo grado, può stare in giudizio avvalendosi direttamente di propri dipendenti o di un rappresentante designato dal presidente della Commissione che ha adottato l'atto impugnato. Si applica, in quanto compatibile, l'articolo 417-bis, secondo comma, del codice di procedura civile. Il Ministero dell'interno può depositare, entro venti giorni dalla notificazione del ricorso, una nota difensiva.

((8. La Commissione che ha adottato il provvedimento di diniego, successivamente alla sua notifica all'interessato, rende disponibile la videoregistrazione di cui all'articolo 14, comma 1, al suo difensore munito di procura dopo la verifica della procura effettuata a cura della cancelleria del giudice competente per l'impugnazione, con le modalità previste dalle specifiche tecniche di cui al comma 16. Entro venti giorni dalla notificazione del ricorso, la Commissione mette a disposizione del giudice mediante gli strumenti del processo civile telematico il verbale di trascrizione della videoregistrazione redatto a norma del medesimo articolo 14, comma 1, copia della domanda di protezione internazionale e di tutta la documentazione acquisita nel corso della procedura di esame di cui al capo III, nonché l'indicazione delle informazioni di cui all'articolo 8, comma 3, utilizzate ai fini della decisione. Entro il medesimo termine la Commissione mette a disposizione del giudice la videoregistrazione con le modalità previste dalle specifiche tecniche di cui al comma 16)).

9. Il procedimento è trattato in camera di consiglio. Per la decisione il giudice si avvale anche delle informazioni sulla situazione socio-politico-economica del Paese di provenienza previste dall'articolo 8, comma 3 che la Commissione nazionale aggiorna costantemente e rende disponibili all'autorità giudiziaria con modalità previste dalle specifiche tecniche di cui al comma 16.

10. È fissata udienza per la comparizione delle parti esclusivamente quando il giudice:

a) visionata la videoregistrazione di cui al comma 8, ritiene necessario disporre l'audizione dell'interessato;

b) ritiene indispensabile richiedere chiarimenti alle parti;

c) dispone consulenza tecnica ovvero, anche d'ufficio, l'assunzione di mezzi di prova.

11. L'udienza è altresì disposta quando ricorra almeno una delle seguenti ipotesi:

a) la videoregistrazione non è disponibile;

b) l'interessato ne abbia fatto motivata richiesta nel ricorso introduttivo e il giudice, sulla base delle motivazioni esposte dal ricorrente, ritenga la trattazione del procedimento in udienza essenziale ai fini della decisione;

c) l'impugnazione si fonda su elementi di fatto non dedotti nel corso della procedura amministrativa di primo grado.

12. Il ricorrente può depositare una nota difensiva entro i venti giorni successivi alla scadenza del termine di cui al comma 7, terzo periodo.

13. Entro quattro mesi dalla presentazione del ricorso, il Tribunale decide, sulla base degli elementi esistenti al momento della decisione, con decreto che rigetta il ricorso ovve-

ro riconosce al ricorrente lo status di rifugiato o di persona cui è accordata la protezione sussidiaria. Il decreto non è reclamabile. La sospensione degli effetti del provvedimento impugnato, di cui al comma 3, viene meno se con decreto, anche non definitivo, il ricorso è rigettato. La disposizione di cui al periodo precedente si applica anche relativamente agli effetti del provvedimento cautelare pronunciato a norma del comma 4. Il termine per proporre ricorso per cassazione è di giorni trenta e decorre dalla comunicazione del decreto a cura della cancelleria, da effettuarsi anche nei confronti della parte non costituita. La procura alle liti per la proposizione del ricorso per cassazione deve essere conferita, a pena di inammissibilità del ricorso, in data successiva alla comunicazione del decreto impugnato; a tal fine il difensore certifica la data di rilascio in suo favore della procura medesima. In caso di rigetto, la Corte di cassazione decide sull'impugnazione entro sei mesi dal deposito del ricorso. Quando sussistono fondati motivi, il giudice che ha pronunciato il decreto impugnato può disporre la sospensione degli effetti del predetto decreto, con conseguente ripristino, in caso di sospensione di decreto di rigetto, della sospensione dell'efficacia esecutiva della decisione della Commissione. La sospensione di cui al periodo precedente è disposta su istanza di parte da depositarsi entro cinque giorni dalla proposizione del ricorso per cassazione. La controparte può depositare una propria nota difensiva entro cinque giorni dalla comunicazione, a cura della cancelleria, dell'istanza di sospensione. Il giudice decide entro i successivi cinque giorni con decreto non impugnabile.

14. La sospensione dei termini processuali nel periodo feriale non opera nei procedimenti di cui al presente articolo.

15. La controversia è trattata in ogni grado in via di urgenza.

16. Le specifiche tecniche di cui al comma 8 sono stabilite d'intesa tra i Ministeri della giustizia e dell'interno, con decreto direttoriale, da adottarsi entro centottanta giorni dalla data di entrata in vigore del presente articolo, pubblicato nella Gazzetta Ufficiale della Repubblica italiana e sui siti internet dei medesimi Ministeri.

17. Quando il ricorrente è ammesso al patrocinio a spese dello Stato e l'impugnazione ha ad oggetto una decisione adottata dalla Commissione territoriale ai sensi degli articoli 29 e 32, comma 1, lettera b-bis), il giudice, quando rigetta integralmente il ricorso, indica nel decreto di pagamento adottato a norma dell'articolo 82 del decreto del Presidente della Repubblica 30 maggio 2002 n. 115, le ragioni per cui non ritiene le pretese del ricorrente manifestamente infondate ai fini di cui all'articolo 74, comma 2, del predetto decreto.

18. A decorrere dal trentesimo giorno successivo alla pubblicazione nella Gazzetta Ufficiale della Repubblica italiana del provvedimento con cui il responsabile dei sistemi informativi automatizzati del Ministero della giustizia attesta la piena funzionalità dei sistemi con riguardo ai procedimenti di cui al presente articolo, il deposito dei provvedimenti, degli atti di parte e dei documenti relativi ai medesimi procedimenti ha luogo esclusivamente con modalità telematiche, nel rispetto della normativa anche regolamentare concernente la sottoscrizione, la trasmissione e la ricezione dei documenti informatici. Resta salva la facoltà del ricorrente che risieda all'estero di effettuare il deposito con modalità non telematiche. In ogni caso, il giudice può autorizzare il deposito con modalità non telematiche quando i sistemi informatici del dominio giustizia non sono funzionanti e sussiste una indifferibile urgenza. (8)

AGGIORNAMENTO (8)

Il D.L. 17 febbraio 2017, n. 13, convertito con modificazioni dalla L. 13 aprile 2017, n. 46, ha disposto (con l'art. 21, comma 1) che la presente modifica si applica alle cause e ai procedimenti giudiziari sorti dopo il centottantesimo giorno dalla data di entrata in vigore del suindicato D.L. Alle cause e ai procedimenti giudiziari introdotti anteriormente alla scadenza del termine di cui al periodo precedente si continuano ad applicare le disposizioni vigenti prima dell'entrata in vigore del medesimo D.L.

Art. 35-*ter*. (((*Sospensione della decisione in materia di riconoscimento della protezione internazionale nella procedura in frontiera*).)). – ((1. Quando il richiedente è trattenuto ai sensi dell'articolo 6-bis del decreto legislativo 18 agosto 2015, n. 142, contro la decisione della Commissione territoriale è ammesso ricorso nel termine di quattordici giorni dalla notifica del provvedimento e si applica l'articolo 35-bis, comma 3, del presente decreto. L'istanza di sospensione dell'efficacia esecutiva del provvedimento impugnato è proposta, a pena di inammissibilità, con il ricorso introduttivo.

2. Il ricorso è immediatamente notificato a cura della cancelleria al Ministero dell'interno presso la Commissione territoriale o la sezione che ha adottato l'atto impugnato e al pubblico ministero, che nei successivi due giorni possono depositare note difensive. Entro lo stesso termine, la Commissione che ha adottato l'atto impugnato è tenuta a rendere disponibili il verbale di audizione o, ove possibile, il verbale di trascrizione della videoregistrazione, nonché copia della domanda di protezione internazionale e di tutta la documentazione acquisita nel corso della procedura di esame. Alla scadenza del predetto termine il giudice in composizione monocratica provvede allo stato degli atti entro cinque giorni con decreto motivato non impugnabile.

3. Dal momento della proposizione dell'istanza e fino all'adozione del provvedimento previsto dal comma 2, ultimo periodo, il ricorrente non può essere espulso o allontanato dal luogo nel quale è trattenuto.

4. Quando l'istanza di sospensione è accolta il ricorrente è ammesso nel territorio nazionale e gli è rilasciato un permesso di soggiorno per richiesta di asilo. La sospensione degli effetti del provvedimento impugnato, disposta ai sensi del comma 3, perde efficacia se il ricorso è rigettato, con decreto anche non definitivo.

5. Alla scadenza del termine di cui al comma 2, ultimo periodo, il giudice, in composizione collegiale, procede ai sensi dell'articolo 35-bis, commi 7 e seguenti, in quanto compatibili)).

Art. 36. ((ARTICOLO ABROGATO DAL D.LGS. 18 AGOSTO 2015, N. 142))

Capo VI

Disposizioni finali e transitorie

Art. 37. *Riservatezza.* – 1. Tutti i soggetti coinvolti nei procedimenti disciplinati nel presente decreto sono soggetti all'obbligo di riservatezza relativamente a tutte le informazioni ottenute nel corso del procedimento.

Art. 38. *Regolamenti di attuazione.* – 1. Con uno o più regolamenti da emanare ai sensi dell'articolo 17, comma 1, della legge 23 agosto 1988, n. 400, entro sei mesi dalla data di entrata in vigore del presente decreto, sentita la Conferenza unificata di cui all'articolo 8 del decreto legislativo 28 agosto 1997, n. 281, sono stabilite le modalità di attuazione del presente decreto.

2. Fino alla data di entrata in vigore dei regolamenti di cui al comma 1, continuano a trovare applicazione in quanto compatibili le disposizioni di cui al decreto del Presidente della Repubblica 16 settembre 2004, n. 303, ed i riferimenti ivi contenuti alla domanda per il riconoscimento dello status di rifugiato, si intendono sostituiti con domanda di protezione internazionale come definita dal presente decreto.

Art. 39. *Disposizioni finanziarie.* – 1. Per le finalità di cui all'articolo 4, comma 2, è autorizzata la spesa di euro 239.000 per l'anno 2008.

2. Per le finalità di cui all'articolo 4, comma 3, è autorizzata la spesa di euro 832.000 a decorrere dall'anno 2008.

3. L'onere derivante dall'attuazione dell'articolo 16, comma 2, è valutato in 3.200.000 euro annui a decorrere dall'anno 2008.

4. Per le esigenze di adeguamento dei centri, derivanti dall'articolo 20, comma 5, è autorizzata la spesa di euro 8.000.000 per l'anno 2008.

5. L'onere derivante dall'attività di accoglienza di cui agli articoli 20, commi 2, 3 e 4, 35 e 36 è valutato in euro 12.218.250 a decorrere dall'anno 2008 e la dotazione del Fondo nazionale per le politiche e i servizi dell'asilo di cui all'articolo 1-septies del decreto-legge 30 dicembre 1989, n. 416, convertito, con modificazioni, dalla legge 28 febbraio 1990, n. 39, è aumentata di 6.600.000 euro annui, a decorrere dall'anno 2008, per i servizi di accoglienza gestiti dagli enti locali. ((7))

6. Per le finalità di cui all'articolo 24, comma 2, è autorizzata la spesa di euro 500.000 a decorrere dall'anno 2008.

7. All'onere derivante dai commi 1, 2, 4 e 6, pari complessivamente a 9.571.000 per l'anno 2008 e a 1.332.000 a decorrere dall'anno 2009, nonché a quello derivante dai commi 3 e 5, valutato complessivamente in 22.018.250 euro a decorrere dall'anno 2008, si provvede a valere sulla disponibilità del Fondo di rotazione di cui all'articolo 5 della legge 16 aprile 1987, n. 183. Il Ministro dell'economia e delle finanze è autorizzato ad apportare, con propri decreti, le occorrenti variazioni di bilancio.

8. Il Ministero dell'economia e delle finanze provvede al monitoraggio degli oneri derivanti dai commi 3 e 5, ai fini dell'adozione dei provvedimenti correttivi di cui all'articolo 11-ter, comma 7, della legge 5 agosto 1978, n. 468. Gli eventuali decreti emanati ai sensi dell'articolo 7, comma 2, n. 2), della legge 5 agosto del 1978, n. 468, prima della data di entrata in vigore dei provvedimenti o delle misure di cui al presente comma, sono tempestivamente trasmessi alle Camere, corredati da apposite relazioni illustrative.

AGGIORNAMENTO (7)

Il D.Lgs. 18 agosto 2015, n. 142 ha disposto (con l'art. 28, comma 3) che "Il riferimento agli articoli 20, commi 2, 3 e 4, nonché agli articoli 35 e 36, del decreto legislativo 28 gennaio 2008, n. 25, contenuto nell'articolo 39, comma 5, del medesimo decreto legislativo, deve intendersi sostituito dal riferimento, rispettivamente, agli articoli 9 e 14, comma 4, del presente decreto".

Art. 40. *Abrogazioni.* – 1. Sono abrogate le seguenti disposizioni:

a) articoli 1, commi 4, 5 e 6, 1-bis, 1-ter, 1-quater e 1-quinquies del decreto-legge 30 dicembre 1989, n. 416, convertito, con modificazioni, dalla legge 28 febbraio 1990, n. 39;

b) il decreto del Presidente della Repubblica 16 settembre 2004, n. 303, a decorrere dalla data di entrata in vigore del regolamento di cui all'articolo 38.

Il presente decreto, munito del sigillo dello Stato, sarà inserito nella Raccolta ufficiale degli atti normativi della Repubblica italiana. È fatto obbligo a chiunque spetti di osservarlo e di farlo osservare.

Dato a Roma, addi' 28 gennaio 2008

NAPOLITANO

Prodi, Presidente del Consiglio dei Ministri e (ad interim) Ministro della giustizia

Bonino, Ministro per le politiche europee

Amato, Ministro dell'interno D'Alema, Ministro degli affari esteri

Padoa Schioppa, Ministro dell'economia e delle finanze

Pollastrini, Ministro per i diritti e le pari opportunità

Visto, il Guardasigilli: Scotti

Finito di stampare nel mese di marzo 2025
nella Stampatre s.r.l. di Torino
Via Bologna, 220